# Rencontres inattendues sur le chemin de Compostelle

**Dominique Mison**

# Rencontres inattendues sur le chemin de Compostelle

LE LYS BLEU
ÉDITIONS

ISBN : 979-10-422-2817-0

# Chapitre I
# Envie de partir

*Commencez par changer en vous, ce que vous voulez changer autour de vous.*

Gandhi

Soixante-cinq ans, marié, deux enfants et deux petits-enfants, je suis à la retraite depuis quelques mois. Je me suis installé avec ma femme, Patricia, à La Rochelle, ville où elle est née et a passé toute sa jeunesse. Elle me dit que je suis du genre hyperactif. Ce qui doit être vrai, car j'ai tendance maintenant à tourner en rond. J'aimerais faire quelque chose d'utile, à la fin de cette période de pandémie qui nous a tous pris au dépourvu et déstabilisés. Je me décide donc à recontacter mes anciens camarades qui ont fait leurs études d'ingénieur avec moi à Toulouse. Tous ou presque sont déjà d'anciens retraités. Ils ont retrouvé des occupations, ne serait-ce qu'avec leurs petits-enfants et ont des projets de voyages dans des pays lointains.

Cette idée de partir en voyage ou de faire une croisière ne nous passionne guère Patricia et moi. D'abord, la France est belle et mérite d'être connue, alors pourquoi partir si loin ? Peut-être aussi sommes-nous comme ces Suédois qui n'utilisent plus les transports aériens pour lutter contre le réchauffement climatique ? C'est vrai que pour celui qui lit le journal, ou écoute les journaux télévisés, les mauvaises nouvelles sur le devenir de la planète affluent tous les jours. Le rythme des catastrophes semble même s'accélérer. Et pour beaucoup, la pandémie que nous venons de vivre, n'est que la conséquence de notre comportement sur la Terre. Mais je ne veux pas tomber dans le catastrophisme, ou la peur, parce que ce n'est pas mon genre et que cette dernière est souvent mauvaise conseillère.

C'est donc en pleine réflexion autour de ces questions liées à l'écologie, que je téléphone à l'un de mes anciens amis d'école, José. Il est à la retraite depuis quatre ans et habite la région toulousaine.

— Et toi, comment se passe ton début de retraite ? Tu ne t'ennuies pas trop ? me demande-t-il.

Je lui explique mes projets et mes questionnements…

— Super ! Tu tombes à pic, me répond-il tout à trac. Tu ne voudrais pas partir à pied avec moi jusqu'à Saint-Jacques-de-Compostelle ? Tu te souviens ? enchaîne-t-il. J'ai déjà fait le Chemin[1] juste après mon départ à la retraite. J'étais parti de chez moi jusqu'à Saint-Jean-Pied-de-Port et j'avais emprunté ensuite « El Camino Frances ». Cette fois-ci, j'ai envie de prendre « El Camino del Norte ». Il paraît qu'il est un peu plus dur, mais ça devrait te plaire.

J'ai entendu parler de ce Chemin qui suit la côte cantabrique et sans trop réfléchir, je réponds avec enthousiasme « Ah, oui, ça me plairait ! » C'est le bol d'oxygène que j'attendais inconsciemment. J'en parle à ma femme. Elle m'encourage à accompagner José :

— Oui, vas-y ! Ce sera un bon début pour commencer ta retraite !

Je rappelle donc José le lendemain et lui confirme mon « oui » de la veille. Me voilà donc lancé dans l'aventure. Nous convenons de partir d'Hendaye. Pour la date de départ, on parle de la dernière semaine de septembre. C'est bien. Cela me laisse pratiquement trois mois pour me préparer physiquement. Ce devrait être suffisant, car j'ai toujours aimé bouger et je n'ai jamais rechigné devant l'effort physique, que ce soit pour jardiner, couper du bois, bricoler ou faire du sport, en particulier de la montagne et du vélo. J'ai donc conservé une allure plutôt svelte, n'ai à souffrir d'aucune maladie, et n'ai nul besoin de perdre du poids. Remuscler mes jambes (mes quilles, devrais-je dire, car elles

---

[1] *Utilisé tout seul, le mot Chemin avec une majuscule désigne spécifiquement le chemin de Saint-Jacques-de-Compostelle.*

sont grandes et guère épaisses) et entraîner mes pieds à la marche me paraît toutefois absolument nécessaire. Je tiens en effet à m'éviter les courbatures le soir et les ampoules qui peuvent faire affreusement mal, pour profiter au mieux du pèlerinage et ne pas ralentir mon ami.

Ce délai est aussi l'occasion de me documenter. Mes lectures, notamment celles sur Internet, et les conseils de mon ami, m'indiquent dans le détail tout ce qu'il faut faire : poids maximum du sac à dos, affaires essentielles à emporter, comment choisir ses chaussures de marche, entraînement préalable… À la limite il y a trop d'informations et celui qui n'a aucune expérience, risque d'avoir du mal à choisir son matériel. Pour ne prendre qu'un exemple, celui de la protection contre la pluie : il y a les partisans du grand poncho qui recouvre le sac à dos et les bras, mais bat dans les jambes, et les partisans inconditionnels de la veste imperméable associée à un couvre sac étanche qui laisse libre les bras, mais protège mal le bas du corps. Heureusement mon idée est déjà faite là-dessus et je choisis le poncho léger, en matériau semi-respirant, facile à enfiler et à enlever.

Je prends contact aussi avec l'Association des Amis de saint Jacques. Elle tient ses permanences à La Rochelle, dans l'église Saint-Sauveur. J'y rencontre d'anciens pèlerins, dont certains sont allés plusieurs fois à Saint-Jacques ! Je les sens tous passionnés et prêts à repartir. Je suis impressionné par l'énergie et la volonté qu'ils dégagent. Ils me donnent de nouveaux conseils et me remettent la fameuse crédentiale[2], l'indispensable passeport qui doit être tamponné tous les jours dans les auberges où nous dormirons. Ce document permet d'authentifier de manière chronologique le passage en divers points du Chemin, justifie le statut de pèlerin et prouve à l'arrivée à Saint-Jacques-de-Compostelle que plus de cent kilomètres ont été parcourus à pied. Sur présentation de la crédentiale, le pèlerin peut alors demander la « Compostella ». C'est un document écrit en latin et avec de belles enluminures qui atteste que son porteur a bien accompli le pèlerinage.

---

[2] *Credencial en espagnol. Sorte de passeport qui atteste que le porteur est un pèlerin.*

C'est aussi à ce moment-là que naît en moi l'idée de profiter de ce voyage à pied pour rencontrer des gens et recueillir leur témoignage sur ce qu'ils ont à cœur. J'en parle au téléphone à mon ami. Il est dubitatif, car l'idée lui paraît difficile à réaliser :

— C'est pas évident… Les étapes sont déjà assez dures. Tu verras, la préoccupation numéro un de chaque jour est de trouver un logis et de quoi manger pour le soir. La numéro deux est de laver son linge et de le faire sécher. La numéro trois est de ne pas avoir mal aux pieds. Après, tout le reste devient secondaire. »

Je suis un peu déçu… Mais il me rappelle le lendemain matin avec un brin d'excitation dans la voix :

— Tu sais Domi, j'ai repensé toute la nuit à ce que tu m'as dit hier et à ma réponse. Bien sûr, la préoccupation de l'hébergement, de la bouffe et de la lessive, c'est important. Mais finalement, ce que j'appelais hier le secondaire, comme les discussions avec d'autres pèlerins ou les rencontres avec les gens au bord du Chemin, c'est encore plus important. Oui, c'est vrai, c'est tout ce qui reste après coup du voyage. Plus j'y réfléchis et plus je me dis que c'est pour ça que j'ai envie de repartir là-bas : pour ces rencontres et ces discussions dues au hasard, inattendues, souvent très riches, comme miraculeuses quelquefois. Alors je te soutiens et je suis prêt à participer moi aussi !

Me voilà gonflé à bloc. Cela m'incite à m'entraîner à utiliser la fonction enregistrement sonore de mon téléphone portable. Il sera également parfait pour prendre des notes écrites et bien sûr des photos.

Je fais aussi la liste de ce que je dois emporter, avec pour objectif de ne pas dépasser un total de dix kilogrammes sur mon dos, poids du sac compris. Je suis aussi sélectif que possible : pas de rasoir électrique bien sûr, une moitié de pain de savon de Marseille dans une boîte étanche pour la toilette et la lessive, un tube de dentifrice à moitié utilisé…

Dans le même temps, je commence à m'entraîner à la marche en faisant toutes les courses en ville à pied et je rayonne de plus en plus loin dans la campagne autour de chez moi. Je découvre ainsi que la marche n'est pas si facile que ça et qu'elle requiert beaucoup de temps : quinze kilomètres nécessitent près de trois heures !

Mes chaussures étant de simples « baskets » vieillissantes, je me décide un mois avant de partir, à m'équiper avec un modèle taillé pour la marche et la randonnée. Je choisis une paire solide et confortable en cuir, avec tige basse, dotée d'une membrane intérieure imperméabilisante et respirante et bien sûr, d'une semelle absorbante bien crantée. J'essaye les chaussures l'après-midi même le long du canal de Marans. Mais cette sortie est un échec cuisant, c'est le cas de le dire : non content de devoir écourter la balade que j'espérais plus longue que les autres, j'ai de grosses ampoules en revenant à la maison ! J'alerte aussitôt José, car mon entraînement immédiat semble compromis. Il a oublié de m'en parler, mais il connaît bien le problème :

— Ah mince, j'ai oublié de te dire ! Oui systématiquement et surtout si tu as des chaussures neuves, il faut bien te tartiner les pieds avant de partir avec une crème plantaire contre les échauffements. Tu trouves ça en pharmacie. Tu verras c'est efficace. Les soldats de Napoléon, eux, quand ils étaient en campagne, faisaient ça avec du savon de Marseille !

Me voilà donc contraint quelques jours au repos forcé, mais grâce à la crème je peux vite reprendre la marche d'entraînement avec comme objectif prioritaire de faire mes nouvelles chaussures à mon pied, à moins que ce soit l'inverse ! Toujours est-il qu'à la fin, je me sens suffisamment prêt pour faire coup sur coup deux étapes du chemin de Saint-Jacques entre La Rochelle et Saintes, avec l'assistance de ma femme qui me retrouve pour le pique-nique de midi, et me récupère le soir. Je suis content : le test est une réussite !

Quelques jours avant le départ, j'achète enfin des vêtements ultralégers, qui sèchent rapidement et que j'utiliserai chaque jour alternativement : deux tee-shirts, deux shorts et deux slips. Et pour le cas où ma lessive ne parviendrait pas à sécher dans la nuit, je prévois un portemanteau léger en fil métallique quel je pourrai accrocher sur le dessus du sac à dos.

Voilà, je crois que j'ai pensé à tout et je suis maintenant prêt à partir.

## Chapitre II
## Le départ ou la remise en question

***Être homme, c'est précisément être responsable. C'est connaître la honte en face d'une misère qui semblerait ne pas dépendre de soi.***

Antoine de Saint-Exupéry, *Terre des hommes*

### Jour 1 : En Train vers *Hendaye*

Ma nuit a été assez agitée, passée à vérifier sans arrêt le contenu du sac à dos dans mes méninges, comme si j'avais oublié quelque chose d'important. J'ai tenu à partir de la maison à pied pour rejoindre la gare. Ma femme m'accompagne pour ces trois premiers kilomètres. Le soleil n'est pas encore levé et l'on voit encore Vénus dans le ciel, gage d'une belle journée. Nos adieux à la gare, devant quelques témoins curieux, me font prendre conscience du caractère insolite de ma démarche. Nous nous souhaitons tout le meilleur et je promets de rester tous les jours en contact par téléphone et d'envoyer des photos.

Aussitôt le train parti, je suis bercé par le clac clac régulier des roues d'acier sur les rails. J'arriverai à Hendaye un peu avant treize heures et j'y retrouverai José et son fils Clément, qui eux arriveront en voiture depuis Toulouse. Clément a eu envie de faire les deux premières étapes avec nous et il ramènera la voiture. Je relis les derniers messages d'encouragement des enfants et des amis sur mon téléphone. Je réponds que je viens de partir et que je penserai bien à eux durant tout le voyage. Je sens confusément que ce départ représente une remise en question, peut-être une quête de vérité, en tout cas une page blanche où tout est à écrire…

Le soleil se lève à peine. Je guette le bord de mer du côté de Chatelaillon-Plage, puis la traversée des marais avant Rochefort. Des hérons et une cigogne s'envolent lentement à notre passage et vont se poser plus loin au bord d'un canal à demi enfoui sous la végétation. Nous ne devons être que quatre ou cinq dans tout le wagon, alors qu'il y a de très nombreuses voitures sur la route à quatre voies que j'aperçois par la fenêtre.

Nous n'avons pas encore bien compris le message du Covid, me dis-je. Les vieux réflexes reprennent vite le dessus !

En fonction des rayons du soleil qui entrent dans le wagon et de l'ombre dans l'arrière-plan, la vitre du train renvoie le temps d'un éclair mon image. Je l'avoue, je trouve celle-ci plutôt sympathique. Mes yeux marron clair avec des paillettes de vert et encadrés par des sourcils bien noirs semblent regarder dans le lointain. Certains amis disent que j'ai le regard bienveillant. C'est vrai qu'en général les gens aiment bien se confier à moi. Bien sûr, impossible de cacher que je suis allé hier chez le coiffeur ! Cette coupe courte me donne un air plus jeune, surtout avec mes lunettes de soleil que je viens de poser sur mon nez. Pour un peu je croirais que mes cheveux sont restés noirs et n'ont pas blanchi ces dernières années. J'ai l'impression aussi d'avoir le teint cuivré et parfaitement hâlé d'un véritable explorateur. Mais je constate un tantinet déçu que cet effet seyant provient de la lumière réfléchie par mon tee-shirt rouge sur mon visage ! Bon, mais n'exagérons rien, j'ai la peau naturellement mate et relativement bronzée grâce aux entraînements de marche tout récents.

Le bras appuyé sur mon sac à dos posé à côté de moi, mon esprit finit par vagabonder et mes yeux se ferment par moment puis se réouvrent, afin de contempler la campagne qui défile.

Bordeaux, la gare est pleine de vie : du monde en tous sens, des bruits de pas, des valises que l'on traîne, des trains qui arrivent ou repartent. L'animation de la gare succède à la douce torpeur qui avait envahi le wagon depuis La Rochelle. Je recherche dans le passage souterrain le quai d'où partira mon train pour Hendaye. J'approche de l'escalier, mais un autre train vient d'arriver et délivre ses flots de passagers qui déboulent sur moi alors que je m'apprête à monter pour rejoindre le quai. Je me sens aussitôt entraîné à contre-courant par la meute des plus pressés. Heureusement, j'ai plus d'un quart d'heure de battement. Donc pas de panique. J'en profite pour observer cette foule qui avance comme par automatisme, mue par je ne sais quels objectifs. L'espace d'un instant, je me revois à Paris lorsque j'allais au travail le matin. Je ne faisais sans doute pas mieux.

Sur le quai, le train vient d'être positionné. Les cheminots s'affairent encore. Oui, c'est bien le train pour Hendaye et Irun. Je m'y installe et j'observe à travers la vitre, le manège et les mimiques des personnes qui passent sous mes yeux. Une jeune femme à cheveux longs et jean moulant attire mon attention. Elle téléphone en parlant très fort comme si elle était seule sur le quai. Je n'entends pas tout ce qu'elle dit, mais je comprends à ses allées et venues saccadées, aux mouvements de sa tête et aux gestes de ses mains, qu'elle n'est pas contente. Visiblement, elle en veut à quelqu'un et manque de peu de louper notre train qui s'ébranle maintenant. Heureusement, elle ne vient pas dans ma direction et sa conversation s'estompe dans le frottement des roues d'acier sur les rails. Alors que je pense que je vais voyager seul dans mon carré, débarque en face de moi un sportif « Quechua » que je n'avais pas aperçu sur le quai. C'est comme ça que je m'amuserai à appeler ces personnes jusqu'à Saint-Jacques. J'en fais aussi partie, je le reconnais volontiers. Mais lui, c'est le top ! Il s'est visiblement équipé de pied en cap chez Décathlon : ses vêtements, sa casquette, ses chaussures, ses chaussettes, son sac à dos, ses bâtons de marche, tout y est !

Pas besoin de lui poser des questions, la discussion s'enchaîne aussitôt. Il est intarissable et j'apprends tout ou presque de sa vie. Il s'appelle Cédric et part comme moi pour Saint-Jacques-de-Compostelle. Le monde est petit ! Il a vingt-cinq ans et vient de la région d'Angoulême. Il me raconte qu'il est cuisinier et qu'il se trouve entre deux contrats de travail, l'un l'été sur la Côte d'Azur et l'autre l'hiver, dans une station de ski. Entre les deux, il prend des vacances. Il aime cette vie tout en alternance et ce travail varié dans des régions complémentaires, avec des gens différents. Un peu plus grand que moi, il doit mesurer un mètre quatre-vingt-cinq, mais paraît beaucoup plus costaud. Visage bronzé, yeux foncés et portant le bouc rebelle, il est taillé comme un sportif. Il m'explique qu'il compte avaler de longues étapes. Il n'a jamais fait de grandes randonnées, mais a l'expérience de l'endurance, car il a déjà couru deux marathons. Il est chaussé d'ailleurs de trainings de course à pied, qui tranchent par leur couleur vive et leur légèreté apparente avec mes chaussures de marche bleu marine, qui tout d'un coup me paraissent bien lourdes ! Je repense un instant aux nombreux conseils débités sur Internet sur le choix des chaussures et je me dis que j'aurais peut-être dû suivre son exemple.

Quand je lui dis que suis à la retraite depuis quelques mois, ses yeux me balayent de haut en bas et expriment clairement qu'à mon âge ça va être très dur d'aller jusqu'à Saint-Jacques. Je reste souriant et garde un air amusé, mais j'ai dû sans le vouloir tiquer de surprise, car il s'enferre et tente maladroitement de se rattraper en m'expliquant que je parais tout de même bien conservé et qu'en y allant progressivement, je devrais avoir plus de chance d'y arriver. Il ajoute, au cas où je n'aurais pas bien compris, que jamais ses parents, n'iraient à Compostelle !

— Et alors cette retraite, ça va ? me demande-t-il pour changer de sujet.

— Écoute, pour le moment c'est plutôt agréable et j'ai trouvé à m'occuper sans problème. Il y en a qui redoutent ce moment en pensant que leur vie va se terminer bientôt, ou qu'ils n'auront plus de responsabilité et qu'ils seront mis de côté. Non, moi, je n'ai pas cette impression. C'est à chacun de trouver sa voie, d'aller vers les autres, de ne pas s'isoler. Après Saint-Jacques, je verrai bien… J'aurai plein de projets et ma femme aussi, c'est sûr !

Cédric acquiesce d'un air apparemment connaisseur.

— Et toi, demandé-je à Cédric, quelle est ta motivation pour partir ?

— Oh, envie de faire le vide, de voir autre chose. Un mois de marche, après ce que l'on a connu avec la Covid, ça me fera du bien. Je pourrai me déconnecter. Et puis là au moins, je suis sûr que je ne penserai pas comme tout le monde : boulot, métro, dodo !

Sans doute à voir mon air intrigué, il rajoute :

— Oui, je refuse de consommer bêtement.

Comme si je n'avais pas compris, je répète :

— Consommer bêtement ?

— Oui, consommer quoi ! Acheter une bagnole, des fringues, une maison… En fait, juste pour faire comme les autres et juste pour faire tourner l'économie.

— Ah d'accord ! Je te rejoins, je pense. D'autant plus que consommer sans réfléchir c'est aussi participer au réchauffement climatique et à l'épuisement de la planète.

— Toi, tu te sens concerné par le réchauffement climatique ? me demande-t-il étonné par ma réponse.

Là, j'ai bien l'impression qu'il me voit comme un bourge en quête d'aventures sportives. Quelque peu piqué au vif, je lui réponds :

— Ben oui, je ne suis pas miro ! Je vois bien que nos glaciers disparaissent et que le climat change. C'est peut-être sympa d'avoir moins froid l'hiver, mais en contrepartie il peut y avoir tellement de conséquences néfastes, comme les ouragans, le relèvement du niveau de la mer, la sécheresse…

Il me lâche alors de manière inattendue :

— De toute façon, c'est peut-être trop tard !

— Ah bon ! Qu'est-ce qui te fait dire ça ?

— Ben, rien n'est fait pour arrêter le phénomène ! Ce sont les pays riches qui polluent le plus et qui gaspillent de manière éhontée. Et dans les pays pauvres ou en développement, ce n'est pas beaucoup mieux : ils rêvent tout naturellement d'accéder à une vie meilleure. Mais ils sont dans l'illusion ! Ils croient que le modèle des pays riches est le bon. Donc, ils nous imitent et certains y parviennent ! Y'a qu'à voir en Chine par exemple. Avoir une voiture individuelle est devenu un critère de réussite sociale. En Inde aussi. J'y suis allé juste avant l'épidémie de Covid. La pollution, là-bas, est effrayante… C'est un sacré problème ! Le désir d'accéder à toutes les facilités offertes par notre société de consommation est parfaitement légitime. Ça, je le comprends, mais ce désir contribue à aggraver la situation de manière irréversible si aucune alternative viable n'est proposée.

— Et la voiture électrique tu y crois ?

À voir sa tête, on dirait que j'ai dit une énormité.

— Tu rigoles ou quoi ? Et l'électricité viendra d'où ? s'exclame-t-il hilare. Des centrales au charbon ? Des centrales nucléaires ? Non, vaste fumisterie ! De toute façon, si on se tourne vers cette solution, le prix de l'électricité va monter en flèche. D'autant plus que l'État voudra récupérer les taxes qu'il perçoit aujourd'hui sur les carburants. Alors les moins riches devront choisir entre se chauffer ou rouler en bagnole. Tu t'en rends compte ?

Il s'agite de plus en plus. J'essaye une diversion :

— Oui bien sûr, mais en France, il faut reconnaître que nous avons la chance d'avoir une forte proportion d'énergie nucléaire et que celle-ci ne produit pas de CO2.

— D'accord, mais combien de temps ça va durer ? Les réserves d'uranium facilement accessibles seront sur le point d'être épuisées d'ici cent ans[3]. Et puis de toute façon, que fait-on des déchets radioactifs ?

Silence. Je sais bien qu'il a raison. J'ai lu aussi la même chose sur la durée des ressources d'uranium. Pourtant je lui demande :

— Et l'hydrogène ?

— Alors là, c'est la meilleure, explose-t-il en se tapant sur les cuisses ! Et l'hydrogène, tu le trouves où ?

— Dans l'eau… Oui, je sais, il faut faire une électrolyse, bredouillé-je, comme honteux d'avoir posé la question.

— Donc il te faut de l'électricité pour produire de l'électricité.

[3] *Selon les experts de la SFEN (Sté française de l'énergie nucléaire), les réserves pourraient permettre 200 ans d'exploitation, voire plus avec des réacteurs de 4e génération qui devraient être développés d'ici 2040.*

Comme solution tu repasseras ! C'est juste bon pour stocker l'électricité qui a été produite par ailleurs. Et encore reprend-il… avec une sacrée perte de rendement, je te dis pas !

Nouveau silence. Cédric me fait penser à un professeur que j'avais eu au collège. La pression qui l'animait il y a quelques secondes encore semble s'être volatilisée, mais j'ai compris ce qu'il voulait exprimer : il n'y a pas de solution évidente et toute faite à la crise de l'énergie qui se profile. Malgré moi, je lui demande encore :

— Alors qu'est-ce que tu proposes ?

— Ben, c'est le hic, dit-il en se frottant le bouc. Je ne sais pas trop. Changer de mode de vie c'est sûr. Essayer de manger moins de viande, mais ça, c'est un autre débat ! Partir tous à pied à Saint-Jacques, s'exclame-t-il enfin en éclatant d'un rire sonore et communicatif.

Satisfait de son bon mot, il attrape un sandwich et une bouteille d'eau dans son sac à dos posé devant lui. Il mastique consciencieusement et avale régulièrement une gorgée d'eau. Je ne peux résister au plaisir de le taquiner en lui demandant, pourquoi son eau est dans une bouteille en plastique.

— C'est ce que j'ai trouvé de plus léger ! T'inquiète pas, je vais pas la jeter une fois vide. Je vais la garder le plus longtemps possible. C'est ma gourde !

Nous nous quittons un peu plus tard sur le quai de la gare à Hendaye en nous souhaitant « buen camino ». Quel personnage ! Il est pressé de partir. Il n'est pas évident que nous nous retrouvions, car ce soir il prévoit de dormir déjà à San Sebastian, soit nettement plus loin que là où José et moi pensions faire halte.

Justement, José vient de m'appeler au téléphone. Clément et lui ont pris un peu de retard sur la route et arrivent d'ici un petit quart d'heure.

## Jour 1 : Première étape vers Pasaia Donibane (21 km)

La gare s'est vidée et j'attends sur le quai de la gare, assis sur un banc en bois. Soudain les voilà, sac sur le dos, casquette sur la tête et bâton à la main. José et son fils Clément avancent dans ma direction et me font signe. Embrassades, tapes dans le dos. Salut frère Jacquet ! Ces retrouvailles me font chaud au cœur et promettent un pèlerinage extraordinaire. On se photographie pour immortaliser le moment. Sourires éclatants. José est un grand gaillard qui, avec son mètre quatre-vingt-cinq, me dépasse assez largement. À quelques mois près, nous avons le même âge. Il a la chevelure grisonnante, courte, bien fournie. Il est comme moi, la calvitie ne le guette pas ! Prévoyant, il est allé lui aussi chez le coiffeur juste avant de partir. Signe distinctif, il porte une grande moustache et une barbichette à la d'Artagnan, assorties toutes deux à la couleur de sa tignasse. Clément, 32 ans, est bâti sur le même modèle. Mais lui se rase tous les jours. En le regardant, je revois son père lorsque nous faisions nos études d'ingénieur à Toulouse, lui dans le génie civil et moi dans le génie biologique. Comme le temps passe ! À cette époque nous étions à mille lieues de penser faire ensemble le pèlerinage de Saint-Jacques.

Comme convenu, nous profitons du moment de nos retrouvailles pour manger ensemble notre casse-croûte. Entre deux bouchées, José nous conseille une habitude qu'il avait prise lors de son précédent pèlerinage :

— Je vous propose de nous arrêter cinq à dix minutes toutes les heures pour boire et manger un fruit sec ou quelque chose du même genre. C'est comme en montagne, il vaut mieux manger peu, mais souvent. Vous verrez, c'est important pour garder des forces.

Nous acquiesçons Clément et moi. Nous discutons aussi des dernières nouvelles de nos familles, du temps, de tout et de rien. Mais nos jambes semblent agacées d'attendre. Nous bouclons nos sacs à dos et partons enfin en direction du refuge pour pèlerins de Pasaia Donibane où nous avons prévu de passer la nuit.

C'est un plaisir de pouvoir enfin marcher sur ce Chemin mythique où sont passés avant nous tant et tant de pèlerins. Nos bâtons de marche chantent en frappant le sol. Malgré le poids du sac à dos, nous nous sentons tout légers et notre pas est alerte. Nous marchons tantôt à trois de front, tantôt en file indienne, tantôt en formation triangulaire : deux devant et un derrière ou l'inverse. Le Chemin est bien balisé à l'aide de marques de peinture de couleur jaune ayant souvent la forme d'une flèche. Heureusement, sinon nous aurions dépassé plus d'une fois une bifurcation sans nous en rendre compte, tellement la discussion nous absorbe.

Bientôt une heure que nous marchons. Nous sommes sortis de la ville d'Irun et nous montons vers la montagne de Jaizkibel. Petit à petit, nous prenons de la hauteur. La baie d'Irun et d'Hendaye apparaît dans son ensemble, soulignée par la fin de la chaîne des Pyrénées. Nous traversons maintenant des châtaigneraies et pouvons profiter de l'ombre des arbres. Nous foulons du pied de nombreuses bogues encore pleines qui jonchent le sol. Si nous avions de quoi faire cuire toutes ces châtaignes ce soir, nous pourrions en ramasser et nourrir du monde !

Je parle à Clément de mon projet de recueillir les témoignages des personnes rencontrées tout au long du chemin de Saint-Jacques.

— Oui mon père m'en a parlé, me répond-il. Ça va être intéressant ! Il m'a dit aussi que tu es depuis peu de temps à la retraite. Mais tu n'as pas fait génie civil comme lui, je crois ?

Je lui explique que j'avais choisi à l'époque l'option biotechnologie et que je n'ai jamais regretté ce choix. J'ai ensuite travaillé pendant plus de quarante ans dans l'industrie. Je suis d'abord parti presque deux ans à Cuba pour produire de la levure, un aliment particulièrement riche en protéines, à partir de résidus de canne à sucre. Cela se faisait dans d'immenses bioréacteurs. Puis je suis revenu en France où j'ai continué à faire de la fermentation industrielle avec des bactéries et des champignons microscopiques qui produisaient des vitamines, des antibiotiques ou des enzymes industrielles et alimentaires. J'ai aussi participé au développement de la biotechnologie végétale pour produire une protéine destinée à soigner une maladie génétique. Et enfin je suis reparti dix ans à l'étranger pour produire, grâce à des cellules animales transformées génétiquement, des facteurs sanguins destinés à traiter l'hémophilie.

Clément, lui, travaille dans l'aéronautique. Il m'explique que ce secteur en plein développement est en questionnement depuis la Covid :

— De gros progrès ont été réalisés ! Le rendement énergétique des moteurs a considérablement augmenté. Les voilures aussi se sont perfectionnées et on envisage maintenant des empennages qui ressembleront fortement à ceux des oiseaux. Ils auront une « traînée » très réduite. On imagine aussi des avions qui pourraient voler en formation, comme les oiseaux migrateurs, afin de réduire encore leur consommation de carburant.

— Incroyable ! Mais ces progrès vont-ils compenser l'augmentation du trafic aérien ?

— Non, hélas, ça ne sera pas suffisant. En effet, le trafic aérien a plus que doublé depuis le début de ce siècle et on pensait avant la crise de la Covid que le nombre d'avions allait encore doubler d'ici 2040. C'est pourquoi la prochaine grande étape c'est le passage par l'avion à hydrogène.

— Oui, évidemment, avec une telle augmentation du trafic !

— Mais attention, me répond Clément en secouant la tête, le challenge est important. Et pas que pour les avions ! Oui, parce qu'ils sont loin d'être les seuls responsables du réchauffement climatique. Les bateaux de croisière et les cargos rejettent encore plus de gaz à effet de serre (GES) et aussi de nombreuses microparticules. Sur terre, les voitures et les camions ne sont pas non plus en reste. Il faut donc que chaque secteur se remette en cause et fasse des progrès.

— Oui je suis d'accord, tout le monde doit faire des progrès. En tout cas, c'est amusant, parce que tout à l'heure dans le train, un autre pèlerin m'a parlé du changement climatique, et les voitures électriques, pour lui c'était une énormité ! Tu y crois, toi, aux voitures électriques ?

— Si on veut avoir des voitures qui fonctionnent sans énergie fossile, oui la solution la plus facile à mettre en œuvre est la voiture électrique, que cette électricité vienne d'une batterie ou d'une pile à hydrogène. Tous les constructeurs travaillent là-dessus et les politiques ont partout dans le monde défini des dates butoirs pour arrêter de vendre des voitures avec des moteurs à explosion. C'est bien, mais j'y vois un gros problème, ajoute Clément en tapant la pointe de son bâton sur le sol. Comment va-t-on produire toute l'électricité nécessaire, que ce soit pour recharger les batteries ou produire l'hydrogène ? Parce que produire cette électricité avec des centrales thermiques ne résoudrait pas le problème.

— Tu penses comme lui ! Donc pour toi ce n'est pas une bonne solution ?

— Ben, je crains que ce soit une fausse bonne solution, car on risque de déplacer simplement le problème. Je crois qu'il faudrait plutôt développer ou redévelopper urgemment les transports en commun et faire en sorte qu'on les utilise en priorité. Pour moi, la voiture individuelle, ça va devenir un luxe. On ne pourra plus se le permettre.

— Tu exagères un peu ! Ce n'est pas pour tout de suite !

— Ben, il faudrait ! C'est pour ça que le prix des transports en commun doit diminuer. Il faut aussi qu'ils soient pratiques et rapides. Aujourd'hui, quelqu'un qui veut aller en train depuis Bordeaux à Clermont-Ferrand doit passer par Paris. Tu trouves ça normal ?

— Non, bien sûr ! En ville aussi, je suis souvent découragé de prendre le bus, car il faut trop de temps pour aller d'un point A à un point B. À mon avis, les bus font beaucoup trop de détours afin de passer par un maximum de quartiers !

— Et comme ils ne sont pas toujours à l'heure, il faut prendre une bonne marge de sécurité. Du coup, les gens préfèrent prendre la voiture, me répond Clément. C'est l'une des raisons pour lesquelles la situation des transports dans les grandes villes du monde est très souvent catastrophique. Même dans les pays riches… Par exemple à Los Angeles : on ne peut pas dire que la Californie soit un pays pauvre ! Eh bien là-bas, en dehors de la voiture, point de salut. De plus ce sont souvent de grosses voitures ! Donc la production de CO2 et de fines particules est à son max. Le pire, c'est que les gens n'ont pratiquement pas d'autre solution et qu'ils doivent accepter des bouchons énormes aux heures de pointe.

— En plus dans les pays pauvres, les véhicules sont plus vieux et polluent encore davantage.

Notre discussion prend un tour pessimiste que je ne voulais pas, d'autant plus que le paysage autour de nous est magnifique. Notre rythme de marche a sensiblement diminué. Est-ce le début de la fatigue ? Je change de sujet en lançant une question :

— Et l'ours, tu as des nouvelles récentes ?

Je parle bien sûr des ours réintroduits depuis plusieurs années dans les Pyrénées, car je sais que Clément a fait un stage il y a trois ou quatre étés dans une association de protection de la nature qui a pour but d'assurer le maintien de l'exploitation pastorale et de l'écosystème pyrénéen.

— Oh, comme tout le monde par la Dépêche du Midi. Le journal a raconté plusieurs fois en juillet et août que des randonneurs et des bergers avaient croisé d'assez près un ours en Ariège, quelquefois une mère et son petit. Il a rapporté aussi de nombreuses attaques de troupeaux de moutons. Certains troupeaux ont même été complètement décimés, car les bêtes se sont précipitées du haut d'une falaise pour tenter d'échapper à l'ours.

— Oui, j'en ai entendu parler. Mais les éleveurs sont indemnisés quand même ?

— Oui, bien sûr. C'est même devenu systématique, sauf si la responsabilité de l'ours peut être exclue de manière certaine. Du coup les demandes d'indemnisation ont tendance à exploser. C'est devenu assez injuste pour l'ours à qui l'on attribue tous les maux, mais ça permet aux opposants de justifier son élimination.

— Mais je crois que de plus en plus de bergers ont maintenant de gros chiens pour garder les troupeaux.

— Oui c'est vrai, ils ont souvent des patous. Mais certains randonneurs commencent à se plaindre d'être attaqués par ces chiens. C'est devenu un cercle vicieux !

— Mais je pensais que l'on ne risquait pas grand-chose avec l'ours des Pyrénées. Il a plus peur de l'homme que l'inverse, non ?

— Ça, c'est la théorie, me répond Clément en ralentissant, car nous attaquons un raidillon. Parce qu'en pratique, une mère ours peut devenir très dangereuse pour défendre son ourson. Une rencontre accidentelle qui mettrait nez à nez un randonneur et une ourse qui sentirait son rejeton en danger tournerait vite au drame ! Il faut savoir qu'une ourse adulte peut atteindre deux cents kilogrammes. Un mâle, lui, c'est deux cent cinquante ! Et ils peuvent courir très vite. On parle d'une vitesse qui peut atteindre 50 km/h. Donc, notre randonneur n'aurait aucune chance !

— Effectivement ! Je vois bien les limites de la cohabitation, dis-je en m'arrêtant pour souffler un peu. Ce n'est évident pour personne…

— Et c'est pas fini, car les loups pointent leur nez ! ajoute malicieusement José, qui marche deux pas devant nous.

— En tout cas, les ours et les loups existaient bien avant les bergers et les touristes, reprend Clément imperturbable. Mais aujourd'hui, du côté français des Pyrénées, ils sont devenus de trop pour beaucoup et doivent disparaître définitivement de nos montagnes. Côté espagnol, en revanche, il semble que la cohabitation soit mieux acceptée et que les bergers soient mieux organisés pour protéger les troupeaux. Ce qu'il faudrait… c'est laisser des terres vierges de toute occupation humaine dans certains coins de montagne.

— Parce que tu imagines que l'occupation grandissante de l'homme en montagne et partout, n'est pas irréversible ? questionne José qui suit notre conversation. En France métropolitaine, il n'y a qu'une seule zone vierge comme ça. C'est dans le massif des Écrins. Mais c'est l'exception[4] !

— Oui, c'est vrai, l'occupation de tout l'espace par l'homme paraît irréversible malheureusement ! concède Clément.

Nous finissons par arriver au village de Pasaia Donibane au terme d'une longue descente éprouvante pour les cuisses. Mais le refuge pour les pèlerins se trouve sur un piton tout en haut du village. Il faut donc

[4] Réserve intégrale de Lauvitel dans le parc national des Écrins.

encore faire l'effort de remonter des escaliers raides pour y parvenir. Les derniers rayons de soleil nous accueillent sur la terrasse du gîte. De là-haut la vue sur le petit port et les toits du village nous inciterait à rêver, mais il n'en est pas question. Le refuge est presque complet. La responsable veut voir nos crédentiales. Gros problème : Clément a omis de se procurer le sésame avant de partir !

— Ah, mais vous ne pouvez pas dormir ici !

La dame semble inflexible malgré nos mines déconfites…

Heureusement, en fouillant dans la paperasse recouvrant son bureau, elle finit par trouver une crédentiale vierge de l'association locale des pèlerins de Saint-Jacques et Clément s'acquitte du paiement du précieux document.

Le sourire revient ! La gardienne des lieux nous attribue les lits et nous fait visiter les coins douches, toilettes et buanderie en insistant sur les différentes consignes à respecter.

— Pour le repas du soir, ajoute-t-elle, il faut que vous redescendiez au village. Il y a plusieurs restaurants avec de menus pèlerins. Mais attention, revenez avant vingt-deux heures, sinon vous trouverez la porte close ! Et demain matin, il faudra quitter les lieux à huit heures au plus tard.

Donc le moment n'est pas à la rêverie : douche, lessive, changement de tenue, préparation du lit. La lessive n'est pas la moindre des tâches. La plupart du temps, il faudra la faire à l'eau froide. L'essentiel est ensuite de bien essorer le linge pour qu'il ait quelque chance de sécher pendant la nuit. Ce soir, une petite centrifugeuse qui retire rapidement le maximum d'eau de notre linge nous facilite la vie. Il faut ensuite bien l'étendre. Et là, il faut rivaliser d'imagination pour trouver les endroits adéquats, car les quelques fils à linge présents dans la buanderie sont déjà saturés…

Une heure plus tard, nous redescendons les marches vers le bas du village. Nous réalisons quelques emplettes dans une épicerie, en prévision de la marche de demain. Puis nous pouvons enfin aller manger et reprendre des forces.

Le premier restaurant que nous trouvons paraît plutôt sympathique et nous y apercevons plusieurs pèlerins croisés tout à l'heure au refuge. Il propose effectivement le menu du pèlerin, un peu moins cher que le menu classique, et qui garantit d'être rassasié en sortant. Au cours de notre pèlerinage, nous retrouverons pratiquement tous les soirs le même type de menu comprenant une soupe de légumes, des pâtes ou des frites avec des œufs ou de la viande et un dessert, souvent une crème ou du riz au lait.

Aussitôt attablés, José et Clément commandent une bière et la savourent comme un don du ciel. Je choisis quant à moi un jus d'orange naturel délicieux et revigorant. Le repas comble notre faim à défaut d'être parfaitement équilibré. Une douce torpeur nous gagne. Nous rejoignons notre gîte avant l'heure fatidique. Il fait nuit. Les marches nous semblent encore plus hautes que tout à l'heure. Nous ne parlons plus.

À l'intérieur de l'auberge, la lumière est éteinte et tout le monde semble dormir. Nous nous couchons donc en silence et à tâtons pour notre première nuit sur le chemin de Saint-Jaques. Les yeux fermés, je passe en revue cette riche journée. Je repense à la question provocante de Cédric ce matin « Et l'électricité viendra d'où ? » Oui c'est vrai, il n'y a pas de magicien. Pourtant j'ai l'impression que l'on agit comme si l'énergie à profusion était un dû de la nature. Comme si chacun de nous était propriétaire d'un grand lac de montagne et d'une haute cascade pour produire toute l'énergie dont il a besoin… Je finis par m'endormir saoulé par cette première journée de marche avec l'image d'un ourson paisible qui gambade et joue au milieu d'un troupeau de moutons au bord d'un étang sauvage d'Ariège.

# Chapitre III
# La traversée du Pays basque espagnol et la découverte du Chemin

*L'amour pour la nature est le seul qui ne trompe pas les espérances humaines.*

Honoré de Balzac

Ce matin en me réveillant, je me dis tout heureux, mais avec une pointe d'inquiétude, « ça y est, j'y suis. Le Chemin va vraiment commencer… ». Cependant, la douce quiétude dans le duvet ne dure guère et déjà les premiers pèlerins se lèvent, rassemblent leurs affaires, partent aux toilettes. Il y a toujours un truc qui fait du bruit : une gourde d'eau que l'on ouvre, un couteau qui tombe par terre, ou une poche plastique que l'on plie ou déplie. Inutile d'espérer gagner encore quelques minutes de sommeil : c'est fini. Il n'y a plus qu'à se lever ! D'autant plus qu'il ne faut pas traîner, car le refuge doit être libéré d'ici une heure au plus tard.

## Jour 2 : En route pour Orio (28 km). Il faut aider les jeunes

Il est bientôt huit heures et la plupart des marcheurs sont déjà partis. Nous sommes les derniers avec un jeune couple d'Espagnols et une Allemande, la cinquantaine à peine. Elle est élégante dans une tenue sport très chic, couleur fluo. Elle a les cheveux noirs, peignés de façon impeccable en queue-de-cheval, le contour des yeux maquillés et les ongles vernis. Elle me surprend. Quand a-t-elle eu le temps de se préparer ainsi ?

La descente des marches jusqu'au village s'effectue sans peine, preuve que la nuit a été réparatrice. Nous dénichons près du port un bar déjà ouvert et avalons notre petit-déjeuner. Puis nous embarquons sur le bateau navette qui nous emmène pour une courte traversée, de l'autre côté du petit estuaire. Nous y retrouvons nos deux tourtereaux. Ils ne nous remarquent pas davantage que la jolie vue sur le vieux village de Pasaia Donibane blotti au-dessus de son petit port de pêche.

Le Chemin, toujours parfaitement balisé, nous amène à San Sebastian en longeant la côte rocheuse abrupte et sauvage, parsemée de pins maritimes et de landes sauvages. L'arrivée en ville constitue un gros contraste. La circulation y est dense. Il y a encore beaucoup de touristes, surtout sur le boulevard front de mer qui longe les deux magnifiques plages de sable fin qui sont la fierté de la ville. Nous détonnons au milieu de cette foule insouciante et colorée avec nos sacs à dos, nos grosses chaussures déjà boueuses et nos bâtons de marche. Nous profitons d'un banc et de la belle vue sur la baie pour nous arrêter et manger un peu. Des touristes plus curieux que d'autres nous demandent où nous allons. Pour un peu ils nous prendraient en photo tellement nous sommes insolites sur ce beau boulevard. L'un d'entre eux nous avoue dans un français assez bon, qu'il aimerait bien faire comme nous. José lui répond du tac au tac :

— Bonne idée ! Allez, venez, on vous attend.

Rire gêné du touriste :

— Ma femme, je ne peux pas la laisser, s'excuse-t-il.

Sa femme, justement, la voilà. Elle a compris et s'esclaffe en le poussant vers nous en disant :

— Mais si, vas-y. Je me débrouillerai bien toute seule ! Je viendrai te chercher à Compostelle…

José insiste lourdement, lui passe son bâton de marche et fait mine de lui donner son sac à dos. La femme rit de plus belle. Elle nous photographie et nous en faisons de même de notre côté. Je demande plus sérieusement au mari ce qui l'attire dans ce pèlerinage. Il cherche ses mots et me dit :

— J'aimerais bien le faire avec mon petit-fils. Il vient d'avoir quatorze ans. Je voudrais lui faire découvrir et aimer la nature, l'effort aussi, à travers la marche. C'est mieux que les jeux sur les écrans, ajoute-t-il en montrant son téléphone portable. Beaucoup de jeunes sont comme lui, complètement accrocs se lamente-t-il. Ils n'ont plus de rêves, comme nous en avions à leur âge. Je ne sais pas ce qu'il faudrait faire.

J'acquiesce en laissant tomber mes bras :

— Pour l'instant, mes petits enfants sont trop jeunes, mais oui le risque est grand. Remarquez, tout n'est pas noir chez les adolescents. Certains, comme Greta Thurnberg, voudraient refaire le monde. Nous étions un peu comme ça à leur âge !

— Oui, me répond-il, ils ont sans doute raison de vouloir un autre mode de vie pour sauver notre planète ! Mais qu'est-ce qu'ils peuvent faire avec la plupart de nos politiques ?

— C'est là qu'il faut les aider mon brave Monsieur, intervient mon ami José en haussant sa voix et en se levant de son banc les bras en croix.

Il adore ce genre de situation. Je ne sais jamais s'il est vraiment sérieux. Il me fait penser un peu au Capitaine Haddock dans les aventures de Tintin. Il continue :

— Il faut y aller, leur dire à tous ces politiques ce que l'on pense, ajoute-t-il en moulinant des deux bras. Ce n'est pas en restant assis, en se lamentant et en laissant faire, qu'on va changer notre monde ! Alors, vous venez avec nous ?

Nos deux touristes sont quelque peu interloqués et ne savent pas s'ils doivent rire ou rester sérieux. Alors ils rient jaune et prétextent un rendez-vous important pour nous dire au revoir.

Nous reprenons notre route en riant. Pendant que nous discutions sur notre banc, nous avons vu passer le jeune couple d'Espagnols. Nous les retrouvons à la sortie de la ville, assis sous l'ombre accueillante d'un magnifique pin parasol. Cette fois-ci, ils nous reconnaissent. Nous profitons aussi de l'ombre rafraîchissante du pin pour faire un court arrêt et boire un peu, car il fait chaud maintenant.

Nous apprenons qu'ils sont partis hier d'Irun, qu'ils vont marcher sur le Chemin pendant deux semaines et qu'ils sont basques. Lui, c'est Miguel. Sympathique, grand, comme José, mais il doit tailler XXL. À côté de lui un gros sac à dos. Il travaille dans un cabinet d'architecture. Elle, c'est Maria. Avenante, longiligne et d'allure sportive. Elle est infirmière. Ils habitent dans la banlieue de Bilbao. Nous les laissons en leur souhaitant « buen camino ». Ils nous retournent le souhait avec un grand sourire et en ajoutant « hasta la vista », à bientôt.

Nous arrivons un peu plus tard à notre gîte à l'entrée d'Orio. Il est tenu par un couple qui a aménagé le grand rez-de-chaussée de leur maison pour les pèlerins de passage : dortoir, coin douches et toilettes, coin lessive. Un espace repas accueillant est installé dans un bungalow en bois posé dans le jardin, car le couple propose le repas du soir et le petit-déjeuner à ceux qui le souhaitent. Nous retrouvons notre Allemande de l'albergue[5] de Pasaia Donibane, pimpante comme ce matin. Tandis que nous allons prendre la douche, arrive notre couple de Basques. Arrivent aussi trois Italiens étonnants qui ont parcouru près de cinquante kilomètres aujourd'hui. Impressionnant ! Au cours du repas, nous apprenons en discutant avec eux, que le plus âgé, autour de 60 ans, s'appelle Gabriele. C'est un missionnaire franciscain. Les deux jeunes qui l'accompagnent viennent d'Éthiopie et ont été sauvés de la noyade tout près de Lampedusa. Sur leurs papiers italiens, ils s'appellent Lucas et Damiano. Ils vont avoir dix-huit ans. Gabriele a de longs cheveux grisonnants et une grande barbe blanche. Il est taillé comme un athlète et a un sacré tempérament. Il me fait penser à une représentation de Charlemagne qui avait frappé mon imagination dans un livre d'histoire de l'école primaire. Constamment le sourire sur les lèvres, il nous explique qu'ils vont à Saint-Jacques en empruntant le « Camino del Norte », puis jusqu'à Fatima et Lisbonne par le Chemin portugais à l'envers. Ils reprendront ensuite l'avion pour l'Italie. Les billets sont déjà pris. Ils doivent donc mettre les bouchées doubles pour rester dans le temps imparti. Parler avec les deux jeunes est un peu plus laborieux, mais leur anglais est correct. Nous comprenons

[5] *Auberge.*

que ce long pèlerinage est pour eux le fruit d'un vœu qui a mûri au cours de leur émigration vers l'Europe. Ils ne nous parlent pas de cette période, mais Gabriele nous confirmera plus tard qu'ils ont failli mourir plusieurs fois. Ils ne voyaient aucun avenir pour eux en Éthiopie et sont partis ensemble il y a plus d'un an. Pourtant, leurs familles restées là-bas ne font pas partie de la classe sociale la plus pauvre. De retour en Italie, ils feront des études dans le domaine médical. Nous apprenons que leur pays a plus de cent huit millions d'habitants ! C'est le pays le plus peuplé d'Afrique après le Nigéria[6]. La situation y est très critique dans bien des domaines. Au niveau alimentaire par exemple, le pays parvient à peine à couvrir les besoins de sa population. Avec le réchauffement climatique, l'urbanisation rapide et l'accroissement de la population que va-t-il se passer dans les prochaines années ? Sans parler de la guerre avec Le Tigré. Visiblement, ils craignent le pire. Gabriele précise que le taux de natalité a bien baissé au cours des vingt dernières années, mais il reste encore très élevé avec plus de quatre enfants par femme, ce qui fait que l'Éthiopie devrait atteindre cent quatre-vingt-dix millions d'habitants en 2050. Comme je m'étonne qu'il semble prôner une réduction de la natalité, il s'exclame :

— Mais quand un homme et une femme décident d'avoir un enfant, c'est pour lui donner le meilleur, non ? C'est pour qu'il soit heureux plus tard. Ce n'est pas pour eux. Sinon c'est de l'égoïsme ou de l'inconséquence ! Dieu a dit multipliez-vous, mais il n'a pas dit soyez inconséquents ! Il ne veut pas que nous soyons égoïstes et calculateurs comme des riches qui ne veulent pas partager, ou à l'opposé, que nous soyons inconséquents et imprévoyants en refusant de voir l'évidence et en ne recherchant pas avant tout le bonheur présent et futur de nos enfants.

Lucas nous indique qu'il est l'aîné de quatre frères et une sœur. Son père a trente-huit ans et sa mère trente-six. Il pense plutôt comme Gabriele, mais voit le côté pratique et avoue :

— Oui, mais c'est dur d'aller à contre-courant, surtout lorsque l'on

---

[6] *Nigéria : environ 220 millions d'habitants en 2022.*

vit dans un village, au sein d'une communauté ou d'une ethnie. En ville je pense que c'est un peu plus facile. Et puis, il y a toujours la peur des maladies et la peur de voir les enfants mourir. Mais les jeunes générations comme la mienne commencent à voir les choses différemment. On se pose des questions. C'est d'ailleurs, pour ça que nous sommes partis, reconnaît-il.

Clément, José et moi sommes passionnés par la discussion. Lucas et Damiano ne comprennent pas que nous ne fassions pas plus de choses dans nos pays riches pour aider les pays pauvres. Pour eux, nous vivons dans l'opulence et dans le déni. Nous vivons comme si nous étions seuls, comme si tout allait bien. Damiano s'empresse de nous dire que leur « nous » ne s'adresse pas à nous trois, mais il n'empêche, nous ne pouvons que nous sentir concernés et impliqués malgré nous. C'est évident ! José et moi sommes beaucoup plus âgés que leurs parents. Et pourtant sans doute plus en forme, et plus libres aussi, ne serait-ce que sur le plan financier ! Comparativement, notre vie est beaucoup plus facile que la leur[7]. Nous sommes à la retraite, avons le temps de nous promener sur le chemin de Saint-Jacques, de penser à nous. Nous pouvons nous permettre le luxe de parler des problèmes du monde, comme si nous n'en faisions pas partie. Comme des chercheurs qui se penchent sur une expérience, en prenant bien garde de ne pas interférer avec elle…

Le repas est animé. C'est un mélange d'espagnol et d'anglais. Tout le monde participe ensuite gaiement à la vaisselle et au rangement de l'espace repas. Puis nous allons nous coucher. Pour Clément, ce sera la dernière nuit avec nous. Il prendra un bus demain matin en direction d'Irun. Je repense à notre journée tout en essayant de m'endormir. Non, ce n'est pas la bonne technique pour tomber rapidement dans les bras de Morphée ! Déjà j'entends les premiers ronflements, certains sonores, de tous celles et ceux pour qui le repos peut commencer. Je les envie, eux qui en quelques secondes ou minutes peuvent traverser cette phase où le corps et l'esprit, passent de la vie active au sommeil. « Zut ! » Je me rends compte que j'ai oublié de prendre mes bouchons

[7] *L'espérance de vie en bonne santé est de 56,1 ans en Éthiopie contre 72,6 en France.*

d'oreille. Ils sont restés dans mon sac à dos, heureusement rangé tout près. J'ai l'impression de faire un bruit énorme en les attrapant. Une fois posés, j'apprécie leur efficacité, mais le sommeil ne vient pas pour autant. Les paroles de Gabriele me reviennent en tête : « Dieu a dit multipliez-vous, mais il n'a pas dit soyez inconséquents ». Oui, depuis l'époque de la Bible, l'homme a retenu « multipliez-vous ». C'est sûr qu'en ces temps anciens la surpopulation ne guettait pas ! Le risque c'était même l'inverse, que l'homme disparaisse à cause des maladies, de la famine ou des guerres. Les guerres, déjà ! C'est ce qui a dû arriver à l'homme de Néandertal qui a disparu au profit d'Homo sapiens… Mais aujourd'hui, alors que nous sommes proches de huit milliards d'êtres humains[8], tout est changé. Je me dis que nous sommes probablement inconséquents de continuer comme si de rien n'était. Comme si nous n'avions aucune influence sur notre environnement. Et sans penser au vrai bonheur de nos enfants… C'est en ressassant ces idées que je finis par m'endormir.

### Jour 3 : Bord de mer jusqu'à Deba (31 km)

La nuit n'a pas été excellente. Je me sens néanmoins reposé lorsque j'entends le chant du coq émis par le téléphone de José. L'étape du jour est une charnière avant des étapes plus difficiles qui doivent nous faire grimper à partir de demain, loin de la mer, sur les hauteurs du Pays basque. Notre trio d'hier, qui avait parcouru cinquante kilomètres dans la journée, prévoit aujourd'hui de faire la même chose que nous pour reprendre des forces. Nous quittons le gîte en compagnie d'un couple d'Espagnols dans nos âges. Lui s'appelle Paco et elle, Cristina. Comme ils étaient assis de l'autre côté de la table hier soir, nous n'avions pratiquement pas pu échanger avec eux. Ils ne sont pas très grands. Elle, teinte en blond, porte un anorak bleu pâle et un foulard clair noué derrière la nuque. Lui devait être brun. Il n'a presque plus de cheveux sur le crâne, porte un coupe-vent rouge et arbore, comme sa femme, de belles chaussures Quechuas toutes neuves. C'est amusant

[8] *Le chiffre de 8 milliards a été atteint le 15 novembre 2022 et nous devrions atteindre les 10 milliards en 2050.*

comme le monde est petit : Cristina a travaillé quelques années à Lyon dans un hôtel où je suis allé quelques fois à l'occasion de stages de formation. Elle parle encore très bien le français. Comme nous, ils se sont décidés à partir sur le chemin de Saint-Jacques-de-Compostelle, sitôt la retraite arrivée. Nous les laissons à l'entrée d'un bar où ils s'arrêtent faire une première pause et nous nous souhaitons « buen camino » et à ce soir peut-être.

Nous laissons ensuite Clément au bus à Zaraust. Il a beaucoup apprécié le début du « Camino del Norte » ainsi que nos discussions. Un peu moins les nuits ponctuées par des ronflements sonores. Embrassades, tapes dans le dos, échange de bons vœux. Le car arrive. Il faut se quitter. Cela nous fait tout drôle de continuer sans lui et nous marchons en silence sur plusieurs kilomètres.

Pour nous, l'étape est aussi dure que les deux précédentes. Nous marchons souvent sur le goudron ou des dalles qui bordent la route côtière. Mais nous avons la chance d'être au plus près de l'océan. Nous admirons la houle qui vient se fracasser sur les rochers en contrebas de la route et respirons goulûment l'air frais et iodé du large. Nous retrouvons un peu plus loin notre couple de jeunes Espagnols de Bilbao, Miguel et Maria. Ils photographient une jolie chapelle romane. José demande en plaisantant à Miguel s'il souhaite s'inspirer de cette belle construction pour son travail. Miguel lui répond en riant à belles dents :

— Non, ce serait trop cher. Mais il y a toujours de bonnes idées à prendre.

— Des idées pour les constructions d'aujourd'hui ? demandé-je étonné.

— Oui, par exemple ces chapelles n'ont pas besoin de climatisation l'été. Dans notre cabinet, nous travaillons sur la construction de petits ensembles plus autonomes en énergie et en eau. L'isolation bien sûr est importante, mais la couleur des murs et de toutes les surfaces aussi.

— Pour augmenter leur albédo[9] ? tenté-je, car je trouve que ce mot français sonne bien en espagnol.

[9] *Albédo : Fraction de la lumière solaire que tout corps réfléchit en fonction de la couleur et de la matière de sa surface.*

— Oui c'est exact, me répond Miguel en souriant. Ça augmente le pouvoir réfléchissant des murs. S'ils sont blancs, ils accumulent moins de chaleur. Mais on peut faire de gros progrès aussi en les végétalisant ainsi que les toits. L'idéal, c'est d'arriver à cultiver un potager sur un toit-terrasse, car on arrive comme cela à combiner trois effets : l'isolation du toit, la réduction de la température et la production de légumes. Végétaliser seulement 15 % des toits d'une ville pourrait ainsi réduire la température moyenne de 3,3 °C !

— Ah oui m'exclamé-je. C'est incroyable ! Mais pourquoi ce n'est pas fait ?

— Eh bien parce que dans la majorité des cas, il faut le prévoir dès le départ. En général on ne peut installer ces toits que sur des maisons ou des immeubles neufs. Sur l'immobilier ancien, c'est beaucoup plus difficile, précise Miguel. Bien entendu, il faut aussi collecter l'eau de pluie pour pouvoir la réutiliser lorsque c'est nécessaire. En plus, cette eau de pluie collectée, ce n'est peut-être pas énorme, mais c'est toujours autant qui ne part pas dans les ruisseaux lors d'inondations.

Comme il voit que nous sommes intéressés, il continue :

— Savez-vous que 55 % des hommes vivent aujourd'hui dans les villes et que l'on pense que 70 % y vivront d'ici 2050 ? C'est énorme, surtout quand on pense que les villes se sont créées très généralement au cœur de zones riches pour leur capacité de production agricole et qu'aujourd'hui en grandissant de façon démesurée, on parle d'urbanisation galopante, elles dévorent cet espace qui les faisait vivre initialement. Il faut donc réfléchir dès à présent à la manière de pouvoir alimenter ces villes dans le futur. Et les toits cultivés, c'est une possibilité à ne pas sous-estimer, d'autant plus qu'ils peuvent aider à créer du lien social.

— Et les villes concentrent aussi la pauvreté, déclaré-je.

— Oui, c'est vrai et le plus curieux, reprend Miguel, c'est qu'elles concentrent à la fois la pauvreté et la richesse. Les grandes villes sont ainsi le lieu de toutes les inégalités et c'est assez général dans le monde entier. Le niveau de vie des 10 % les plus pauvres y est au plus bas, tandis qu'à l'opposé, le niveau de vie des 10 % les plus riches y est le plus élevé.

— Dans les campagnes, il peut y avoir des pauvres, mais il est plus facile d'y vivoter et de trouver à se nourrir, je suppose.

— Oui c'est tout à fait ça, continue Miguel. Dans les villes, la nourriture et le logement sont chers. Du coup les plus pauvres peuvent facilement sombrer dans l'exclusion, le vol, ou la drogue.

— Et pourtant c'est surtout dans les villes que se trouve le travail, intervient José.

— C'est vrai aussi, lui répond Miguel. On y trouve toute la palette des emplois depuis les mieux rémunérés jusqu'à ceux qui, malgré leur pénibilité ou leur manque d'attractivité, sont sous-payés. Mais ça ne veut pas dire qu'il y a du travail pour tous. Beaucoup de petits emplois sont temporaires et puis il y a toute une frange de personnes qui n'ont pas de travail pour tout un tas de raisons : absence de formation, problèmes de santé, inadaptations en tout genre, non-insertion dans le tissu social…

— Personnes émigrées de la campagne ou d'un autre pays, ajouté-je.

— Oui, pourquoi pas. Vous voyez, en tant qu'architecte, je pense que je ne manquerai pas de boulot au cours de ma carrière pour apporter des solutions afin de mieux vivre en ville !

Tout en parlant des villes, nous arrivons à Deba. L'auberge des pèlerins signalée par notre guide est proche de la gare. Nous y allons avec Miguel et Maria. Là, les pèlerins sont plus nombreux que les jours précédents, mais heureusement il reste encore des places. Nous croisons beaucoup de nouvelles têtes tandis que nous allons prendre notre douche et faire notre petite lessive. Nous sortons ensuite en ville pour trouver de quoi manger pour le repas du soir. Nous avons le choix entre de nombreux troquets. Tous sont très animés. Habituellement les Espagnols mangent tard, mais là, les restaurants ouvrent plus tôt pour s'adapter aux besoins des pèlerins. Ces derniers sont facilement reconnaissables, d'abord à leurs pieds nus chaussés de sandales, puis à leur tenue vestimentaire : un tee-shirt de couleur ou une polaire pour les plus frileux. Leurs cheveux sont encore humides, car ils sortent depuis peu de la douche. Les hommes portent une barbe plus ou moins fournie. Enfin, tous ces pèlerins vont par petits groupes, et lorsqu'ils sont attablés, ils commencent toujours par déguster une bière bien fraîche. Nous choisissons donc un restaurant où nous reconnaissons nos frères de marche. À la table voisine, une femme dans nos âges essaye de demander quelque chose au serveur dans un espagnol approximatif. Nous sourions. Vu l'accent c'est une Française ! Nous lui venons en aide. Elle voudrait un menu sans gluten. Apparemment, le serveur a l'habitude. Il revient effectivement avec une proposition de menu que nous lui traduisons. Il lui convient. Nous apprenons qu'elle vient de Saintes en Charente. Elle s'appelle Monique. Pas très grande, cheveux gris coupés au carré. Elle porte des lunettes légèrement ovales à monture métallique. Elle est vêtue sobrement d'un pantalon trois quarts gris clair et d'une polaire bleu marine, et nous explique qu'elle fait le pèlerinage toute seule. Avant la pandémie de Covid, elle a fait la partie française de Saintes à Hendaye, et cette année elle est partie comme nous d'Irun et compte marcher une dizaine de jours jusque vers Santander. Elle nous parle de l'étape du lendemain, réputée difficile d'après son topoguide et qui ne serait pas parfaitement balisée. Du coup elle est inquiète, car elle craint de s'égarer. Nous convenons donc de nous retrouver dans ce même café-restaurant demain matin pour le petit déjeuner et de faire route ensemble. La voilà rassurée.

Nous parlons avec elle du Chemin et en arrivons, je ne sais plus comment, aux motivations qui nous ont conduits jusqu'ici. Nous apprenons que Monique est une infirmière à la retraite. Elle est veuve. Son mari est mort d'un cancer il y a quelques années. Pour elle, faire le chemin de Saint-Jacques, c'est comme mettre sa vie à plat, puis la redémarrer à partir d'une page blanche. On la sent confiante, heureuse d'être là sur le Chemin à poursuivre sa première expérience vécue entre Saintes et Hendaye. En réponse, ce que je m'entends dire me surprend. Moi qui suis plutôt réservé et qui partais plutôt pour une équipée sportive avant de commencer la retraite, voilà que je trouve maintenant que l'essentiel dans ce pèlerinage, ce sont les occasions de partage et les discussions entre pèlerins !

Nous finissons par retourner à notre dortoir en faisant un petit salut à Miguel et Maria qui vont aussi dans la même direction que nous. Avant de m'endormir, je jette un petit coup d'œil sur Internet pour voir ce qui se dit à propos de l'urbanisation et je tombe sur plusieurs articles de Futura Sciences. Le premier date de 2010 et indique que les grandes cités et le commerce mondial grignotent inexorablement les forêts tropicales.[10] Un autre écrit : « En ce début de XXIe siècle, l'humanité vit un événement majeur : la majorité de la population mondiale habite en ville. L'Homo sapiens typique n'est plus un agriculteur, mais un citadin. Il ne produit plus de la nourriture, mais des biens ou des services. Il marche sur du ciment plutôt que sur de la terre, oublie le nom de nombreuses espèces vivantes, ne regarde plus les étoiles et n'écoute plus beaucoup les oiseaux »[11]. J'en trouve un autre enfin[12] qui confirme ce que me disait Miguel : « en 2050, près de 70 % de la population vivra dans les villes et en 2100 la surface occupée par les villes dans le monde pourrait être multipliée par près de six ». Je m'endors, inquiet pour tous ces jeunes qui naissent aujourd'hui et qui devront vivre demain dans ces villes sans fin, sans pouvoir s'évader facilement dans la nature comme nous le faisions à leur âge !

## Jour 4 : Première étape de montagne de Deba à Markina Xemein (25 km)

C'est une très belle étape, loin de la civilisation et des routes qui vont avec. Nous avons aperçu ce matin notre trio italien qui partait alors que nous prenions encore notre petit-déjeuner avec Monique. Nous ne les reverrons plus, car ils s'arrêteront ce soir dans une abbaye six kilomètres après Marquina.

Le Chemin traverse des prairies, des forêts, des fermes isolées. Il grimpe dans la montagne, franchit des cols, puis redescend, passe des

---

[10] *La croissance urbaine et la mondialisation, moteurs de la déforestation – Futura Sciences 12/02/2010 – Grégoire Macqueron.*

[11] *Durban : l'irréversible urbanisation de l'humanité – Futura sciences 25-11-2011 – Jean Luc Goudet.*

[12] *La surface des villes pourrait être multipliée par six d'ici 2100 – Futura Sciences 24/05/2020 – Nathalie Meyer.*

ruisseaux, des ravins et des landes. Monique est une bonne marcheuse. Dans les côtes nous parlons peu. Mais sur les replats, nous nous rattrapons. Monique évoque ses deux enfants, un garçon et une fille qui sont mariés et ont entre trente-cinq et quarante ans, et surtout ses deux petits-enfants, un garçon chez chacun d'entre eux. S'occuper d'eux est un grand bonheur pour elle.

À midi, nous pique-niquons à l'ombre d'un chêne isolé au sommet d'une colline. L'air tiède porté par la brise légère qui caresse nos visages sent bon l'herbe fraîche et l'humus et fait frissonner doucement les feuilles au-dessus de nos têtes. La vue se perd dans le lointain brumeux. Dans le ciel, des alouettes turluttent puis se laissent tomber dans la lande devant nous, comme épuisées d'avoir trop chanté. Les autres marcheurs ont dû s'arrêter eux aussi à cette heure chaude du jour, car nous ne voyons plus personne depuis longtemps. Mon esprit vagabonde, tout comme celui de mes deux compagnons de marche. Je me demande avec une pointe d'angoisse si nos jeunes en 2100 pourront connaître le plaisir de marcher comme nous dans une nature encore préservée ?

Une dernière lampée d'eau et nous reprenons la route. Peu avant l'arrivée à Markina, fatigués d'une longue descente sous le soleil brûlant, nous découvrons le curieux ermitage de San Miguel de Arretxinaga. À l'intérieur de l'ermitage se trouvent trois énormes blocs de rocher en équilibre l'un contre l'autre. Ils abritent en leur sein une statue de l'archange Saint-Michel. Nous refaisons le plein d'eau fraîche et retrouvons l'Allemande élégante que nous avions croisée à Pasaia Donibane et à Deba. Elle nous reconnaît aussi. Physiquement, cette Allemande sophistiquée me paraît être l'antithèse de « notre » Monique. Nous repartons avec elle vers Markina Xemein. Elle nous explique en bon français qu'elle est partie d'Irun et qu'elle prévoit d'aller jusqu'à Saint-Jacques. Elle s'appelle Lucia et travaille comme secrétaire de direction dans la région de Cologne. Elle profite de ses congés pour faire le Chemin. Je lui demande, ce qui peut bien la motiver pour venir ici.

— Oh, un peu tout, nous répond-elle le sourire aux lèvres. Je suis curieuse. J'ai lu un roman sur le chemin de Compostelle qui a fini de me donner envie de venir. Il a été écrit par une auteure allemande, que vous connaissez peut-être en France, Monika Peetz[13].

Devant mon ignorance, elle précise :

— Elle raconte le pèlerinage de cinq jeunes femmes amies qui habitent la région de Cologne. Elles sont toutes les cinq très différentes de par leur caractère, leur âge et leur histoire. Chacune vit donc ce pèlerinage à sa manière. Le Chemin exacerbe leurs différences. Il en résulte quelques heurts. Il y a une intrigue aussi. Heureusement tout se termine bien. Le roman a eu beaucoup de succès chez nous. Alors je voulais me faire moi-même une idée…

— Mais vous marchez toute seule, pas à cinq, comme dans le roman.

— Pour l'instant, oui. Je voulais essayer de marcher seule une semaine au moins. Mais je vais retrouver deux autres amies à Bilbao. Elles n'ont que 3 semaines de vacances pour aller à Saint-Jacques.

— Et jusqu'à présent, vous avez trouvé ce que vous recherchiez ?

— Oui à peu près, mais rien ne se passe comme prévu, vous savez…

— Ah, bon ?

— Oui par exemple, je n'ai pas pu faire la première étape à pied entre la frontière française et Pasaia Donibane, parce que mon train venant de Toulouse est arrivé beaucoup plus tard que prévu à Irun. Je n'ai pas bien compris pourquoi, des travaux ou un accident…. J'ai donc dû prendre un taxi au lieu de faire la première étape à pied !

— Effectivement.

— Mais je suis contente : pour l'instant je n'ai mal ni aux pieds ni aux jambes. C'est vrai que je me suis bien entraînée. Il n'y a que la chaleur qui est un peu dure à supporter.

— Oui, mais c'est plus agréable que la pluie et le froid, répond José.

— C'est vrai ! Quand je pense que l'on m'avait dit que la côte

[13] *En route pour Compostelle – Monika Peetz.*

cantabrique est le pot de chambre de l'Espagne. Ce n'est pas le cas en ce moment !

— C'est un des avantages du réchauffement climatique, ajoute José en souriant.

— Le réchauffement climatique ?

— Oui, « global warming », dis-je en anglais.

— Vous y croyez ? répond-elle, visiblement étonnée.

— On ne peut nier que les températures augmentent un peu partout dans le monde. Les neiges éternelles sur nos montagnes fondent, même la glace sur les pôles…

— Oui d'accord. Je vois bien moi aussi ! Mais vous croyez que cette augmentation de température est d'origine humaine ? Qu'il suffirait de réduire notre activité pour l'inverser ?

Ce coup-ci, c'est à moi d'être surpris :

— Je croyais que la grande majorité des Allemands, en particulier les jeunes, pensaient que le réchauffement climatique était d'origine humaine.

— Eh bien, vous voyez, je ne suis pas comme tout le monde ! dit-elle en riant. Beaucoup de scientifiques dans le monde sont encore plus catégoriques que moi, vous savez. Certains pensent que nous observons un phénomène naturel contre lequel on ne peut rien faire, car il y a toujours eu des variations climatiques, d'autres pensent que le CO2 n'a qu'un effet négligeable. Il y a même un physicien canadien et un français aussi, je crois, qui dénoncent l'imposture climatique[14]. Certains vont jusqu'à prédire un refroidissement du climat. Ce qui est sûr, c'est que cette histoire de CO2 fait les affaires de certains.

— Vous voulez dire qui ? demandé-je.

— Eh bien les fabricants de panneaux solaires, ou de batteries pour les voitures. Enfin ceux qui proposent des alternatives au pétrole.

— Beaucoup sont en Chine, intervient José…

— Justement ! Reconnaissez que c'est une sacrée opportunité pour eux ! D'ailleurs les Chinois comptent bien en profiter, et exploiter notre peur en Europe, du changement climatique.

— Oui, sans doute, enchaîne José. Mais les scientifiques climatosceptiques à la suite de Trump et compagnie, représentent aussi

[14] *L'imposture climatique – Plon – Claude Allègre (2010).*

des opportunités pour tous ceux qui veulent continuer à consommer du pétrole ou du charbon et veulent exploiter de nouveaux gisements.

— Ce n'est pas pareil. Eux se défendent ! Ils sont minoritaires, rétorque Lucia.

— Hum, je n'ai pas trop l'impression que le pétrole et le charbon soient déjà à genoux, reprend José. Mais je suis d'accord pour penser que beaucoup essaient de profiter de la situation pour gagner encore plus d'argent !

— Dans ces conditions, à qui se fier ? conclus-je.

Nous devons arrêter notre discussion, car nous arrivons devant l'auberge pour pèlerins proche du centre de Marquina Xeimen. Elle est installée dans un vieux bâtiment immense et accueille ce soir une cinquantaine de marcheurs. Lucia retrouve des compatriotes et s'installe dans un dortoir avec eux, tandis que nous posons notre barda dans un autre dortoir. Monique qui n'a rien perdu de la conversation tout à l'heure avec Lucia nous déclare : « c'est une fille superficielle ! »

Une fois la douche prise et notre linge nettoyé, nous allons visiter la ville avec Monique, acheter quelques provisions pour le lendemain, et manger dans un restaurant. Le centre-ville est animé. Nous choisissons un restaurant qui affiche « ici menu du pèlerin ». Nos frères de marche ont dû suivre le même raisonnement que nous, car beaucoup sont déjà là. Nous prenons les dernières places libres à côté d'une tablée de jeunes pèlerins allemands. Nous n'en revenons pas de voir combien ils sont nombreux sur le Chemin ! Nos voisins se présentent : ils s'appellent Gustav et Manfred et parlent impeccablement l'anglais. Ils viennent de la région de Munich, mais ont commencé le pèlerinage à Irun. Ils sont immenses tous les deux. Nous saluons leurs collègues, un autre gars et deux filles ainsi que Lucia à l'autre bout de la table, qui s'est jointe à leur groupe. La bière coule à flots. Au bar, de nombreux locaux discutent et rient aussi devant leur verre, tandis que la télé diffuse des images de sport. Le niveau sonore est élevé.

— On vient de terminer nos études, nous explique Gustav au milieu du brouhaha. Chez nous en Allemagne, les recruteurs apprécient davantage un candidat qui mentionne dans son CV une activité originale avant d'entrer dans la vie active. C'est pour ça qu'on est là !

— Oui, avoir fait le chemin de Saint-Jacques, c'est original, confirme Manfred.

Depuis le départ ils ont fait sensiblement les mêmes étapes que nous, mais ne se sont pas arrêtés dans les mêmes auberges. Les deux filles qui marchent avec eux ont visiblement pris un beau coup de soleil.

— « Global warming », s'esclaffe Gustav en jetant un regard dans leur direction.

Elles ont compris. Nous rions tous.

— Oui, quelle chaleur et quel beau temps depuis hier. On a de la chance pour la saison. Et je ne peux pas m'empêcher de rajouter : mais faut-il vraiment se réjouir ?

— Ce qui est pris est pris, déclare José, pragmatique.

— Oui c'est sympa de marcher comme ça, dis-je un peu déçu par la réaction de mon ami. Mais c'est inquiétant, non ?

— Oui, bien sûr, me répond Gustav ! Mais si tout le monde suivait l'exemple de l'Allemagne, il y aurait sans doute moins de problèmes. Nous avons de plus en plus de maisons à énergie positive. Nous recyclons nos déchets. Il y a aussi un gros développement des énergies alternatives et de plus en plus de voitures électriques.

— Oui, mais vous avez redémarré des centrales à charbon et ça, ce n'est pas bon pour le CO2, intervient José.

— C'était le prix pour arrêter le nucléaire qui présente encore un plus grand risque à court et long terme, intervient Manfred. Il n'y a qu'à voir les accidents de Tchernobyl et de Fukushima, et le problème du stockage des déchets radioactifs.

Il n'a pas complètement tort.

— Ces accidents sont liés à un excès de confiance dans la technologie, reprend-il. Ces technologies requièrent une attention et une vigilance énormes. De toute façon, vous croyez que les pays du golfe vont arrêter leur production de pétrole ? Vous croyez que l'Australie et la Chine vont arrêter d'extraire du charbon [15]? Vous croyez aussi que la Russie et la Norvège vont arrêter leur production

[15] *La Chine, l'Inde et l'Indonésie sont les trois plus grands producteurs de charbon au monde. Ils ont chacun battu leurs records de production en 2022.*

de gaz et que les USA vont arrêter d'exploiter le gaz de schiste et les réserves de pétrole de l'Alaska ? Non, plus j'y pense, plus je crains que les températures et le niveau des mers continuent de monter, parce qu'il est impossible de mettre rapidement, je dis bien rapidement, tous les pays d'accord pour arrêter drastiquement les émissions de CO2. Et puis s'il n'y avait que le CO2…

— Pour vous, ça veut dire alors, que les énergies alternatives comme le solaire et l'éolien ne seront, et pour longtemps encore, que des énergies d'appoint m'écrié-je ?

— Au niveau mondial ? Oui, bien sûr, me répond Manfred d'un ton assuré. Économiquement, elles ne sont potentiellement utiles que pour les pays qui n'ont pas de ressources d'énergie fossile dans leur sous-sol !

— Mais c'est une courte vue ! lancé-je surpris par sa réponse, car toutes ces ressources fossiles vont bien finir par s'épuiser.

— Hélas, pas tout de suite ! me rétorque Manfred, le sourire aux lèvres. De toute façon, c'est l'économie capitaliste qui décidera. Tant qu'il y aura plus d'avantages à utiliser des énergies fossiles plutôt que des énergies renouvelables, l'homme utilisera les énergies fossiles. Et tant pis pour ceux qui seront inondés, qui souffriront de la chaleur trop forte, n'auront plus d'eau à boire, ou plus rien à manger.

Je dois montrer que je suis abattu, car il me tape amicalement sur l'épaule en ajoutant avec un grand sourire :

— Mais dès que l'économie capitaliste verra qu'il est préférable d'arrêter de consommer des énergies fossiles, pas de problème, on arrêtera de les consommer. Enfin, ceux qui resteront arrêteront, ajoute-t-il en riant à belles dents.

Son réalisme me glace.

Pour changer de sujet, Gustav nous montre à une autre table deux autres pèlerins en pleine discussion. Ils doivent avoir nos âges à José et moi. Gustav nous explique que tous les deux sont partis de chez eux à pied, il y a deux mois environ. L'un vient de la région de Hambourg par la voie de Vézelay et l'autre du Liechtenstein par la voie du Puy.

Ils se sont retrouvés à Saint-Jean-Pied-de-Port et depuis font route ensemble. Chapeau bas ! Ils ont vu que l'on parlait d'eux et nous adressent un petit sourire.

Il commence à être tard et toute notre tablée se lève bientôt pour rejoindre les dortoirs de l'auberge. En chemin, nous discutons encore Monique, José et moi :

— C'est étonnant comme les gens sont différents et peuvent avoir des idées opposées : regardez Lucia et Manfred, dis-je. Pourtant, ils ont une culture sans doute semblable. Alors, imaginez les différences d'appréciation entre peuples !

— D'un côté c'est rassurant, me répond José, car cela peut éviter de tous partir tête baissée dans une mauvaise direction. D'un autre côté, quelle perte de temps !

— C'est surtout du gâchis. On n'arrivera jamais à se mettre d'accord sur les solutions à employer, enchaîne Monique.

— Attends ! C'est pire, s'esclaffe José : il faudrait déjà que l'on soit d'accord sur les problèmes, leurs symptômes et leurs origines !

Son rire est communicatif. Nous arrivons maintenant à l'auberge pour pèlerins. Les veilleuses dans les couloirs et les dortoirs sont allumées. Certains sont déjà couchés et c'est sans bruit que nous nous préparons à les suivre.

### Jour 5 : de Markina Xemein à la ville martyre de Guernica (26 km)

Je me suis réveillé plusieurs fois cette nuit à cause d'un voisin de dortoir qui ronflait et surtout d'un bon mal de dents qui s'est invité par surprise. Si ce mal continue, ce serait la tuile ! Pourtant je suis allé chez le dentiste avant de partir et tout était bon ! Nous nous retrouvons avec les autres pèlerins dans la grande cuisine de l'auberge pour le petit-déjeuner. L'ambiance est animée autour de l'immense table. Le pain et la confiture sont appréciés. Le café aussi. Je fais attention de ne pas manger du côté où j'ai mal.

Au moment de partir, sac sur le dos, j'ai l'idée de demander au gardien des lieux s'il connaît un dentiste dans la ville, en lui faisant le signe de forts élancements dans ma bouche. Il me sourit, compatissant et je regrette aussitôt ma question en constatant effaré qu'il ne lui reste plus que quelques dents gâtées. Comment pourrait-il connaître un dentiste ? Et si jamais il en connaissait un, je n'irais pas chez le sien ! Je ne suis donc pas étonné et plutôt soulagé quand il me répond qu'à sa connaissance, il n'y a pas de dentiste à Markina, mais que j'en trouverai probablement un à Guernica, notre ville étape de ce soir. Bon, il faudra tenir jusque-là.

Nous nous joignons à un groupe d'une douzaine de marcheurs, dont Lucia, toujours aussi bien maquillée et remarquablement vêtue. Les jeunes mènent la cadence. Le rythme est rapide. Nous longeons une rivière et comme il a fait frais cette nuit, nos souliers sont déjà trempés de rosée. Je repense à notre discussion d'hier au soir. Une phrase de Manfred m'obsède et rythme mon pas : « Dès que l'économie capitaliste verra qu'il est préférable d'arrêter de consommer les énergies fossiles, pas de problème, on arrêtera de les consommer ». Je me demande quand ce jour-là arrivera.

Je repense aussi à l'Allemagne, pays pourtant vertueux en matière d'écologie. Mais il n'y a pas de limitation de vitesse sur de très nombreux tronçons d'autoroute. Est-on soucieux de la planète quand on roule à plus de 200 km/h ? Peut-on alors donner des conseils et dire que l'on montre l'exemple ? J'imagine que Lucia doit faire partie de ceux qui aiment rouler vite. Ce serait bien son style.

Je suis dans mes pensées lorsque devant moi l'un des jeunes Allemands du groupe propose à José son bâton de marche. Celui-ci ne marche effectivement qu'avec un seul bâton, alors que Monique, moi et beaucoup d'autres en avons deux. C'est vrai que je trouve cela plus efficace.

— Prenez, vous verrez, ce sera plus facile, lui propose-t-il gentiment en anglais.

— Non merci lui répond José, j'ai l'habitude comme ça.

Mais voilà que le jeune insiste en essayant de lui mettre son bâton dans la main :

— Si, tenez, je vois que vous êtes vieux et avec un deuxième bâton, ce sera beaucoup plus facile pour vous !

Là, c'en est trop pour José. Il manque d'exploser, mais se retient en refusant juste poliment le bâton.

Heureusement, nous arrivons bientôt au monastère de Cenarruza posé sur une hauteur ensoleillée. Le groupe s'y arrête. Nous avons tous les trois besoin de cette halte pour boire et souffler un peu. José laisse tomber son sac à dos et avale d'un trait la moitié au moins de sa gourde. Puis il nous montre du menton « l'énergumène » qui a osé le traiter de vieux il y a dix minutes. Cela nous fait bien rire !

Tandis que nous refermons nos sacs, un moine souriant vient à notre rencontre. Il parle plusieurs langues et paraît tout petit dans sa robe de bure. Mais il compense largement sa petite taille par son entrain et sa vivacité d'esprit. Il est difficile de lui donner un âge : cinquante ou soixante ans ? Il nous explique l'histoire de l'abbaye et sa vocation d'accueil sur le chemin de Saint-Jacques. L'église romane est belle dans sa sobriété. Sur le côté se trouve le refuge pour les pèlerins. Il paraît très propre et bien agencé. Il accueille aussi des personnes qui veulent faire une retraite pendant plusieurs jours. Nous lui parlons des trois marcheurs italiens qui devaient s'arrêter ici hier au soir.

— Bien sûr, je m'en souviens ! nous répond-il. Ils se sont arrêtés ici et sont repartis ce matin de bonne heure. Quelle volonté et quel exemple !

Nous devons apprécier la quiétude des lieux, car nous nous apercevons soudain que le petit groupe avec lequel nous étions arrivés est reparti. Sans nous l'avouer, nous sommes plutôt soulagés, car son rythme de marche était vraiment trop rapide pour nous.

La suite du parcours est très bucolique, toute en montées et en descentes. Nous traversons de nombreux villages et admirons de belles maisons et fermes typiques du Pays basque. Certaines églises et maisons sont fortifiées, témoignage d'un passé difficile. À la sortie d'un petit village, nous dépassons un groupe de trois filles assises dans l'herbe à l'ombre d'un arbre. Monique les reconnaît et nous dit :

— Ce sont des Américaines ! Elles étaient dans mon dortoir avant-hier soir à Deba. Elles paraissent fatiguées…

En effet, elles répondent d'un ton las à notre « buen camino » et n'ont visiblement pas envie de parler. Une fois le groupe dépassé, Monique nous précise :

— Elles doivent trouver le Chemin difficile. L'autre soir, elles avaient terminé l'étape en taxi.

Effectivement, leur morphologie ne doit pas les aider, car celle-ci semble devoir davantage aux restaurants Mc Do qu'à la marche ! Mais pour nous aussi l'étape est longue et la fatigue se fait sentir. À tel point qu'un peu plus loin, juste devant l'hôpital de Guernica, Monique bute sur un trottoir, fait un vol plané magistral et s'affale de tout son long sur le sol ! Terriblement inquiets, nous attrapons délicatement son sac à dos qui lui est passé par-dessus la tête et l'aidons à se relever. Heureusement, plus de peur que de mal : elle s'en tire seulement avec quelques égratignures !

L'auberge pour pèlerins où nous avons prévu de nous arrêter est maintenant toute proche. Elle est propre, spacieuse et bien agencée. Une fois nos affaires déballées pour la nuit, les sacs à dos doivent être rangés dans une salle séparée pour éviter la contamination des literies avec des punaises de lits que l'on pourrait amener avec nous. C'est la première fois que nous en entendons parler…

Mon mal de dents ne s'est pas calmé de la journée. Sitôt la douche prise, je pars donc à la recherche d'un dentiste en ville. J'arpente les rues animées et je demande sans succès dans les pharmacies que je trouve, l'adresse d'un tel praticien. Je passe à côté du marché. Une grande plaque gravée me fait soudain remonter dans le temps et revivre un évènement tragique. Ce lieu a été bombardé en 1937 pendant la « guerra civil » par l'aviation de Mussolini et Hitler. La ville a été détruite à 70 % et les survivants hagards ont dénombré deux mille morts. À côté de ce drame, mon mal de dents est bien insignifiant.

En plus j'ai de la chance, car non loin de là, je finis par trouver une « clinica dental » qui accepte de me prendre au pied levé. La dentiste, brune aux yeux marron foncé, me fait penser à ma fille. Elle doit avoir dans les quarante ans.

— Certes, m'explique-t-elle après m'avoir soigné, la réparation n'est pas définitive, mais elle devrait tenir jusqu'à la fin du pèlerinage. Attention tout de même, à ne pas trop mordre du côté de la dent soignée !

Je suis fatigué de marcher lorsque j'arrive à nouveau à l'auberge. Il y a beaucoup plus de pèlerins que tout à l'heure et j'aperçois les trois Américaines dépassées cet après-midi qui sirotent un coca-cola sur la terrasse en profitant des derniers rayons du soleil. Mes compagnons de route m'attendent impatiemment pour aller casser la croûte en ville. L'autre option aurait été de se préparer un repas sur place avec d'autres pèlerins, car l'albergue est équipée avec une magnifique cuisine. Mais nous n'avons guère envie d'aller faire des courses en ville maintenant, puis de nous lancer dans la confection d'un repas ! Alors nous partons ensemble à la recherche d'un restaurant. Tout en marchant, j'explique à José et Monique mes difficultés à trouver un dentiste qui accepte de me soigner sans rendez-vous. Heureusement, l'étape de ce soir était dans une ville importante ! Je leur parle aussi du bombardement de la ville en 1937 et de la plaque gravée à côté du marché, rappelant ce terrible événement.

Mais nous nous arrêtons bien avant, dans un bar avenant qui propose l'essentiel pour reconstituer nos forces. Une fois assis, Monique nous raconte sa discussion avec les trois Américaines. Elles s'appellent Sarah, Sandra et Patricia et viennent du Minnesota. Elles ne pensaient pas que le Chemin serait aussi dur. Elles sont crevées et ont des ampoules aux pieds, Patricia surtout. Monique leur a donné des conseils pour les soigner. Elles vont s'arrêter de marcher pendant deux ou trois jours, le temps de récupérer. Le problème, c'est que leur billet retour en avion est déjà pris et qu'elles n'ont qu'un seul jour de marge sur leur planning prévisionnel. Demain elles iront donc directement à Bilbao avec le train pour se reposer là-bas.

La fatigue aidant, notre retour à l'auberge se fait en marchant lentement. Pourtant nous avons hâte d'aller nous coucher. À cette heure-ci, je n'ai plus envie de réfléchir. Seules quelques images se bousculent dans ma tête : le regard souriant de la dentiste souligné par son masque chirurgical, celui outré de José qui s'est fait traiter de vieux par un jeune pèlerin allemand qui voulait lui mettre en main un deuxième bâton de marche, et le vol plané de Monique qui aurait pu se terminer aux urgences de l'hôpital.

### Jour 6 : de Guernica à Lezama aux portes de Bilbao (21 km)

Nous avons bien dormi et ce matin le ciel est radieux. Mais l'air est frais, quatorze degrés seulement, d'après le thermomètre affiché au-dessus d'une pharmacie. Avant de quitter la ville, nous nous arrêtons devant la fresque de céramique « Guernica », reproduisant la célèbre tapisserie de Picasso qui dénonce le bombardement de la ville en 1937. Nous passons aussi dans le parc de la Casa de Juntas pour voir l'arbre de Guernica, le chêne symbole du Pays basque.

À la sortie de la ville, la rue que nous empruntons se transforme en chemin pierreux qui monte sur les hauteurs. Nous traversons des forêts qui sentent bon le pin et l'eucalyptus. Puis nous rejoignons des prairies en pente douce, certaines couvertes de pommiers. Des noyers bordent le chemin. Quelques noix oubliées au sol font notre délice. Au bout de deux ou trois heures de marche, nous nous arrêtons devant une jolie ferme isolée où le propriétaire propose aux pèlerins, moyennant quelques euros, des fruits, des gâteaux et du café. Nous y trouvons deux autres pèlerines, Isabel qui vient de la banlieue d'Amsterdam et Jessica, une Américaine de l'Iowa. Elles marchent ensemble. Mais Isabel se frotte la cheville qu'elle vient de se fouler. Son pied est bien gonflé déjà. J'extirpe de mon sac un tube de baume chinois. Elle connaît et accepte volontiers de s'en masser la cheville. Nous profitons de la pause pour manger une pomme juteuse achetée à l'hôte des lieux. Il s'appelle Julian et parle bien le français :

— Oui, les pommes viennent de chez moi. C'est bio ici, nous dit-il en souriant à belles dents et en montrant le beau paysage environnant de ses deux mains. Pas la peine de les éplucher !

— Merci ! Oui c'est très beau et c'est tranquille ici, lui répond Monique.

— Oui, c'est un peu le paradis !

— Je parie que vous n'aimez pas trop la ville, remarqué-je.

— Ah, ça, vous avez raison. Et je crois que ma femme est pire que moi. Ici c'est la nature, on ne vit pas les uns sur les autres. C'est propre, pas pollué quoi. Et c'est la liberté !

— Et vous avez des gens sympas qui s'arrêtent pour vous voir, ajoute José l'air malicieux.

— Toujours ! nous répond-il en riant. Les premiers passent vers neuf heures le matin. Certains prennent même le petit-déjeuner sous la véranda là-bas.

Notre homme est bavard. Nous apprenons qu'il a vécu plusieurs années à Paris, d'où son bon français. Il garde un bon souvenir de la capitale : la tour Eiffel, Montmartre, le Moulin Rouge... Mais il préfère, et de loin, son coin de Pays basque.

— Là, c'est chez moi. Je fais ce que je veux, avoue-t-il. À la ville les gens se croient libres. Mais en fait, dès qu'ils le peuvent, le week-end ou aux vacances, ils la quittent.

— Oui c'est vrai. J'ai vécu à Paris et il y a toujours de gros embouteillages pour partir en province le vendredi soir ou le samedi matin et pareil pour revenir le dimanche ! Mais il faut reconnaître qu'en ville on peut se soigner plus facilement. J'en ai fait l'expérience hier : j'avais mal aux dents et je n'ai pu trouver un dentiste qu'à Guernica.

— Ah bien sûr ! Mais Guernica n'est qu'à quelques kilomètres, il suffit de s'organiser !

De ce temps, la cheville d'Isabel ne s'arrange pas vraiment. Jessica essaye donc d'appeler un taxi pour rallier le gîte de ce soir. Nous leur donnons rendez-vous et nous repartons après un salut amical à Julian et à sa femme qui l'a rejoint.

À midi, nous nous laissons tenter par le menu d'un restaurant recommandé dans le topoguide de José. Cela nous fait du bien de nous asseoir confortablement et de manger un bon repas équilibré. Nous nous demandons si Jessica et Isabel sont arrivées à l'étape et ce que sont devenues les trois Américaines dépassées hier.

Notre redémarrage est dur avec le soleil qui cogne dehors et le verre de vin rouge pris au cours du repas !... De plus, les derniers kilomètres avant Lezama sont assez rébarbatifs, car il faut marcher sur une longue route toute droite et sans aucun arbre pour nous faire un peu d'ombre.

Heureusement, l'accueil dans « l'albergue » municipale est des plus sympathiques. Le bâtiment est moderne. Nous y retrouvons Jessica et Isabel dont la cheville foulée va un peu mieux. Le jeune en charge des lieux nous propose un service lave-linge/sèche-linge apprécié, qui nous libère de la tâche du lavage manuel et du séchage sur la corde à linge en extérieur, toujours hypothétique. Nous en profitons pour prendre le temps de visiter le village et son église typique et de repérer le restaurant pour ce soir. Nous avons en effet déjà faim malgré le bon repas de midi.

Nous y partons donc de bonne heure, accompagnés par Isabel et Jessica. Nous sommes les premiers. D'autres pèlerins nous rejoignent bientôt et l'ambiance devient rapidement internationale. Isabel et Jessica envisagent de faire un stop réparateur à l'étape suivante dans la ville de Bilbao. Elles nous apprennent que l'on peut facilement y aller en bus depuis Lezama. C'est une bonne idée, car notre topoguide nous signale que cette prochaine étape se déroule essentiellement dans la banlieue industrielle de la ville et qu'elle ne présente pas grand intérêt. Cela nous permettra de profiter du temps gagné pour visiter Bilbao. Les conversations vont bon train. Isabel et Jessica se connaissaient avant de faire le Chemin. Elles s'étaient rencontrées à l'Iowa State University et sont toutes les deux agronomes. Jessica, l'Américaine, va probablement reprendre la ferme de son père.

— C'est une grande ferme, nous dit-elle. Tous les agriculteurs là-bas font principalement du maïs et du soja. Mais mon rêve c'est de la transformer en production bio, et de faire aussi des légumes. La demande est très importante dans les villes.

Elle nous parle aussi de la suppression de plusieurs digues le long du Mississippi :

— Contrairement à d'autres états plus au sud, nous avons été d'accord dans l'Iowa pour laisser le Mississippi reprendre ses droits sur certaines terres lors des crues. Cela nous a permis de recréer des zones humides qui avaient disparu. C'est très important pour les nappes phréatiques et la faune. Et puis surtout lors des crues, ces zones permettent d'absorber une partie du trop-plein et d'étaler le pic de débit dans le temps. Avec les crues exceptionnelles du Mississippi qui reviennent de plus en plus fréquemment, les digues forcent le fleuve à charrier d'énormes quantités d'eau dans un laps de temps très court. Du coup, les inondations dans le delta autour de La Nouvelle-Orléans sont encore plus catastrophiques. Le risque aussi de voir une digue emportée est encore plus important, avec les conséquences en pertes humaines que cela suppose.

Isabel, la Hollandaise, s'est spécialisée dans la culture des plantes sous serre. Sa passion actuelle, c'est la sélection de plantes tolérantes à la salinité.

— Dans mon travail, nous sélectionnons des plantes qui peuvent se développer dans des zones où la salinité des sols devient trop importante pour l'agriculture. Il faut savoir que le phénomène réduit la surface de terres agricoles sur la planète de deux mille hectares par jour !

— C'est considérable ! lui répond Monique stupéfaite.

— Oui et ça touche plus particulièrement les régions pauvres, les zones arides et semi-arides, telles que les régions tropicales et méditerranéennes. Avec le fort ensoleillement et la faible pluviométrie, les paysans de ces régions doivent irriguer leurs cultures. Mais comme leur eau d'irrigation est plus ou moins saumâtre, les sels contenus dans cette eau se concentrent progressivement dans les sols et les terres deviennent impropres à la culture.

— Donc les oasis dans les déserts peuvent mourir à cause de ce problème de salinité ? intervient José.

— Oui, bien sûr. On pense qu'au moins 8 % des terres irriguées sont touchées et dans les régions arides et semi-arides, on arrive à quelque 25 % !

À voir notre intérêt, Isabel précise :

— Vous pouvez retrouver tous ces chiffres sur le site web officiel des Nations Unies !

— J'ai lu qu'en Espagne, l'Ebre est de plus en plus salé. C'est la même chose, demandé-je ?

— Non, là c'est un autre phénomène. C'est la conséquence de l'activité humaine avec des rejets de déchets industriels dans les rivières. Par exemple l'extraction de la potasse dans une mine libère des sels de potassium qui vont se retrouver dans les eaux de surface. Il y a aussi les déchets agricoles et fermiers que l'on retrouve dans les rivières. Donc l'eau de ces rivières peut devenir impropre pour la consommation humaine et l'irrigation.

— Mais alors le phénomène de salinité des sols ne pourra que s'amplifier ! interroge José.

— Si on ne fait rien, oui. Ce qui est sûr c'est que la demande en eau douce augmente, alors que les ressources disponibles diminuent, notamment à cause de la pollution, du réchauffement climatique et d'une évaporation plus importante.

— Tiens, justement hier, on parlait du réchauffement climatique. Vous en pensez quoi ? demandé-je.

— C'est une chose bien réelle, me répond Jessica.

— Oui, d'accord, on l'a encore vu aujourd'hui avec la chaleur, mais l'homme en est-il responsable ? Vous avez eu un président, Donald Trump, qui pensait que non.

— Je pense que notre ancien président voulait surtout protéger nos industries, et nos modes de production. Alors tout argument qui allait dans ce sens était bon pour lui. Le président Poutine en Russie a une approche assez similaire, vous savez.

— À la différence que lui reconnaît qu'il y a un réchauffement, intervient José.

— C'est vrai, répond Jessica. Mais Trump est un provocateur !

— Et vous, vous en pensez quoi ? lui demandé-je à nouveau.

— Bien sûr, je pense que nous en sommes responsables en grande partie, même si le modèle de l'augmentation des températures en fonction de la concentration en CO2 n'est pas forcément exact.

— Alors que faudrait-il faire pour vous ?

— Oh, c'est compliqué ! lâche Jessica en soufflant. Surtout après une journée de marche ! Il faudrait déjà essayer de consommer moins et plus intelligemment.

— Oui, intervient Isabel. Parce qu'il ne suffit pas de remplacer des énergies fossiles par des énergies vertes pour que tout, partout, redevienne normal. Tout se tient. L'augmentation du CO2 est une conséquence de l'activité humaine, mais il n'y a pas que ça. Il y a aussi toutes les pollutions, peut-être plus sournoises, qui nous empoisonnent. Par exemple les pollutions par les métaux lourds, les résidus de pesticides, ou les plastiques.

— Vous voulez dire que l'augmentation des températures n'est qu'une face du problème ?

— Hélas oui, je le crains, reprend Isabel. Le changement climatique n'est pas le seul problème. Et en plus, en voulant régler un problème, on peut en créer ou en aggraver plusieurs autres. Par exemple, remplacer le pétrole par des panneaux solaires que l'on ne sait pas recycler et qui peuvent nécessiter des métaux rares dont l'extraction est très polluante, n'est sûrement pas la solution miracle !

— Et pourtant c'est ce que l'on essaye de faire dans nos pays riches ! dis-je, quelque peu abattu.

— Oui et ce n'est hélas qu'un exemple, car des énergies 100 % vertes, il n'y en a pas beaucoup !

— Il y a quand même l'énergie hydroélectrique, le biogaz, la géothermie et l'énergie éolienne, dis-je avec assurance.

— OK, ce sont des énergies renouvelables, mais sont-elles 100 % vertes, me demande Isabel ? Parce que quand on regarde dans le détail, ce n'est pas toujours le cas.

— En tout cas l'énergie hydraulique, elle, est 100 % verte ! dis-je satisfait.

— Eh bien, pas forcément ! Certains scientifiques considèrent par exemple que des barrages en Amazonie qui noient des forêts entières sont responsables d'émissions de méthane colossales. Or le méthane est un gaz à effet de serre encore plus puissant que le CO2 !

— Je n'avais pas pensé à ça ! dis-je, dépité. Mais alors dans ces conditions on ne fera jamais rien !

— Non, il ne faut pas être défaitiste. Ce qui est sûr, c'est que l'on ne pourra jamais être parfait en matière d'énergie. Il faudra faire au mieux. Et je suis 200 % d'accord avec beaucoup pour dire que l'énergie la plus propre, c'est celle que l'on ne consomme pas !

— Ça peut causer aussi des cas de conscience, ajoute Jessica. Par exemple en agriculture intensive chez moi dans l'Iowa, l'utilisation de plantes génétiquement modifiées résistantes au glyphosate simplifie énormément la gestion des mauvaises herbes et permet d'importantes économies de carburant. Vous voyez, rien n'est parfait…

Il fait bien nuit quand nous retournons vers notre gîte en continuant à deviser. Là, quelques pèlerins retardataires prennent encore leur douche. À demi allongé sur mon lit, j'en profite pour envoyer comme tous les jours, messages et photos à la famille, et mettre au clair quelques notes. Je souligne la phrase d'Isabel « l'augmentation des températures n'est qu'une face du problème. Il y a aussi les pollutions, peut-être plus sournoises, par les métaux lourds, les résidus de pesticides, ou les plastiques. » J'en profite aussi pour regarder le site relatif au climat et à l'environnement des Nations Unies, et je lis, consterné, les deux derniers rapports alarmants sur la salinité dans les sols[16] et l'état des ressources en terre et en eau pour l'agriculture[17].

Petit à petit toutes les lumières du grand dortoir s'éteignent. Je pose mon téléphone et je finis par m'endormir.

---

[16] *Près d'un milliard d'hectares de sols touchés par la salinisation à travers le monde (FAO) – Climat et environnement – 20/10/2021 – https://news.un.org*

[17] *L'utopie existe, elle s'appelle Las Gaviotas – http://www.habiter-autrement.org*

## Jour 7 : Visite de Bilbao

Nous nous levons de bonne heure ce matin pour prendre le premier bus pour Bilbao. Nous n'avons pas le choix si nous voulons avoir suffisamment de temps pour visiter la ville, car c'est dimanche et la fréquence des transports en commun est réduite.

Mais désagréable surprise : pour aller aux toilettes, il faut faire la queue et le sol est inondé avec de l'eau mousseuse qui provient des douches. Étonnamment, plusieurs personnes vont et viennent pieds nus dans cette eau sale, comme si de rien n'était ! Beurk ! Ils ne seront peut-être pas plus malades que nous, mais ça me dégoûte. Apparemment, tout le monde n'a pas la même définition de l'hygiène… J'avais constaté effectivement la veille au soir que la conception des douches devrait être revue, car si l'on n'y prend pas garde, autant d'eau va vers le siphon du bac receveur que sous la porte. J'en déduis que le manège de ce matin doit se produire tous les jours.

Nous sommes donc contents de quitter les lieux et de respirer l'air frais du dehors, bien que le ciel soit un peu menaçant. Nous prenons le bus avec Jessica, Isabel et deux ou trois autres pèlerins qui ont fait le même raisonnement que nous pour rejoindre Bilbao. En dix minutes à peine nous arrivons au terminus de la gare Centrale du « ferrocarril ». Mais notre projet d'y laisser nos sacs à dos pour la journée tombe à l'eau. En effet, il n'y a pas de consigne à bagages ici. Il faut aller à la gare des autobus, de l'autre côté de la ville. Heureusement ce n'est qu'à quelques stations de métro d'ici !

Profitant du fait que nous sommes dans la gare, nous demandons des billets de train pour aller ce soir à Portugalete, puisque c'est là que nous avons prévu de dormir. Le guichetier paraît mal luné. Il nous dit qu'il n'a pas de monnaie et nous demande d'utiliser le distributeur automatique juste derrière nous. Là, le temps de comprendre comment fonctionne l'engin, José se met à pester à haute voix contre le guichetier mal luné :

— Tous des fainéants ! Mais ils sont payés à quoi faire ?...

Plus nous lui disons « chut ! » et plus il en rajoute. En jetant un coup d'œil vers le guichetier, nous nous apercevons qu'il comprend le français et qu'il se met à râler après nous. Enfin, nous obtenons nos billets, mais en les rangeant je m'aperçois qu'ils ne sont valables que deux heures ! Je suis donc obligé de me rediriger vers le guichet où l'homme râle encore après nous, pour lui expliquer que je me suis trompé et que nous voulons des billets pour le soir uniquement. C'est clair, nous sommes des enquiquineurs finis ! L'homme a tout de même un bon fond puisqu'après négociation, il finit par reprendre nos tickets et nous les rembourse ! Son collègue, assis à un bureau derrière lui, rit sous cape. Nous nous dirigeons donc vers le métro dans le sous-sol de la gare, achetons un billet jusqu'à la gare des autocars et constatons avec surprise que le métro continue jusqu'à Portugalete. Super ! Donc pas besoin de revenir ici ce soir.

À la consigne, nos sacs rentrent tout juste dans les casiers libres et nous partons tout légers, pour visiter la ville. Nous commençons par rejoindre le paseo qui longe le Rio Nervion, puis nous nous dirigeons vers le musée Guggenheim[18]. Le ciel est devenu lumineux. De nombreux coureurs à pied sont en train de se rassembler près du musée et nous les voyons partir au coup de feu, puis passer de l'autre côté de la ria. Nous continuons ensuite vers la vieille ville. Nous entrons dans la cathédrale Santiago alors que quelques gouttes de pluie commencent à tomber. Il est dimanche. Une messe va juste commencer. Nous décidons d'y assister. Il y a du monde. Tout près de nous, adossée à un pilier, une belle statue de saint Jacques pèlerin montre que nous sommes bien sur le Chemin. Nous reprenons ensuite notre visite de la vieille ville, puis trouvons un bar accueillant pour nous restaurer. Nous revenons ensuite à pied jusqu'à la gare des autobus, en flânant dans la ville. Puis nous récupérons nos sacs et reprenons le métro jusqu'à Portugalete.

[18] *Musée d'art moderne et contemporain dont la structure innovante a été dessinée par Frank Gehry. Il est recouvert de plaques de titane.*

Une petite bruine pénétrante et froide nous cueille à la sortie du métro. Nous descendons vers la mer pour trouver l'« albergue » recommandée par notre guide. Nous apercevons l'ancien pont transbordeur, vestige de la fin du XIX^e^ siècle[19], qui me rappelle celui de Rochefort. Mais d'auberge, point. Nous tournons en rond, fatigués de marcher pour rien. Un passant nous apprend enfin qu'elle est fermée en cette période de l'année, et nous indique une autre adresse tout en haut de la ville. Nous pestons. Il va falloir remonter les rues que nous avons descendues ! Il commence à faire sombre et nous avons hâte maintenant de poser notre barda qui pèse lourd. Nous peinons à la trouver. Enfin nous la dénichons. Nous sommes presque aussi épuisés ce soir que si nous avions fait une longue étape. Heureusement cette « albergue » est propre et bien équipée. Il y a même une machine à sécher le linge très pratique quand il pleut dehors. Nous devons toutefois encore ressortir pour le repas du soir. L'adresse indiquée par le gardien du refuge n'est pas trop loin et comble heureusement nos attentes.

De retour à notre refuge, nous constatons que nous ne serons que nous trois pour la nuit. Je profite donc du calme du dortoir pour mettre mes notes au propre. Je retrouve un début de paragraphe écrit quelques jours plus tôt :

« Signes avant-coureurs d'un point de non-retour à partir duquel la vie de l'homme sur terre deviendra de plus en plus difficile :

a. Disparition de la biodiversité,

b. Urbanisation à outrance.

J'y ajoute les points suivants :

c. Augmentation des températures avec son cortège de conséquences : fonte des glaces, montée du niveau des océans (inondations de plaines côtières peuplées et fertiles), phénomènes climatiques exacerbés (périodes de sécheresse, inondations, ouragans…),

[19] Pont transbordeur construit par un disciple de Gustave Eiffel et inauguré en 1893. Déclaré patrimoine mondial de l'humanité par l'UNESCO.

d. Pollution des sols, des eaux de surface et des mers par les plastiques, les métaux lourds, les pesticides…

e. Épuisement des ressources en eau douce,

f. Salinité des sols qui augmente. »

Mes amis sont couchés depuis plusieurs minutes. Demain, nous entrerons en Cantabrie. J'éteins la lumière et pour une fois, je crois que je m'endors rapidement.

## Chapitre *IV*
## Traversée de la Cantabrie. L'air de la mer

*Le monde est aveugle. Rares sont ceux qui voient.*

Bouddha

Aujourd'hui, nous allons entrer en Cantabrie. Voilà une semaine que nous sommes partis. La France me paraît loin déjà. Témoin du temps qui passe, ma barbe commence à bien pousser et je me découvre un visage nouveau. Le téléphone va bientôt sonner l'heure du réveil. Je repense à la richesse des échanges ces jours passés et je me dis que nous allons sûrement faire d'autres belles rencontres sur ce chemin de Compostelle qui m'étonne de plus en plus. D'un côté, nous agissons comme par instinct et au plus simple pour toutes les choses basiques de chaque jour : manger, boire, marcher, faire la lessive, dormir. D'un autre, il y a quelque chose de potentiellement magique si nous prenons le temps de nous arrêter, de regarder, de discuter entre nous et avec d'autres. Il ne faut surtout pas que les choses pratiques et la fatigue prennent le dessus. Nous manquerions, je pense, une grande partie de notre pèlerinage !

### Jour 8 : de Portugalete à Castro Urdiales (29 km). Marche par le bord de mer

Il fait très beau temps ce matin, mais beaucoup plus frais que les jours précédents. Le coup de fatigue d'hier soir est parti. Les balises jaunes du Chemin nous font quitter la ville par une longue piste cyclable qui franchit par le dessus routes, autoroute, et voies ferrées. Elle nous amène vers une petite vallée verdoyante et paisible, plantée d'oliviers et de fruitiers, et qui descend en pente douce jusqu'à Playa Arena au bord de la mer. La petite cité balnéaire est déserte. Les touristes sont partis. Les volets des maisons et des petits immeubles sont presque tous fermés. C'est assez triste, mais nous avons la vue sur la mer pour nous seuls.

Nous longeons à présent une belle plage de sable battue par les vagues. Puis passons à côté de l'ermitage de la « Virgen del Soccorro ». Nous suivons ensuite une piste cyclable de plusieurs kilomètres à flanc de montagne qui surplombe la mer de cent mètres environ. La végétation, balayée en permanence par le vent humide et frais du large, est bien verte, mais rase. Nous pouvons emplir nos poumons d'air pur.

Dommage, au bout de quelques kilomètres magnifiques, la piste cyclable est à présent remplacée par une route nationale. C'est le signe que nous quittons le Pays basque et entrons en Cantabrie. Peu avant Castro Urdiales, au niveau d'un village et d'anciennes mines de fer[20], des marques à la peinture jaune nous proposent un chemin alternatif qui semble longer la mer et qui évite la grande route. Nous nous y engageons volontiers ! Mais plus loin, un panneau nous barre le passage : le chemin est dangereux et interdit. Nous hésitons : repartir en arrière et marcher sur la grande route ne nous enchante guère. Heureusement, voilà un pêcheur qui arrive, armé d'une canne à pêche et d'une épuisette. Il regarde nos chaussures et nous dit, comme s'il avait entendu et compris notre discussion :

— Mais oui, vous allez pouvoir passer. Ce serait trop bête de revenir en arrière. Et en plus c'est beaucoup plus joli par ici !

— Ce n'est pas dangereux ? demande toutefois Monique quelque peu inquiète.

---

[20] *Mines déjà exploitées à l'époque romaine et qui ont connu leur apogée à la fin du 19e siècle.*

— Non, vous allez voir ! Suivez-moi, lui répond le pêcheur.

Nous voilà engagés sur un semblant de sentier qui surplombe les flots et qui devient de plus en plus pentu et perdu dans les hautes herbes. Toute trace humaine a disparu. Nous nous accrochons à la végétation. Le sol est bouleversé. Notre pêcheur nous explique qu'il y avait ici une mine de fer.

— Il y a par moments des trous profonds qui se cachent sous l'herbe. Faites attention ! lance notre homme. Regardez bien où vous posez les pieds !

— Oui, on ne fait que ça ! lâche José.

Tout d'un coup, le pied gauche de Monique s'enfonce profondément. Elle crie, la jambe bloquée à mi-cuisse. Nous ne sommes pas trop de deux pour l'aider à s'en sortir. Heureusement elle n'a pas perdu sa chaussure dans le trou et nous en sommes quittes pour la peur. Mais que serait-elle devenue seule dans ce coin ?

Le sentier retrouve enfin un aspect normal, et nous pouvons de nouveau apprécier le vent du large qui fouette notre visage, la brume humide chargée d'iode qui emplit nos poumons, et la vue des vagues puissantes qui se fracassent bruyamment sur les rochers en contrebas. En prime, le chemin débouche au-dessus de Castro Urdiales et nous offre une vue superbe sur la vieille ville, son port, son château médiéval et son église. Nous hésitons à faire un crochet par l'église pour la visiter tout de suite, mais décidons de continuer pour aller d'abord jusqu'à l'auberge des pèlerins pour poser nos sacs et revenir ensuite.

Mais l'auberge s'avère être à l'autre bout de la ville et maintenant que la douche est prise, nous n'avons plus le courage de revenir en arrière ! Le gîte est moyen. Il n'y a personne pour le garder. Une dizaine de jeunes Allemands se préparent un repas sur place. Deux mamies françaises se pointent en taxi alors que nous allons partir manger dans un restaurant. Nous les attendons le temps qu'elles déchargent leur barda et partons ensemble.

Cathy et Vivianne sont parisiennes. À leur tenue et à leur façon d'être, on dirait deux jeannettes ou deux guides. Il leur manque le béret et le fanion de leur équipe. Elles nous avouent sans aucun complexe qu'elles font le Chemin avec des aménagements lorsque nécessaire : elles prennent le bus ou le taxi si elles sont fatiguées, ne font pas forcément toutes les étapes et s'offrent quelquefois l'hôtel pour avoir plus de confort.

— Nous avons donc de la chance de vous rencontrer ce soir, déclare José avec son air malicieux.

Elles éclatent de rire.

— Oui, des comme nous, y'en a pas d'autres ! s'écrie Vivianne.

Nous arrivons à un petit restaurant qui donne sur la plage. Nous délaissons la terrasse, car il fait frais ce soir et nous nous installons à l'intérieur. Petit casse-tête pour le serveur qui nous prend les menus : Cathy et Vivianne sont végétariennes tandis que Monique est allergique au gluten ! Bon, il va se débrouiller. Heureusement Cathy et Vivianne acceptent de s'adapter un peu.

— Vous êtes végétariennes depuis longtemps ? leur demande José.

C'est Cathy qui répond la première :

— Ça a commencé à la fin de mon adolescence. Je n'aimais pas la viande. C'était assez horrible à la maison au cours des repas avec les discussions sans fin avec mes parents et quelquefois des disputes…

— Oui, ça n'a pas dû être facile, intervient Monique.

— Heureusement c'était l'année de mon bac. Après je suis allée à la fac et puis mes parents ont vu que je ne dépérissais pas et ils ont fini par ne plus insister et me comprendre.

Un court silence s'installe tandis que nos regards se tournent vers Vivianne.

— Moi, c'est plus récent, une dizaine d'années, explique-t-elle. Ces images d'animaux que l'on transporte, que l'on fait rentrer dans les abattoirs et puis que l'on tue souvent avec cruauté, m'ont retournée. J'ai décidé brutalement un jour que je ne mangerai plus de viande. Et puis plus récemment, je me suis sentie confortée dans ma position en lisant que l'élevage était responsable d'une grande partie de l'effet de serre, sans parler d'une consommation d'eau énorme, et de nourriture, souvent OGM, qui monopolise des surfaces de terres arables qui pourraient être utilisées pour l'alimentation humaine et faire reculer la faim dans le monde.

— Oui, ça, c'est sûr. Si tout le monde faisait comme nous, reprend Cathy…

— Attends, attends, intervient José en posant les mains à plat sur la table. C'est vrai que les abattoirs ne sont pas toujours « clean » malgré les efforts de la profession. Mais tu veux dire qu'il ne faut plus de vaches, donc plus de lait, plus de fromage et plus de cuir ? On les tue toutes ? Ce n'est pas la biodiversité ça ! Et pareil pour les moutons, les cochons, les poules, les lapins ! Toutes ces bêtes, elles font vivre tout un secteur, ajoute-t-il en faisant un grand mouvement circulaire des bras ! Et en plus, tous les troupeaux dans nos campagnes et nos montagnes, en plus de faire vivre des personnes, ils entretiennent les paysages. De toute façon, on ne pourrait pas y cultiver de céréales. T'as déjà vu une moissonneuse-batteuse sur un terrain en pente ?

Sourires sur les lèvres à l'évocation de l'une de ces machines qui se retournerait sur un flanc de montagne…

— C'est vrai, dis-je. Il faut faire la différence entre les grands élevages en stabulation libre ou élevés à l'intérieur de locaux, qui fonctionnement avec de nombreux intrants comme du soja OGM, et les petits élevages qui vivent sur des prairies naturelles qui ne pourraient pas être valorisées autrement. Ceux-là sont absolument nécessaires et il faut aider les agriculteurs qui s'en occupent, en consommant leurs produits.

— Bon, ajoute José en voyant les mines soudain renfrognées de Cathy et Vivianne. Que ça ne vous empêche pas de rester végétariennes, d'autant plus que vous semblez assez cool, mais je pense qu'il ne faut pas justifier votre position en mettant tous les éleveurs dans le même panier et par une histoire d'effet de serre et de consommation d'eau. Parce qu'alors aussi, il ne faut plus s'habiller avec du coton, ne plus manger de riz ou ne plus se laver et que sais-je encore, parce que ça consomme trop d'eau !

Arrive à ce moment-là notre serveur qui débouche une bouteille de vin local avec un bruit bien sympathique.

— Tiens, voilà ! Merci Monsieur, ajoute José, les bras en V. Il ne faut plus boire d'eau, mais que du vin !

Rires qui détendent l'atmosphère.

— Et ce n'est pas trop dur, le régime sur le Chemin ? interroge Monique. Parce que pour moi avec mon allergie au gluten, ce n'est pas tous les jours évident.

— On a l'habitude… C'est sûr, il ne faut pas faire la fine bouche. Et puis nous ne sommes pas des végétariennes strictes. On s'autorise les omelettes, les laitages, le fromage et même de temps en temps du poisson. Évidemment à la maison, c'est plus simple : on peut cuisiner des petits pois, des lentilles, du soja, ou des céréales entières…

Le repas arrive. Les portions sont copieuses. J'interroge Vivianne :

— Tout à l'heure, tu parlais de l'effet de serre dû au bétail. Mais mis à part manger moins de viande, tu penses à autre chose pour limiter cet effet ?

Je prends conscience que ce n'est pas le moment idéal pour poser ce genre de question et Vivianne me le fait gentiment remarquer :

— Là, comme ça, en mangeant, je n'ai pas trop d'idées… Je pense en tout cas qu'il faudrait changer notre manière de voyager. Moins utiliser la voiture ou l'avion par exemple. Je pense aussi que le prix du transport maritime pour tout ce qui vient de loin, la Chine, les USA ou l'Amérique du Sud par exemple, devrait être revu à la hausse. Il n'est pas normal par exemple que le kilogramme d'agneau néo-zélandais coûte si peu cher par rapport au coût du même kilogramme produit en France. Il y a l'économie d'échelle bien sûr, qui favorise l'agneau de Nouvelle-Zélande, mais le coût du transport devrait en partie gommer la différence.

Vivianne se met à rire.

— C'est amusant, je suis végétarienne et c'est un exemple avec de la viande qui m'est venu à l'esprit en premier, mais c'est pareil avec d'autres consommables.

— Tu penses peut-être aux voitures produites en Asie, aux céréales ? demandé-je.

— Oui, par exemple. Aux vêtements aussi.

— Attention, intervient Monique, ça marcherait dans les deux sens : on achèterait peut-être moins de produits importés, mais on exporterait aussi moins de biens.

— C'est vrai, reconnaît Vivianne, mais si les deux s'équilibrent, on serait malgré tout gagnant sur tout le CO2 non produit grâce à la réduction des transports.

— Autre chose, et ce n'est pas simple tous les jours, ajoute Cathy… J'essaye de n'utiliser que des produits en vrac pour supprimer tous les emballages en plastique, parce que là, tous ces plastiques, c'est la plaie !

— Oui, c'est vrai, renchérit Vivianne. Moi j'y arrive, avec les fruits courants comme les pommes et les oranges, avec les fruits secs, les céréales, les protéagineux…

— Qu'est-ce que c'est ? interrompt José.

— Ah, excuse-moi, répond Vivianne, avec un sourire, je veux dire les légumes secs comme les lentilles, les pois cassés, les pois chiches, les haricots ou les fèves. J'y arrive aussi avec le café et le savon liquide pour la vaisselle. Après, c'est difficile. Par exemple les fraises sont presque toujours vendues en barquette et les concombres bios sont souvent emballés individuellement. Et je ne parle pas des produits frais, comme les produits laitiers. Bon, je fais moi-même mes yaourts de soja…

Nous voilà en train de refaire le monde et de rêver d'une planète plus propre, sans plastique et sans pollution.

Lorsque nous revenons à notre auberge pour pèlerins, les jeunes Allemands ont fini eux aussi de manger. Ils chantent dans la pièce qui jouxte le dortoir en tapant des mains autour de l'un d'entre eux qui joue de la guitare.

Nous allons nous coucher. Je profite de cet instant du soir, toujours un peu magique pour ajouter des notes sur mon téléphone et envoyer un message accompagné de photos du jour à ma femme et à mes enfants. Les chants et les rires dans la pièce d'à côté se calment bientôt et tout le monde vient nous rejoindre en silence dans le dortoir. Quelqu'un éteint la lumière. Je pose mon téléphone et je finis par m'endormir.

### Jour 9 : de Castro Urdiales à Laredo (27 km). Entre mer et montagne

J'ai bien dormi. Je crois que c'est ma meilleure nuit depuis le départ, peut-être grâce au délicieux gâteau glacé au whisky dégusté hier au soir pour le dessert. Les jeunes Allemands qui ont fait la fête dorment encore. Nous nous levons le plus silencieusement possible. Mais il fait noir et il faut se résoudre à allumer la lumière. Râles immédiats dans la langue de Goethe.

— Bon, comment on fait ? C'est pas de notre faute si vous vous êtes couchés tard, commence à s'échauffer José à voix basse.

Nouveaux râles, plus insistants… Évidemment, aucun de nous trois ne parle l'allemand. J'essaye donc en anglais :

— We are sorry. Désolés, nous faisons le plus vite possible et on éteint rapidement la lumière.

J'ai l'impression que je suis un peu plus efficace que José. C'est vrai qu'hier au soir ils ont fait attention de ne pas faire trop de bruit. Faisons donc de même ce matin.

Cathy et Vivianne et les autres pèlerins commencent à se lever quand nous partons. Dehors, il fait encore presque nuit, car le ciel est bas et brumeux. Le sentier caillouteux s'enfonce dans le brouillard. Nous devinons un paysage de lapiaz, typique des régions calcaires, souligné par des murs de pierres sèches plus lumineux. Un peu plus loin, la piste se transforme en petite route goudronnée. Nous rencontrons trois belles génisses qui ont dû s'enfuir de leur enclos. À notre grand dam, elles se sauvent devant nous sur la route. Plus nous avançons, plus elles s'éloignent de la prairie dans laquelle elles auraient dû rester.

Bien sûr, nulle âme qui vive que nous pourrions avertir dans ce coin de terre perdu… Heureusement, au bout de deux ou trois kilomètres, elles finissent par trouver un petit sentier de traverse dans lequel elles s'engagent et se réfugient… Nous nous demandons comment fera leur propriétaire pour les retrouver, mais il a probablement l'habitude de leur fugue.

Le chemin rejoint maintenant la mer. Le jour s'est levé et le brouillard se dissipe petit à petit. Nous sommes heureux de pouvoir à nouveau longer la côte. Au loin sur l'eau, nous devinons un canot de pêche. Décidément, les ruminants nous en veulent ce matin, car maintenant il faut traverser une prairie immense où se trouve un grand troupeau de vaches au milieu desquelles nous apercevons des taureaux. Nous rusons pour ne pas nous approcher d'eux.

Hélas, le beau sentier dans la lande aboutit à la route nationale qu'il faut suivre presque jusqu'à la fin. Par moments, elle suit l'autoroute. Heureusement il n'y a pas trop de voitures, mais le martèlement répété des chaussures sur le macadam finit par me faire mal sous les pieds, surtout le gauche. Le ciel se couvre davantage et dans une montée interminable, une bruine légère se met à tomber. Elle s'arrête pour nous laisser manger depuis un beau point de vue sur la vallée en contrebas. Mais elle reprend ensuite et se transforme en pluie drue. Il faut enfiler le poncho. Dans un petit hameau, en bas d'une ruelle ruisselante d'eau de pluie, nous faisons une pause devant un petit mémorial érigé à l'attention d'un pèlerin décédé à cet endroit il y a quelques années. Que s'est-il passé pour que le pauvre homme meure là ?

La pluie dure jusqu'à l'arrivée et nos chaussures commencent à être trempées. Nous avons triste mine en entrant dans Laredo, ville touristique par excellence à la belle saison. Nous nous laissons tenter par la pension du Bon Pasteur tenue par des sœurs. Elle paraît plus accueillante que « l'albergue » municipale. Elle est un peu plus chère aussi, mais nous offre à José et moi une vraie chambre avec deux lits et une serviette de bain propre et sèche. Grand confort bien apprécié ce soir ! De son côté Monique s'installe à un autre étage avec quatre autres pèlerines dont l'Allemande Judith qu'elle avait déjà rencontrée lors d'une étape précédente.

La pluie s'est un peu calmée et nous partons dîner en ville avec Monique et Judith. Comme hier au soir, casse-tête pour le malheureux cuisinier, qui doit composer avec l'allergie au gluten de Monique et le souhait de Judith de manger végétarien. Judith nous raconte comment elle est arrivée jusqu'ici. Cela n'a pas été sans peine pour elle. Bien que jeune, trente-cinq ans à peine, elle ne jouit pas d'une santé de fer. En effet, diabétique et en surpoids, elle cumule les difficultés sur le Chemin. Elle nous assure cependant qu'elle se sent mieux que les premiers jours. Elle a dû sauter ou raccourcir les étapes les plus difficiles du Pays basque. Elle ne veut pas dépasser maintenant les vingt kilomètres par jour. Elle profite aussi du service de portage de sac d'une auberge à la suivante.

— C'est pratique, dit-elle en hochant la tête. Comme ça, je ne porte que le minimum sur moi. Sinon ce serait trop dur. Surtout avec la chaleur certain jour !

— À la limite, je suppose que tu préfères la pluie comme aujourd'hui, lui demande Monique.

— Oh oui, tout à fait. Bon, ce serait tous les jours, je changerais sans doute d'avis, mais en tout cas je préfère quand il fait plus frais. C'est pour ça d'ailleurs que j'ai choisi cette période pour partir, parce que l'été, ce doit être impossible… Les descentes en pente, ça aussi, c'est dur. Je préfère monter.

— Oui, mais après, il faut redescendre, termine José.

— C'est comme dans la vie, il y a des hauts et des bas et il faut savoir prendre le meilleur à chaque fois que possible, nous répond-elle en souriant.

C'est drôle, Judith n'est pas ce que j'appellerais une belle jeune femme, mais son visage souriant, encadré par des cheveux blond roux, est empreint de beauté et de sérénité. Elle nous donne aussi une leçon de courage, à nous, qui sommes en bonne santé et qui faisons le Chemin avec une relative facilité.

Judith est préparatrice en pharmacie et s'intéresse aux jeunes enfants dans les pays en voie de développement. Elle nous raconte qu'elle agit avec une association qui s'occupe d'envoyer des surplus de médicaments en Afrique.

— C'est fou le gâchis de nos sociétés dites développées. On ne s'en rend même plus compte ! nous explique-t-elle.

— Pourtant, la plupart de nos médicaments coûtent cher, dis-je.

— Bien sûr, mais je ne parlais pas que des médicaments. Il y a aussi la nourriture que l'on jette, les vêtements que l'on ne veut plus porter, les objets de la vie courante qui se cassent trop tôt, ou dont on ne veut plus…

— Et tout ça crée de la pollution ! dis-je content d'avoir trouvé où elle veut en venir.

— Oui, mais pas seulement, reprend-elle. Il faut d'abord produire avant de gaspiller. Et cette production nécessite beaucoup de ressources : du travail bien sûr, mais aussi de l'énergie, des surfaces cultivables, des matières premières, de l'eau… enfin énormément de choses ! Et puis évidemment, elle crée de la pollution.

— Oui, effectivement ! Pollution à la fois lors de la production et lors de la destruction ou de la mise en décharge, car le recyclage n'est pas encore au point, ou alors nous ne sommes pas prêts à en payer le prix, remarque José.

Nous en venons à évoquer les matières plastiques et leur recyclage.

— On pense à tort que nous en recyclons une bonne partie dans nos déchèteries, mais souvent, il est plus simple de les envoyer dans des containers vers des pays pauvres, indique Monique.

— Moi je suis sidérée par les quantités d'articles en plastique à usage unique utilisés dans l'industrie pharmaceutique, la recherche médicale ou dans les hôpitaux, nous dit Judith. Évidemment, ces articles ont apporté un grand progrès en permettant de travailler beaucoup plus vite et en toute sécurité : plus besoin de lavage ou de stérilisation par exemple. Mais que faire de ces montagnes d'articles utilisés une seule fois ? En général, ils sont incinérés. C'est sans doute un moindre mal, mais ça produit du CO2 et de la pollution gazeuse.

— Sans compter tous les articles de consommation courante, comme les gobelets, les pots de yaourt, les bouteilles, les couverts, les pailles, dis-je.

— De toute façon, il y a des plastiques partout, renchérit José : dans les voitures, les avions. Même le moindre article est emballé dans du plastique ! Pas étonnant que les océans soient contaminés par des microplastiques. On en trouve même dans l'air et dans l'eau de pluie. J'ai lu qu'en 2025 on trouverait une tonne de plastique dans les mers pour 3 tonnes de poissons ! C'est complètement fou !

— Oui c'est une vraie calamité qui pollue la planète et toute la chaîne alimentaire, confirme Judith. On pourrait penser que la vente en vrac serait la solution. Eh bien, malheureusement, il paraît que non dans de nombreux cas.

— Pourquoi ? demandons-nous tous les trois en même temps.

— Eh bien parce que de nombreux aliments se conservent moins bien lorsqu'ils sont en vrac. C'est le cas des légumes, des fruits et même du café. Un fruit abîmé, par exemple, va contaminer de nombreux autres fruits dans un stockage en vrac, alors qu'en barquette, beaucoup moins de fruits seront impactés. Donc en fait, il y a moins de pertes dans un emballage qui a été bien étudié.

— Mince ! s'écrie José. Il faut retrouver Cathy et Vivianne pour leur expliquer que ça ne sert à rien de tout acheter en vrac !

Nous rions et expliquons à Judith notre rencontre d'hier au soir avec Vivianne et Cathy, qui sont-elles aussi végétariennes, mais adeptes du vrac.

— Au fait, vous avez dû voir ces derniers jours les nombreuses bouteilles en plastique pleines de liquide jaune le long des routes ? Vous savez ce que c'est ? demandé-je.

Judith et Monique se regardent. Oui, elles ont bien vu ces bouteilles, mais n'ont aucune idée de ce que ça peut-être.

— Je l'ai dit à José tout à l'heure, après avoir regardé à tout hasard sur Internet. Et vous savez ce que j'ai trouvé ?

Suspense…

— Ce sont des bouteilles remplies d'urine par des chauffeurs pressés qui jettent ensuite la bouteille par la fenêtre de leur véhicule. Ils ne prennent même pas le temps de s'arrêter !

— Ah, beurk ! font ensemble Judith et Monique.

— Oui c'est incroyable comme l'homme est sale, ajouté-je. C'est à désespérer ! Préférer polluer plutôt que de s'arrêter pour uriner.

— Ce n'est pas respectueux non plus pour ceux qui nettoient le bord des routes, ajoute Monique.

Et me voilà racontant une histoire d'il y a quarante ans maintenant. Je faisais une randonnée en pleine montagne dans les Pyrénées, à une bonne journée de marche du premier village. La lumière était radieuse. Il n'y avait personne et c'était l'heure du casse-croûte de midi. Le coin était idéal, au bord d'un magnifique lac sauvage. Quelle n'a pas été alors ma surprise de découvrir là, dans ce paysage paradisiaque, un sac plastique plein d'ordures, abandonné par des montagnards indélicats. Des « cochons », devrais-je dire, qui avaient bien fait exprès de laisser leur paquet là ! Pour moi, c'était plus que de l'indélicatesse. Je me demande même si ce n'était pas une volonté délibérée de dégrader la nature. Et combien sont-ils comme ça, qui jettent naturellement et en toute connaissance, des papiers, leur masque, leur mégot, leurs canettes vides, leurs déchets et tout ce qui les encombre, sur le bord de la route, dans un fossé, une rivière, ou dans une décharge sauvage ! Comment s'étonner dans ces conditions de l'état de notre planète Terre ? Et comment faire pour que ce comportement spontané et désastreux cesse enfin ?

Nous revenons vers Le Bon Pasteur en continuant à deviser, cette fois-ci sur l'étape du lendemain. Judith prendra le bus sur les premiers kilomètres, et continuera à pied jusqu'à l'auberge du père Ernesto Bustio[21] à Guermes. Nous apprenons qu'il s'agit d'un ancien prêtre-ouvrier qu'elle tient à rencontrer et que l'auberge est tenue par des volontaires venus de nombreux pays. Nous décidons José et moi de nous y arrêter aussi.

Avant de m'endormir, je me connecte à Internet pour en apprendre un peu plus sur le père Ernesto, et j'en profite pour silencieusement mettre en ordre mes notes.

[21] *Histoire – La Cabaña del Abuelo Peuto – https://www.alberguedeguemes.es/fr/home.*

*De gauche à droite Dominique et son ami José*

## Jour 10 : de Laredo à Guermes (31 km). Le chemin de la vie

La nuit a été bonne. Nous partons presque à huit heures, après un petit-déjeuner pris en compagnie de Judith dans un bar de Laredo. Elle va ensuite rejoindre la gare routière pour faire les premiers kilomètres de l'étape en bus. De notre côté, le début de l'étape se déroule sur l'immense plage de sable fin de Laredo. Elle doit être couverte de baigneurs en été, mais ce matin, elle est là pour nous seuls ! La vue est magnifique. Le promontoire dans la baie s'éclaire petit à petit avec le soleil levant. Si ce n'était cette longue journée de marche qui nous attend, j'irais bien me baigner. Au bout de la plage, à la pointe de Laredo, nous trouvons un couple de pèlerins de Suisse romande, Jean-François et Magda. Ils attendent comme nous le petit bac qui doit nous amener à Santona, de l'autre côté de la ria. Eux aussi sont partis d'Irun. Ils ont dans nos âges et vu leur bonne mine et leur allure svelte, semblent être de bons sportifs. Ils ont apprécié le Chemin jusqu'à présent :

— Et puis il y a moins de pèlerins et de touristes en cette saison. On peut mieux en profiter, nous déclare tout sourire Magda.

— Et vous comptez aller jusqu'à Saint-Jacques ?

— Oui, nous allons passer par la voie côtière, celle qui passe par Giron.

— Ah d'accord. Nous, ce sera par « el Camino Primitivo », celui qui passe par la ville d'Oviedo, précise José.

Nous apprenons qu'ils travaillent tous les deux pour la Croix rouge internationale à Genève. Jean François revient juste d'une mission au Proche-Orient.

— Là où j'étais, la situation humanitaire est catastrophique. Les gens ont peur. Il y a encore des attentats, des enlèvements. Beaucoup d'écoles ne marchent plus évidemment. De nombreuses maisons ont été détruites et les habitants vivent dans les ruines. Il n'y a pas grand-chose pour manger. Pas étonnant que beaucoup, des jeunes surtout, essaient de fuir et d'aller en Europe. On ne sait plus vraiment quoi faire. On a même peur que l'argent ou les vivres distribués soient utilisés par ceux qui oppriment.

— Arrête mon chéri, nous n'y sommes pour rien, on est en vacances, intervient sa femme en lui posant une main affectueuse sur l'épaule.

Mais lui continue :

— On n'en parle pas dans les médias, mais la guerre n'est pas vraiment finie, il ne faut pas croire…

— C'est vrai que les nouvelles parlent des migrants aux portes de l'Europe et peu de ce qui se passe là-bas.

En disant cela, je m'aperçois que je n'ai pas lu les nouvelles depuis notre départ d'Irun il a dix jours. C'est égoïste, mais ça fait du bien aussi de se couper un peu de l'actualité.

Le bac arrive pour la traversée de la ria. Nous montons à bord avec deux autres locaux qui vont faire des courses à Santona. Arrivés de l'autre côté, Jean-François et Magda s'arrêtent dans un café pour le petit-déjeuner. Nous nous souhaitons « buen camino » et à ce soir, puisqu'ils prévoient comme nous de faire halte à Guemes, à l'auberge de l'abbuelo Peuto.

La ville de Santona est connue en Espagne pour ses conserveries de poissons, et aussi, nous l'apprendrons ce soir, pour sa prison. À la sortie du village, nous longeons effectivement le long et haut mur d'enceinte d'une immense prison. Un peu plus loin nous prenons le sentier côtier, beaucoup plus agréable que la variante par la route. Celui-ci domine la mer, bleue comme le ciel. Mais il faut avoir le pied montagnard, car il franchit un promontoire rocailleux et avec la pluie d'hier, il est devenu très glissant. On arrive ensuite sur une belle et longue plage qui sent bon l'iode ce matin à marée basse. Au bout de la plage, le chemin passe devant un ravissant petit pont romain et arrive à Noja. Les rues sont animées : c'est jour de marché. On s'arrête un peu plus loin au pied de l'église San Miguel de Meruelo pour manger notre casse-croûte. Le porche est magnifique. Mais l'église est fermée, comme beaucoup d'autres le long du Chemin. Dommage, car la dimension spirituelle que j'espérais disparaît en grande partie.

L'après-midi, les douze kilomètres qui nous restent à faire nous paraissent interminables. Je ressens de nouveau une douleur sous les pieds. Pourtant je n'ai pas d'ampoule. Nous faisons plusieurs haltes pour boire dès qu'il y a un peu d'ombre, car il fait très chaud. La route passe souvent près d'élevages de bovins en stabulation libre d'où se dégage une forte odeur d'ensilage. Les bêtes, toutes maigres, pataugent dans la boue et les bouses. Elles font pitié à voir.

Nous retrouvons Judith pour les deux derniers kilomètres. On la sent fatiguée, mais elle reste souriante. Un dernier raidillon et nous arrivons enfin à la « Cabana de l'abuelo Peuto ». Bel accueil. L'endroit est incontournable. L'auberge a été créée dans la maison natale du père Ernesto Bustio que nous allons rencontrer ce soir. Elle est gérée par une association et ce sont des bénévoles venus de l'Europe entière qui entretiennent les lieux et accueillent les pèlerins. Nous sommes peut-être une quarantaine ce soir, répartis dans plusieurs dortoirs bien aménagés ! Peu avant le repas, nous sommes tous conviés à une réunion avec Bernardo, travailleur social dans la prison que nous avons vue ce matin à la sortie de Santona. Nous nous présentons rapidement tous en anglais, en indiquant d'où nous venons. Celui qui vient du plus loin est un Coréen ! Comme l'assemblée est très cosmopolite, trois pèlerins volontaires, un Allemand, un Anglais et un Français traduisent en direct dans leur langue le discours de Bernardo. Celui-ci nous explique le rôle de l'association et parle de l'œuvre du père Ernesto qui a été prêtre-ouvrier en Espagne dans la région de Santander, puis est parti traverser l'Amérique du Sud et l'Inde avec un Land Rover. Il a aujourd'hui plus de quatre-vingt-trois ans. Bernardo nous explique que le vrai chemin que nous empruntons n'est pas « el camino de Santiago », mais « el camino de la Vida », le chemin de la Vie. Il nous parle aussi de l'agriculture en Cantabrie, des plantations à outrance d'eucalyptus qui épuisent les sols, en pompent toute l'eau et sont la cause d'incendies violents pendant l'été.

Le père Ernesto arrive lorsque nous nous mettons à table. Avec sa barbe et ses cheveux blancs, il me fait penser en plus âgé, au père Pedro qui s'occupe de pauvres à Madagascar. Le repas est simple, revigorant et convivial. Nous mangeons à côté de trois Polonais, Aleksander et sa femme Karolina, et de Roman, le frère de celle-ci. Ils ont la quarantaine et doivent repartir demain en avion depuis Santander. Ils tenaient absolument à passer par la « Cabana de l'abuelo Peuto ». Eux aussi sont partis d'Irun et sont ravis de leurs deux semaines de marche :

— Le temps a été superbe presque tous les jours. Quelle différence avec nos villes de Pologne, où le smog commence à apparaître en cette saison, nous déclare Roman.

— Le smog, comme à Londres ? demandé-je.

— Oui, c'est un mélange de brouillard avec les fumées qui proviennent des usines, des chauffages individuels et aussi des véhicules diesel. Il se produit dès qu'il commence à faire froid et qu'il y a peu de vent. On ne voit plus le soleil pendant plusieurs jours et puis surtout, c'est toxique ! Le phénomène est dû à la géographie du pays qui est essentiellement plat, et à l'utilisation quasi exclusive de charbon qui en brûlant génère beaucoup de particules fines. Le charbon, c'est le roi en Pologne ! s'exclame-t-il en souriant de toutes ses dents. Il sert à produire quatre-vingt-dix pour cent de notre énergie !

Mais son air jovial devient grave tout à coup.

— Le smog est responsable de 50 000 morts chaque année ! ajoute-t-il. Il y a des jours où les enfants n'ont même pas le droit de sortir dans les cours de récréation !

— Alors ici, avec l'air marin qui nettoie le paysage et les bronches, c'est merveilleux ! intervient Aleksander.

— Ah oui, c'est sûr, ajoute Karolina, tout sourire. C'est aussi pour ça que l'on va revenir l'année prochaine et on terminera le pèlerinage.

À côté d'eux, un couple de jeunes néo-zélandais discute avec Monique et Judith. C'est la première fois qu'ils viennent en Europe. Ils habitent dans l'île du sud et ont l'habitude des grandes randonnées et des grands espaces. L'Europe leur paraît un concentré d'Histoire. Chez eux, rien de tel. J'entends qu'ils ont la phobie des grandes villes.

Je me promets de discuter avec eux plus tard.

De l'autre côté de la table, Jean-François et Magda, les Suisses que nous avions rencontrés ce matin, sont en pleine discussion avec Lee, le pèlerin coréen et son voisin Raphaël qui est Israélien. Lee a l'air d'expliquer comment se passe la vie en société en Corée du Sud.

À l'issue du repas, la table est débarrassée dans une joyeuse ambiance. Ceux qui le souhaitent peuvent ensuite se retrouver pour méditer dans une salle aménagée en chapelle. La décoration y est très sobre, la lumière tamisée. Pour la première fois depuis le départ je me sens comme porté et gonflé à bloc. Je suis heureux d'être là. Je me sens en communion avec tous les autres pèlerins croisés aujourd'hui. Je perçois comme un courant mystérieux qui circule entre nous. Chacun arrive avec son histoire, ses questions, ses problèmes, ses espoirs et grâce à ce lieu de partage et d'échange, chacun peut repartir, sinon avec une réponse, du moins avec le soutien et le sourire des autres.

Dehors, le ciel est constellé d'étoiles. J'aimerais m'attarder à l'admirer, mais il fait très frais et je rejoins mes compagnons dans la chambrée qui nous est réservée.

### Jour 11 : de Guermes à Santander (15 km). Attention mal aux pieds…

Ce matin, lever pour tous à sept heures. Le petit-déjeuner est servi dans la grande salle à manger et chacun se restaure avec entrain. Le père Ernesto arrive pour nous dire au revoir et se laisse prendre en photo avec chaque groupe. Nous nous souhaitons tous « buen camino » et partons.

Sur les conseils de Bernardo, nous passons par la côte via Galizano où nous faisons quelques courses. Le ciel est gris. Il y a une légère brume au-dessus des champs et il fait frais. Nous découvrons la mer au dernier moment, en arrivant au bord de hautes falaises qui surplombent des criques et de grandes plages. Elles sont désertes et balayées par le vent du large qui soulève d'énormes rouleaux. Plus loin, sur un parking sommaire, des surfeurs sont en train de s'équiper autour de camping-cars bariolés de toutes les couleurs avant de rejoindre la plage en contrebas. Encore plus loin, les vagues puissantes s'écrasent avec fracas au pied des falaises. Puis le chemin, toujours au bord du précipice, longe un champ immense de terre collante où un agriculteur épand du purin. Malgré le vent, pas moyen d'échapper à l'odeur !

Le chemin finit par déboucher sur la rive droite de la ria de Santander et son immense et magnifique plage. Nous longeons la mer jusqu'à Somo, en marchant sur le sable humide, à la limite de l'eau et de l'écume de mer, par pur plaisir et aussi, du moins pour moi, pour tenter de soulager mes pieds dont la plante est de plus en plus douloureuse.

Sur le quai du petit port de Somo, nous retrouvons Amy et Ethan, le couple de Nouvelle-Zélande croisé hier au soir chez l'abuelo Peuto. Nous attendons avec eux le bateau qui fait la navette avec Santander de l'autre côté de la magnifique ria. Ils vont s'arrêter une journée à Santander pour visiter la ville et se reposer.

— Pourtant, j'avais compris hier que vous n'aimiez pas trop les villes !

— Oui, mais Santander c'est différent ! Ce n'est pas une mégapole comme Jakarta ou Sao Paulo, me répond Amy en riant et en secouant sa longue chevelure noire. C'est une ville historique qui reste à taille humaine !

C'est vrai que la vue que nous avons sur la ville de Santander depuis ce côté de la ria, est magnifique avec la mer en premier plan et les voiliers qui entrent ou sortent du port.

— Oui, pour nous qui habitons une toute petite ville proche de la nature, les grandes villes ont tendance à nous angoisser, m'explique Ethan. Plus de quarante millions d'habitants à Tokyo, entre trente et quarante à Sao Paulo ! On se demande comment les gens peuvent vivre dans un tel environnement ! Je plains les enfants qui ne savent plus ce qu'est une fleur, un oiseau, une vache ou une chèvre. Et dire que l'urbanisation va continuer d'augmenter. On pense que d'ici une trentaine d'années, près de 70 % de l'humanité devra vivre dans les villes. En plus, certaines grandes villes, comme New Delhi, sont dans des zones où la chaleur va devenir insoutenable. D'autres sont au bord de la mer et seront en partie submergées. Bangkok en Thaïlande, avec ses 10 millions d'habitants aujourd'hui, est un exemple frappant. Je faisais du tourisme là-bas en 2011 avec un copain, lorsqu'il y a eu de grandes inondations. Ça a été terrible. Un cinquième de la ville au moins s'est retrouvé submergé, particulièrement dans les zones périphériques, plus populaires. La ville doit faire face à deux phénomènes qui se conjuguent : l'affaissement progressif des terres d'un à deux centimètres par an, dû au poids des gratte-ciel et le relèvement du niveau des océans à cause du réchauffement climatique, si bien que l'on craint que 40 à 50 % de la ville soient engloutis d'ici 2030.

— Je ne savais pas que la situation de la ville était critique à ce point-là ! confessé-je. C'est comme Jakarta alors ?

— Ah oui, ce sont les deux villes les plus critiques en Asie. Pour Jakarta, le gouvernement d'Indonésie envisage d'ailleurs de déménager la capitale, mais rien n'est prévu pour la plupart des habitants.

— Dix millions d'habitants, je crois.

— Oui pour la ville elle-même, mais trente-cinq millions avec la banlieue ! C'est la troisième plus grande mégapole après Tokyo et Sao Paulo, une ville polluée, avec d'énormes embouteillages, qui a connu un développement fulgurant avec, hélas, une mauvaise planification urbaine. Le sol s'affaisse de vingt-cinq centimètres par an, dans les quartiers où les habitants pompent le plus dans la nappe phréatique, car ils n'ont pas de réseau d'adduction d'eau. Ces quartiers sont ainsi arrivés à quatre mètres sous le niveau de la mer !

— Et la surpopulation peut être en cause ? demandé-je à Ethan.

— Là, oui, ça me paraît évident. Rien n'est conçu pour accueillir autant de personnes. Mais il faut reconnaître que c'est pratiquement toujours le cas dans les grandes villes des pays en voie de développement. Les gens vivent entassés, la plupart du temps dans des bidonvilles, en tout cas dans des conditions de vie déplorables. Et cette misère appelle souvent la drogue, la prostitution, la violence. Sauf que pour Jakarta, on aurait pu espérer mieux, car l'Indonésie a été un pays riche dans le passé récent avec le pétrole de son sous-sol.

Notre bac arrive et nous montons à bord. La traversée dure une vingtaine de minutes que nous mettons à profit pour nous asseoir, prendre des photos et admirer la ville. Les douze coups de midi sonnent à la cathédrale lorsque nous débarquons. Nous nous séparons un peu avec regret de nos amis néo-zélandais qui vont d'abord s'arrêter dans un troquet pour manger au bord de la ria. Nous nous retrouverons peut-être plus loin sur le Chemin. Mais dans l'immédiat, nous préférons assurer le logis de ce soir et nous prenons le bus, en direction de la gare où se situe une petite pension repérée par José. Elle est propre et calme.

Une fois nos bardas posés, nous redescendons prendre le repas de midi à deux pas de là. Sitôt remonté à la chambre, comme j'ai trop mal aux pieds, je décide de prendre le taureau par les cornes et de trouver un podologue qui accepte de me faire de nouvelles semelles sur-le-champ. Je repars donc seul et parcours les rues en tout sens à la recherche de l'oiseau rare. Après de longues recherches, après avoir essuyé plusieurs refus et proche du découragement, je finis par tomber sur un podologue et sa secrétaire, tous les deux accueillants et compréhensifs. Il est bientôt dix-huit heures !

Je suis rapidement pris en consultation entre deux patients. L'homme de l'art constate que je souffre d'un affaissement de la voûte plantaire qui a dû s'aggraver avec le poids du sac à dos. Ma paire de semelles actuelle est largement insuffisante ! Il propose de réaliser une nouvelle paire pour demain matin à la première heure ! C'est le ciel qui l'envoie. Je suis vraiment soulagé, car je sentais que mes limites physiques n'étaient plus très loin…

Pendant ce temps, José et Monique se sont reposés et ont visité la vieille ville et la cathédrale. Nous nous retrouvons pour le repas du soir dans un petit restaurant au pied de la gare. Ils me racontent leurs visites de l'après-midi et nous parlons de la journée du lendemain. Monique a trouvé un bus qui partira vers la France demain matin de bonne heure. Elle reviendra l'année prochaine pour faire les dernières étapes jusqu'à Compostelle. Après manger, nous rentrons à pas lents vers notre pension. Nous nous disons au revoir. Nous avons tous les trois l'air nostalgique. Monique, parce qu'elle interrompt un pèlerinage bien commencé, et nous, parce que nous avions apprécié de cheminer et de deviser avec elle.

**Jour 12 : de Santander à Santillana del Mar (17 km). Le mal aux pieds disparaît**

Monique nous a quittés comme prévu ce matin à six heures pour prendre son car à destination de la France. Avec José nous avons droit à une petite grasse matinée, car je dois aller récupérer mes nouvelles semelles orthopédiques à neuf heures trente. José m'accompagne et nous partirons ensuite directement.

— Alors ? Comment vous sentez-vous avec ces nouvelles semelles, me demande le podologue ?

— Bien ! Il me semble que je n'ai plus mal !

— Ce n'est pas étonnant. Les anciennes semelles étaient nettement insuffisantes, surtout avec le poids du sac à dos et le nombre de kilomètres que vous faites tous les jours !

La secrétaire m'explique que son patron a travaillé tard hier au soir pour que les semelles soient prêtes ce matin.

— D'habitude, c'est beaucoup plus long ! m'explique-t-elle.

Je les remercie tous les deux du fond du cœur. José immortalise l'instant en faisant un selfie de nous quatre devant la boutique.

Nous retournons vers la gare. Les nouvelles semelles me font tout drôle. Il faut que je m'habitue, mais au moins je n'ai plus mal aux pieds. Ma tendinite va mieux elle aussi. À la gare, nous attrapons le train en direction de Mogro. Le topoguide nous recommande en effet cette alternative peu orthodoxe à la marche, pour éviter la sortie sans intérêt de la ville de Santander et pour éviter un détour de plusieurs kilomètres sur une route afin de traverser une ria. Il est environ onze heures quand nous descendons du train. Il fait beau, mais petit à petit le temps devient tout gris. Le trajet se fait intégralement sur la route.

Elle est peu passante au départ, mais cela change en approchant de Requejada où se trouve une grande usine Solvay. Heureusement mes nouvelles semelles absorbent mieux les chocs. La route n'en finit pas. Nous ne passons pas très loin de la célèbre grotte ornée d'Altamira[22], mais même si nous en avions le temps, nous n'aurions pas le courage de faire le détour. Enfin nous arrivons à Santillana del Mar.

Nous nous arrêtons à la première « albergue » à l'entrée du vieux village. Elle est installée dans un bâtiment très ancien ; mais la partie réservée aux pèlerins est moderne. L'accueil est sympathique. Nous y retrouvons des marcheurs croisés précédemment et notamment Lee et Raphaël. Après la douche et la lessive, nous partons visiter le village qui fait partie des plus beaux villages d'Espagne. Nous faisons aussi l'achat de quelques victuailles pour le lendemain, dont une magnifique quesada, spécialité de la Cantabrie fort alléchante et qui ressemble un peu à un far breton. On sent que la saison touristique se termine, car les rues sont presque vides. Nous prenons un verre dans un bar proche de l'église. Des gens mieux habillés que les autres se rassemblent petit à petit sur le parvis de l'église. Les hommes sont habillés en sombre. Nous comprenons soudain… Un corbillard arrive. Ce mélange de touristes curieux et de personnes en deuil donne une ambiance étrange.

Nous partons ce soir au restaurant avec Lee et Rafael. Ils doivent avoir dans les vingt-cinq ans. Lee a une bouille ronde et juvénile et des cheveux noirs taillés court. Rafael a une figure allongée et barbue, encadrée par des cheveux châtain clair et bouclés. Nous ne pensions pas José et moi que le rayonnement du chemin de Saint-Jacques allait jusque dans leurs pays. Nous comprenons toutefois que Rafael est un peu l'exception dans son pays. Ses grands-parents étaient originaires d'Espagne. Il a eu envie de retrouver les lieux où ils avaient vécu, de rencontrer aussi d'autres jeunes de son âge et il s'est lancé un défi sportif en atteignant Saint-Jacques-de-Compostelle. Pour Lee en revanche, l'objectif de faire le Chemin depuis Irun est essentiellement religieux, même s'il reconnaît qu'il s'est lancé aussi un défi sportif.

[22] *Les peintures préhistoriques d'Altamira ont été découvertes en 1879. Ce sont les premières découvertes et authentifiées comme telles (bien avant Lascaux en France), d'où la polémique qui en découla, car elles remettaient en question les idées scientifiques de l'époque.*

Il doit retrouver cinq compatriotes à Melides qui ne feront que les cent derniers kilomètres. C'est là que le Camino Frances et le Camino Primitivo se rejoignent. Lee est ingénieur chez Kia depuis deux ans. Il travaille sur la conception de voitures hybrides.

— Je ne comprends pas pourquoi, lui demandé-je, la plupart des modèles hybrides rechargeables vendus en Europe et, je suppose, aux USA atteignent des puissances énormes. Trois cents chevaux, c'est souvent la norme ! On fait croire aux gens qu'ils achètent une voiture plus écologique et en fait, c'est pour mieux gaspiller l'énergie !

— Oui c'est souvent vrai, car ces modèles s'adressent à une clientèle aisée, qui avait déjà une voiture puissante. Chez nous, nous avons eu jusqu'à présent une politique différente. Nous ciblons une clientèle plus large. Je travaille par exemple sur des moteurs hybrides rechargeables qui développent une énergie totale de l'ordre de cent quarante chevaux, ce qui est amplement suffisant, compte tenu des limitations de vitesse. On essaye plutôt d'accroître l'autonomie en tout électrique, de diminuer le temps de charge de la batterie et de réduire le poids des véhicules.

— Et qu'est-il prévu pour recycler les batteries ? demande José, parce que les composants d'une batterie au lithium peuvent être nocifs pour l'environnement s'ils ne sont pas récupérés et correctement traités.

— Pour l'instant le marché et la filière commencent juste à se développer, nous explique Lee. Il y a déjà des usines de recyclage qui existent, mais les techniques utilisées doivent encore être améliorées pour aboutir à un processus de recyclage plus performant et moins onéreux. L'objectif est d'atteindre un taux de valorisation de 95 %.

— Oui, c'est un objectif, mais ce n'est pas une garantie, lui répond José.

Et continuant en français, il ajoute pour moi :

— En attendant, on parie toutes nos billes sur la voiture électrique, les sociétés engloutissent un pognon fou, et on sait à peine comment on va recycler les batteries !

J'essaye de traduire à Lee, ce que vient de dire José et j'ajoute :

— De toute façon, comment produit-on l'électricité ? Parce qu'il faut une électricité propre ! Sinon, quel est l'intérêt des voitures électriques ?

— C'est pour cela que nous travaillons aussi sur les modèles hybrides non rechargeables, se défend Lee. Ces modèles sont intéressants, car les batteries sont beaucoup plus petites et permettent malgré tout d'optimiser le fonctionnement des véhicules en récupérant l'énergie lors de la décélération. Mais c'est vrai, des progrès doivent être encore faits pour améliorer le recyclage des batteries.

— Et le moteur à hydrogène ? demande José. On commence à y penser pour les avions.

— Nous aussi pour les voitures, intervient Lee. Mais le problème est toujours le même. Comment produit-on l'hydrogène ? Car il n'y a pas de mine d'hydrogène. Il faut donc le produire, soit à partir d'hydrocarbures, soit par électrolyse de l'eau. Évidemment, cette dernière solution est plus écologique à condition d'utiliser de l'électricité verte pour l'électrolyse. Sinon, on ne ferait que déplacer le problème. Ça veut donc dire qu'il faut accélérer le développement de l'éolien et du solaire.

— C'est plus facile à dire qu'à faire ! D'abord parce que ces deux technologies sont décriées par une partie de la population qui pense que leur bilan écologique n'est pas satisfaisant. Ensuite parce que ces technologies nécessitent du vent ou du soleil pour produire de l'électricité. Elles ne permettent donc pas de produire de l'électricité en permanence.

Une bouffée d'air frais entre dans la pièce avec une bonne odeur de terre mouillée. Nous entendons la pluie qui se met à tomber dans la rue et le toit en verre de la véranda où nous nous trouvons. Quelques éclairs zèbrent le ciel.

— Ce temps, c'est bon pour les cultures ! s'exclame Raphaël. On aimerait bien avoir de la pluie comme ça en Israël !

Il nous raconte qu'il travaille dans un kibboutz proche du Golan, qui cultive essentiellement des agrumes et des pommes. Il a pu prendre des congés, car les principales récoltes sont terminées. On comprend qu'il est très écolo. Il est venu de Madrid jusqu'à Bilbao en stop et ne voit pas non plus les soi-disant avantages des voitures électriques.

— Moi je vois surtout le problème des ressources naturelles, nous déclare Raphaël. On épuise tout. L'essence et l'électricité à la rigueur on peut s'en passer, mais l'eau, c'est la vie ! Vous ne vous en rendez pas compte, parce qu'ici vous n'en manquez pas ou pas encore, mais chez nous, c'est un vrai problème. En plus, avec le changement climatique, je ne vois pas comment les choses vont pouvoir s'arranger. On essaye bien chez nous de ruser, de recycler l'eau au maximum, mais il y a une limite. Il faut bien de l'eau potable pour boire.

— On peut dessaler l'eau de mer, intervient Lee. Les pays du Golfe surtout, l'Inde, ou l'Australie ont plusieurs usines.

— Oui je sais, mais c'est un pis-aller ! Il y a environ seize mille usines de dessalement de l'eau de mer dans plus de cent soixante-dix pays. Ça ne veut pas dire pour autant que ce soit une bonne solution, une solution viable pour tous ! D'abord, ces usines coûtent très cher, car elles réclament beaucoup d'énergie, et puis elles produisent une saumure qui est rejetée en mer et qui modifie de façon profonde les conditions de vie des organismes vivants qui y vivent !

— Alors, que faudrait-il faire selon toi ? demandé-je.

— Au moins une meilleure gestion des ressources, un meilleur partage, et moins de gaspillage. Mais… c'est sûr, quand je vois là où l'eau manque vraiment, ça ne suffira pas.

Il doit voir nos airs interrogateurs, car il se racle la gorge et reprend après une hésitation :

— Oui, parce que les ressources en eau douce diminuent inexorablement et que dans le même temps les besoins augmentent. Le lac Tchad par exemple, qui était le plus grand réservoir d'eau douce de l'Afrique, a perdu 90 % de sa surface du fait de sa surexploitation et du changement climatique ! Chez nous, le lac de Tibériade, qui est un des emblèmes du pays, va disparaître carrément si on ne fait rien. Dans les Andes, l'Himalaya et toutes les hautes montagnes, les glaciers disparaissent, alors qu'ils constituaient une importante réserve d'eau l'été. Mais il n'y a pas que le réchauffement climatique. Il y a toutes les pollutions industrielles et agricoles qui rendent impropre à la consommation l'eau de nombreuses rivières et des nappes phréatiques. Le Gange par exemple est très pollué. Le lac Baïkal qui contient 20 % des réserves d'eau potable de la planète est menacé. Et dans le même temps, l'évaporation des eaux des sols s'accélère dans les régions chaudes. Il faut donc davantage arroser les cultures. Et puis, la population mondiale continue d'augmenter, donc les besoins en eau aussi, alors que tant de personnes, plus d'un milliard, n'ont déjà pas accès à l'eau potable et que deux autres milliards n'ont pas d'assainissement ! Et maintenant, reprend Rafael après une courte pause, vous parlez de faire de l'hydrogène avec de l'eau ? Mais ça, c'est à supposer que l'on ait assez d'eau et d'électricité pour le fabriquer ! Et pour faire quoi ? Pour faire rouler des bagnoles et voler des avions ? Mais je crois que là, on est vraiment devenu fou ! C'est vrai, reprend-il après une courte respiration, que dans nos pays riches on utilise depuis longtemps l'eau potable pour chasser la merde de nos WC… Alors comment pourrait-on comprendre ?

Son visage est cramoisi. Nous nous taisons tous. C'est José qui brise le long silence ponctué par la pluie qui tombe dehors :

— Et à côté de ça, il y a des inondations terribles. Il faudrait recueillir toute cette eau !

— Oui c'est vrai. C'est le paradoxe, reprend Rafael quelque peu apaisé. La sécheresse augmente de pair avec les inondations. Mais pour pouvoir stocker l'eau lors des inondations, il faudrait des barrages. Or souvent ce sont des régions plates et densément peuplées qui connaissent les inondations les plus terribles et il est impossible d'y stocker de grandes quantités d'eau. Non, ce qui manque aujourd'hui, ce sont des forêts. Elles, oui, seraient capables de retenir l'eau, de freiner l'évaporation et de réguler la température. Mais hélas, dans les pays semi-désertiques, elles ont disparu et il est sans doute trop tard pour en replanter, car le sol est désormais trop caillouteux et trop sec.

— C'est un cercle vicieux, remarqué-je. Les arbres sont d'abord remplacés par des cultures ou une végétation plus rase et plus fragile.

Les pluies parviennent alors à éroder les sols, notamment pendant les périodes où les cultures ne sont pas assez développées, en entraînant progressivement la bonne terre vers la mer. Le sol devient alors de plus en plus pauvre et les cultures commencent à disparaître. Il en résulte une érosion des sols qui s'accélère encore, car l'eau est de moins en moins retenue, d'où des inondations éclair qui entraînent tout sur leur passage. Le sol devient alors définitivement caillouteux et complètement désertique.

— Je suis d'accord, me répond Rafael. Il faut ajouter aussi que l'intensification des phénomènes météorologiques comme l'alternance des périodes de sécheresse et d'inondation est amplifiée par le réchauffement climatique et la destruction de la forêt équatoriale. Et là, même si on mettait tout de suite en œuvre la, ou les bonnes solutions, pour arrêter l'augmentation du taux de CO2, l'inertie du système est telle qu'il faudrait probablement un siècle ou deux au moins, pour retrouver la situation de la fin du vingtième siècle.

Il est bientôt vingt et une heures et la fatigue commence à se faire sentir. Le repas a été bon et copieux. La pluie s'est calmée et nous en profitons pour rentrer au gîte. Dehors, l'air s'est rafraîchi. Les rues sont désertes et les pavés au sol tout luisants et mouillés.

Nous nous couchons en silence. Notre dortoir est plein. Il me revient en tête cette expérience démarrée dans les années 1990 par une communauté en Colombie à Las Gaviotas. Dommage, je n'en ai pas parlé tout à l'heure. Là-bas, une ancienne forêt tropicale qui avait été détruite était devenue une savane desséchée avec de maigres ressources en eau malsaine. Elle a pu être réhabilitée en la reboisant avec des pins des Caraïbes. Chose à peine croyable, la savane sèche est redevenue une forêt tropicale au sol fertile et riche en eau potable. Jusqu'à un certain point, la réversibilité est donc possible, mais encore faut-il tourner le dos à une agriculture qui détruit les forêts et les sols !

## Jour 13 : de Santillana del Mar à La Revilla (32 km). Los Picos de Europa à portée de main

Le soleil est un peu timide ce matin après la pluie d'hier au soir. Nous quittons Santillana del Mar par un joli sentier encadré de murettes de pierres sèches et qui serpente en pays calcaire. L'herbe sur le bord est encore bien mouillée. Le sentier se transforme ensuite en une petite route qui zigzague dans la campagne vallonnée. Les nuages ont presque tous disparu. L'air est limpide et semble tout léger. Tout en marchant, nous admirons la belle vue sur les contreforts montagneux avec en toile de fond les Picos de Europa[23]. Dans une descente à l'ombre, la petite route humide est très glissante, à tel point que nous manquons de tomber plusieurs fois !

Vers treize heures nous arrivons à la Venta de Travalon, une auberge recommandée par le topoguide pour ses bons repas. Nous ne sommes pas en retard et avons faim. Nous nous y arrêtons donc. Le repas est pantagruélique : une bonne soupe de légumes, un énorme steak, des frites délicieuses, un magnifique plateau de fromages, le tout arrosé par du vin local très fruité. Nous apprécions ce moment de détente et nous nous attardons par rapport à notre planning habituel ! Le redémarrage, qui se fait sur le bord d'une route plus passante, est difficile sur les premiers kilomètres…

Ici aussi, les vaches sont parquées dans des endroits très boueux, pestilentiels, sans aucune ombre où elles pourraient s'abriter du soleil… Il semble que par ici le bien-être des animaux ne soit pas le souci des éleveurs ! Nous arrivons à Comillas. La ville comprend de belles maisons, mais elle est pratiquement déserte. La forme est revenue et décidons d'aller jusqu'à La Revilla en espérant que le gîte soit plus tranquille qu'hier au soir. À l'entrée du village, un panneau nous indique une pension pour pèlerins à cinq cents mètres en dehors du Chemin. Elle ne figure pas sur notre guide, mais nous décidons d'y aller. C'est un petit hôtel-restaurant coquet au bord de la route nationale. Personne à l'accueil. Nous appelons.

---

[23] *Altitude la plus élevée au pic de Torre de Cerredo à 2 648 m.*

— Oui, j'arrive ! nous répond en espagnol une voix de femme qui paraît gaie et très jeune.

Nous patientons quelques secondes. Nous entendons ses pas approcher en nous attendant à découvrir un petit bout de jeune femme. Non, pas du tout ! Arrive une femme de pratiquement un mètre quatre-vingts, la cinquantaine bien sonnée.

— Bonjour ! Ah, je parie que vous allez à Saint-Jacques, nous dit-elle sourire aux lèvres, en désignant du menton nos sacs à dos posés sur le sol.

Ses cheveux bien noirs sont relevés en chignon. Ses yeux très expressifs laissent tour à tour filtrer la joie, la lumière, puis une certaine tristesse. Elle s'appelle Emilia. Elle tient l'hôtel avec Luis, son mari, qui nous lance un bonjour jovial depuis la cuisine où il commence à s'activer. Emilia ne donne pas l'impression de rester les deux pieds dans le même sabot. Elle nous amène jusqu'à notre chambre double toute simple, mais très propre et nous montre les combles aménagés en buanderie, dans lesquelles nous pourrons faire sécher notre linge. Génial, car l'air y est tiède : on aura du linge bien sec demain. Emilia nous invite à descendre pour le repas à dix-neuf heures.

Nous avons faim et sommes exacts au rendez-vous. Notre table est dressée dans une grande salle à manger. Nous constatons, un peu surpris, que nous sommes les seuls clients ce soir.

Emilia arrive bientôt avec une soupière fumante remplie de soupe de légumes.

— Ce sont les légumes de notre jardin ! précise-t-elle.

Comme nous montrons notre étonnement d'être les seuls dans cette grande salle à manger, elle reprend en riant :

— Il y a des soirs comme cela et d'autres où il faudrait presque refuser du monde. Mais là, ça commence à être normal, c'est la fin de la saison. Vous voulez regarder la télé, demande-t-elle en s'approchant du poste accroché sur l'un des murs ?

— Non, c'est parfait, lui répond José. Nous allons profiter du calme.

— La soupe est délicieuse ! ajouté-je. Félicitations à Luis !

José opine du chef. Nous en reprenons ce qui enchante Emilia. Manger de bons légumes, cela commençait à nous manquer. José et moi reparlons de notre discussion d'hier au soir avec Lee et Rafael.

— Oui, l'un des nœuds du problème auquel l'humanité doit faire face est celui de la production d'énergie décarbonée. Comment y parvenir ? s'interroge José.

— Et ce n'est pas le seul problème ! ajouté-je. Comme Rafael le disait, il y a aussi celui de l'épuisement des ressources naturelles, et tout d'abord celui de l'eau douce. La perte de la biodiversité aussi. Je crois qu'il avait raison : on est devenu complètement fou !

Tout d'un coup, je repense à cette phrase attribuée à un ancien président argentin qui peu de temps après avoir été élu avait déclaré : « Nous sommes au bord du gouffre, mais grâce à notre action, nous allons faire un grand pas en avant ! » Et effectivement le résultat avait été un vrai désastre !

— Oui c'est bien ça, s'esclaffe José ! On sait que si on continue, la catastrophe est inévitable. Mais non, rien ne nous arrête, on continue quand même !

Emilia nous interrompt gentiment :

— Si vous en avez envie, venez voir depuis la terrasse le beau coucher de soleil sur les Picos de Europa.

Effectivement la vue est magnifique et il aurait été dommage de la manquer ! L'astre incandescent se cache progressivement derrière les montagnes en contre-jour tout en éclairant les nuages d'altitude du jaune le plus brillant jusqu'au mauve en passant par toute la palette des rouges. Nous restons là tous les trois subjugués par la beauté de cet instant. Puis le soleil disparaît complètement. Le ciel semble alors s'éteindre, devient tout mauve puis vire au bleu en quelques secondes. Tout d'un coup, un vent froid nous enveloppe et nous fait frissonner. Nous rentrons vite à l'intérieur, troublés par le spectacle que nous venons de voir.

Tandis que nous nous rasseyons, Emilia nous dit qu'elle comprend un peu le français. Elle s'explique : elle et son mari se sont connus à

Bordeaux il y a plus de trente ans maintenant. Ils travaillaient tous les deux dans le même restaurant sur la place des Quinconces. Puis ils sont revenus en Espagne et ont transformé la maison des parents de Luis en hôtel-restaurant. Elle ajoute :

— Je vous ai entendus tout à l'heure. Vous me faites penser à ma fille et à son mari !

— Ah bon ! Et pourquoi ? répondons-nous José et moi.

— Eh bien, j'ai cru comprendre que vous parliez du changement climatique et que vous étiez inquiets. Ils sont pareils. Ils vivent à Madrid et ne veulent pas avoir de voiture. Ils ont un petit garçon de deux ans. Avec la Covid et le confinement, ils ne sont pas venus ici depuis un moment et ça nous manque ! Heureusement, il y a Skype pour voir leur petit grandir ! Mais ce n'est pas pareil, on aimerait tant pouvoir le serrer dans nos bras et l'embrasser. Je ne sais pas s'il nous reconnaîtra la prochaine fois qu'ils viendront ici.

— Et vous en pensez quoi du changement climatique ? demandé-je.

— Au début, je pensais que c'était une histoire pour nous faire peur, pour nous faire accepter les éoliennes et les augmentations de taxes sur l'essence. Mais maintenant, je vois bien que le climat change réellement et que se boucher les yeux serait suicidaire ! Enfin, chez nous en Cantabrie, le changement climatique ne pose pas vraiment de problème pour l'instant et il est plutôt agréable d'avoir des hivers plus doux. Mais dans certaines régions du monde et même d'Espagne, l'été l'eau manque cruellement et il fait très chaud pour vivre.

— Vous avez raison, ici et en France en général, nous sommes plutôt gâtés pour l'instant. Mais le problème c'est que cette nouvelle ère qui s'ouvre est inconnue. On ne sait pas vraiment ce que l'on va trouver, d'autant plus que l'on ignore encore comment on va réagir. En tout cas, les scénarios catastrophes si on dépasse une augmentation moyenne des températures de 2 °C, font froid dans le dos. Par exemple, que se passerait-il si le niveau des mers devait s'élever de deux ou trois mètres, ou si la force des ouragans devait encore augmenter ?

— C'est exactement ce que dit ma fille !

— Et que propose-t-elle ? demande José.

— Oh, ils sont très écolos ! Ils font tout à vélo ou en transports en commun. Ils ne mangent plus de viande. Ils évitent au maximum les produits emballés et favorisent les produits locaux et bios achetés sur le marché à côté de chez eux. Ils n'ont pas de télé, mais ont quand même un ordinateur acheté d'occasion. Pour s'habiller, ils n'utilisent que des vêtements recyclés qui sont encore très bien ! Pareil pour les jouets du petit et pour leur mobilier, ce sont des articles de deuxième main.

— Ah oui, pas mal ! lui répond José.

J'opine de la tête avec un air admiratif et j'ajoute :

— Si nous faisions tous comme eux, nous aurions certainement beaucoup moins de problèmes !

Nous la sentons très fière du couple de sa fille. Luis, son mari l'appelle en cuisine pour venir chercher le plat principal. Elle revient avec de belles cuisses de poulet rôties au four avec des pommes de terre, du potimarron, des châtaignes et des champignons. C'est sublime et nous nous régalons !

Comme demain, c'est dimanche, nous demandons à Emilia si nous avons une chance de trouver une messe sur notre route… Elle nous confirme que nous pourrons en avoir une demain matin à neuf heures dans la chapelle du couvent des sœurs à San Vicente de la Barquera. C'est super, c'est juste à trois ou quatre kilomètres d'ici, et le Chemin passe par là.

Quand nous montons dans notre chambre pour nous coucher, nous sommes bien repus ! Nous allons jeter un coup d'œil à notre linge. Extraordinaire, il est déjà presque sec ! Je profite de cette soirée calme pour continuer à mettre mes notes au propre pendant quelques minutes. Mais soudain un petit crépitement à la fenêtre attire mon attention. Je me lève pour regarder. Il y a une grosse averse dehors. Je tire les rideaux, me recouche et nous nous endormons bercés par les gouttes de pluie qui tambourinent sur les carreaux.

**Jour 14 : de La Revilla à La Franca (27,5 km). Le sourire de Maria**

Nous partons un peu avant huit heures ce matin après un petit-déjeuner très copieux et un au revoir ému à Luis et Emilia. Le jour se lève à peine. Nous marchons sur le bord de la nationale et les quelques arbres qui la bordent s'égouttent encore de la pluie de cette nuit. Heureusement la route est peu passante à cette heure matinale. Nous sommes toutefois contents de la quitter pour une petite route à droite, que José a repérée sur son téléphone portable. Elle nous permet de rejoindre le chemin de Saint-Jacques de manière tellement plus agréable. En arrivant à San Vicente, le soleil commence juste à se lever sur la ville et la ria. Nous arrivons à la « Capilla de las Hermanas del Christo Rey » juste à l'heure pour la messe. Beaux chants et mélodies nouvelles pour nous. Après la messe, nous retrouvons le prêtre au presbytère pour qu'il tamponne notre crédentiale. Et puis nous reprenons notre chemin. Un peu plus loin nous croisons des chasseurs de « Jabali »[24] qui prennent un casse-croûte bien arrosé. À midi nous nous arrêtons dans un bar pour manger un « bocadillo de jamon »[25]. Plus tard nous arrivons à Unquerra, dernière ville de Cantabrie et nous goûtons à la spécialité locale : la « corbata ». C'est une pâtisserie tressée et fourrée à la pâte d'amande. C'est délicieux et nous l'arrosons avec un verre de jus d'orange frais. Nous traversons ensuite le pont sur la ria de Tina Mayor et montons un chemin raide avec pour objectif de terminer l'étape à Colombres. Nous devons être tous les deux en forme, car arrivés dans ce village, nous décidons de marcher encore un peu. Mais nous devons penser à autre chose, car nous manquons une balise et nous voilà partis dans une mauvaise direction. Le temps de nous en apercevoir, nous en sommes quittes pour faire un ou deux kilomètres de plus. Heureusement, nous avisons un gîte signalé sur le bord de la route. Justement un couple d'Espagnols parlant très bien le français, gare sa voiture devant la porte. Ils nous

[24] *Sanglier.*

[25] *Sandwich au jambon.*

expliquent qu'ils logent là pour les vacances, que la propriétaire n'est pas là, mais qu'il devrait y avoir une chambre disponible pour nous. Ils essayent de lui téléphoner, hélas sans succès. Nous reprenons donc la route avec regret, car la fatigue se fait maintenant sentir dans nos jambes. Vers La Franca, nous trouvons enfin une auberge pour pèlerins ouverte.

Maria, sa propriétaire nous accueille tout sourire avec un jus d'orange qui nous fait grand plaisir. Elle doit avoir à peine cinquante ans. Avec ses cheveux noirs grisonnants coupés au carré, l'expression douce de ses yeux foncés, sa taille un peu ronde, et un sourire permanent sur les lèvres, elle paraît à la fois gentille et énergique. Elle porte une robe à fleurs recouverte d'un tablier blanc sur lequel on peut lire « I love cooking ». Le dortoir, fonctionnel et confortable, est aménagé dans le rez-de-jardin de sa maison. Peu après nous, arrive Diego, un marcheur solitaire qui vient des Canaries, puis un groupe de cinq cyclistes, eux aussi espagnols. Ils ont de magnifiques vélos de course. Un grand van les accompagne avec toutes leurs affaires.

Nous nous retrouvons tous autour du repas du soir préparé par Maria. Comme son tablier l'indique, elle est effectivement fine cuisinière ! Le repas est copieux et excellent. Le poulet vient de son poulailler. Les discussions vont bon train dans le groupe des cyclistes. Mais hélas pour nous, ils parlent essentiellement entre eux et en catalan. Diego le marcheur échange avec José assis à côté de lui, tandis que mon voisin, Javier, heureusement plus sympa que ses compagnons, accepte de discuter avec moi en espagnol. Ils viennent tous les cinq de la région de Lérida et roulent environ cent cinquante kilomètres par jour ! Ils sont extrêmement bien organisés. À tour de rôle, l'un des cinq se repose et prend le volant du van chargé de l'assistance technique, du ravitaillement et du transport des affaires personnelles de chacun. Ils comptent arriver le week-end prochain à Santiago et seront de retour chez eux le dimanche soir. Pas besoin de le leur demander, je comprends que leur but est essentiellement sportif. Ils se connaissent depuis plusieurs années et font au moins une fois par an une grande sortie comme celle-ci. Bien sûr, ils ont fait les Pyrénées dans un sens et dans l'autre, côté français et côté espagnol. Ils sont allés aussi il y a quelques années dans les Alpes, jusque dans le Tessin et les Grisons. Le plus vieux du groupe a 65 ans. C'est Pedro. Il est assis en face de moi. Un gars jovial, plutôt petit et sec comme une trique, avec le crâne pratiquement dégarni. Pas question de vélo électrique bien sûr. « C'est de la triche », me déclare Javier avec une moue de dégoût. Aussitôt les autres qui ont entendu acquiescent en riant.

À voir leur van, la qualité de leurs vélos et l'outillage qu'ils transportent, je ne pense pas qu'ils soient des ouvriers de base, mais on ne sait jamais… En tout cas ils ont la pêche et apprécient le repas. Je me dis que si tous les pèlerins mangent comme nous, Maria ne doit pas se faire un gros bénéfice !

Je ne peux résister à l'envie de demander à Javier si pour eux, faire du vélo est une façon de lutter contre le réchauffement climatique. Il ne comprend pas ma question. Je la répète en essayant d'améliorer ma prononciation et mon accent.

— Ah, le changement de climat ! me reprend-il ? Pourquoi ? Non, on faisait déjà du vélo avant.

Visiblement, ce n'est pas le genre de problème qui les préoccupe, mais le changement de climat est un fait acquis qu'ils semblent avoir entériné sans souci.

Après le repas, nous aidons Maria à débarrasser la table. Elle nous explique qu'elle s'est lancée seule il y a quelques années dans cette aventure de chambres et table d'hôtes pour pèlerins. Elle considère que ce travail est une sorte de renaissance après des moments de galère. Elle a trouvé un but à sa vie : elle est heureuse en rendant service à ceux qui passent, en soignant leurs petits bobos et en discutant avec eux. Elle est fière de nous montrer toutes les cartes postales qui lui ont été envoyées depuis Saint-Jacques-de-Compostelle ou depuis chez eux par d'anciens pèlerins. Certains sont même revenus la voir ! Évidemment elle a vécu très difficilement la période Covid où le pèlerinage a été complètement arrêté, parce que ses revenus ont été stoppés net. Mais elle en a profité pour faire quelques travaux indispensables qu'elle remettait toujours à plus tard, comme agrandir son potager et son poulailler, et créer un site Internet. On la sent pratique et débrouillarde !

Nous regagnons le dortoir à notre tour. Nous avons sommeil et nous espérons que la nuit sera bonne.

## Chapitre V
## Traversée des Asturies. Le passage des montagnes

*Être homme, c'est précisément être responsable. C'est connaître la honte en face d'une misère qui semblerait ne pas dépendre de soi.*

Antoine de Saint-Exupéry, *Terre des hommes*

Je me retourne pour la énième fois dans mon lit tout en râlant en silence après ceux qui ronflent dans le groupe des cyclistes. Heureusement l'heure de se lever approche. Voilà sept jours que nous marchons en Cantabrie, souvent près de la mer, avec un point d'orgue chez le padre Ernesto Bustio à Guemes. Aujourd'hui, nous allons quitter la Cantabrie et entrer en Asturies. Je repense à celles et ceux que nous avons rencontrés : Judith qui s'insurgeait contre le tout plastique, Raphaël hanté par la pénurie en eau potable dans de nombreux pays, le couple de jeunes néo-zélandais qui nous a parlé de ces villes tentaculaires de plus en plus nombreuses et dans lesquelles je ne voudrais pas vivre. Je repense aussi à Roman qui nous a décrit la pollution en Pologne avec le smog de fumées pendant l'hiver, et à Jean François de Suisse qui nous a parlé avec son cœur, de la situation de guerre au proche orient. Comment ne pas ressentir, comme Antoine de Saint Exupéry, de la honte devant la misère que sème l'homme sur la terre. Comment aussi ne pas se sentir impuissant, tellement la tâche paraît immense ! Heureusement, au milieu de ce bourbier surgissent des visages rayonnants qui peuvent aider à reprendre confiance. Ceux de Maria, notre hôtesse de cette nuit, d'Emilia et de son mari Luis à côté de San Vicente de la Barquera ou du padre Bustio à Guermes en font partie. Non, tout n'est pas perdu…

### Jour 15 : de La Franca à Celorio (26 km). Des plages magnifiques

Il fait grand beau temps ce matin. Le petit-déjeuner est généreux, à l'image de Maria et de son auberge du « Bon Samaritain ». Elle nous prodigue tout sourire les derniers conseils pour retrouver le chemin côtier. Nous promettons de lui envoyer une carte postale depuis Saint-Jacques !

Après deux ou trois kilomètres de marche sous le soleil tiède du matin, nous trouvons le chemin indiqué par Maria. Il est tellement plus agréable que l'itinéraire officiel qui suit la route ! Souvent, le sentier est à peine marqué dans la lande où paissent des troupeaux de vaches. Par deux fois, nous préférons toutefois les contourner prudemment, car nous apercevons un beau taureau, mais finalement tout le monde reste bien paisible. Nous avons maintenant rejoint la côte sauvage et rocheuse. La mer est calme et très bleue. Un petit chalutier pêche à quelques centaines de mètres de rivage. Parfois, la lande est percée par des « buffones » ou trous souffleurs. Il s'agit de grands trous creusés par l'eau dans le sol calcaire et qui rejoignent la mer par des galeries souterraines. Par ces « buffones » jaillissent des geysers surprenants d'eau salée lors des tempêtes. À un moment, nous passons tout à côté de l'entrée d'une caverne dans laquelle rentre un petit ruisseau qui va ensuite se jeter sous la mer.

À midi, aucun bar à l'horizon pour trouver à manger. Nous avons faim et partageons la quesada achetée à Santillana del Mar. Elle nous cale bien, heureusement. Plus tard, nous traversons Llanes sans nous arrêter, car nous préférons dormir ce soir à Celorio. L'air est tiède et la côte que nous suivons de nouveau est magnifique. Elle est ponctuée de criques toutes plus belles les unes que les autres. Alors que nous passons à côté d'une plage de rêve proche de l'arrivée, nous ne résistons pas au plaisir de faire un petit plongeon dans les vagues transparentes. L'eau est délicieuse malgré la saison tardive. Nous nous séchons au soleil et reprenons la route pour le dernier kilomètre.

À Celorio, petite inquiétude : les deux « albergues » mentionnées sur notre topoguide sont fermées ! Nous nous replions donc vers un petit hôtel qui fort heureusement propose un prix raisonnable. C'est le grand confort par rapport à certains soirs. Nous avons le plaisir de retrouver le pèlerin allemand que nous avions croisé à Markina et qui est parti à pied depuis Hambourg ! Il s'appelle Gunther. Il est un peu plus grand que moi, plutôt roux et porte une barbe fournie. Ses yeux sont pétillants. Avec sa paire de lunettes rondes, son chapeau à la « Indiana Jones », et sa tenue kaki, on dirait un explorateur. Il parle un peu le français et très bien l'anglais. Nous allons faire des courses avec lui au petit supermarché qui est à deux pas, car les propriétaires de l'hôtel nous ont dit que ce soir, tous les restaurants du village sont fermés eux aussi. Le magasin est très bien achalandé et nous achetons même du cidre des Asturies.

Nous partageons le repas avec Gunther sur la terrasse de l'hôtel. Nous apprenons qu'il a pris quatre mois de congé sabbatique. C'est à la base un chimiste et sa société installée dans la région de Hambourg travaille avec la Chine d'où elle fait venir des terres rares qu'elle purifie et transforme pour des clients en Allemagne et en Europe. Je suis comblé ! Nous avons la chance incroyable de tomber sur un spécialiste européen des terres rares, là, au milieu de nulle part. Tout sourire, j'explique mon enthousiasme à Gunther :

— Avant-hier nous avons rencontré un jeune ingénieur coréen qui travaille chez Kia. Il travaille sur la conception de voitures électriques et aujourd'hui nous rencontrons un spécialiste des terres rares !

— Ah oui ? me répond Gunther un peu surpris. Mais vous savez, les voitures électriques modernes n'utilisent pas plus de terres rares que les voitures thermiques, et même plutôt moins !

Il doit voir ma mine étonnée, car il ajoute :

— Vous devez penser aux batteries ou aux aimants permanents des moteurs électriques ?

— Oui c'est ça, avoué-je.

— Mais les batteries modernes ne contiennent pas de terres rares. Elles sont faites à base de lithium et de cobalt qui sont des métaux.

Quant aux moteurs électriques, ils peuvent effectivement utiliser des aimants à base de terres rares, telles que le néodyme, le dysprosium et le samarium pour gagner en compacité et légèreté. Mais en général les constructeurs de voitures électriques remplacent l'aimant par une bobine d'excitation. C'est le cas par exemple des Zoé et des Tesla. Leur moteur ne contient donc pas de terres rares. En revanche, les pots catalytiques des voitures thermiques contiennent des catalyseurs à base de terres rares. Donc vous voyez, les voitures électriques n'ont pas le défaut d'utiliser plus de terres rares que les autres.

— Et les éoliennes ?

— Alors c'est vrai que souvent, mais pas toujours, les gros moteurs d'éoliennes, essentiellement ceux des éoliennes off-shore, utilisent des aimants à base de terres rares pour gagner en légèreté et compacité.

— Ah merci pour cet éclairage ! C'est vrai que j'assimilais à tort le cobalt à la famille des terres rares. Je pense que c'est parce que j'avais lu que les terres rares étaient la clé de la transition énergétique.

— Vous ne voulez pas parler plutôt de la transition numérique ? Parce que là, oui, c'est vrai : les terres rares permettent de miniaturiser les composants, ou d'augmenter les puissances de calcul. Mais pour la transition énergétique, non, je ne pense pas, car il y a d'autres solutions. C'est vrai que certains panneaux photovoltaïques, et comme je le disais à l'instant, certaines éoliennes, essentiellement les éoliennes offshore, utilisent des terres rares, pour obtenir un bon rendement énergétique, ou réduire leur poids. Par exemple une éolienne de cinq mégawatts peut requérir une tonne de néodyme pour avoir une génératrice plus compacte et plus légère qu'avec des aimants classiques. Mais il est possible aussi de s'en passer. De même, il y a de bons panneaux photovoltaïques sans terres rares.

— Mais, c'est vrai qu'il va devenir de plus en plus difficile de se procurer les fameuses terres rares ? demandé-je.

— Ce sont effectivement des minéraux très chers, sur un marché très tendu, où la demande est forte et l'offre assurée par le quasi-monopole de la Chine.

— Mais pourquoi cet engouement depuis une dizaine d'années ? demande José.

— Eh bien, c'est parce qu'ils sont devenus essentiels pour de nombreuses nouvelles technologies dont nous sommes de plus en plus friands, surtout dans nos pays développés. Pour la transition numérique comme je viens de le dire, et puis pour les écrans de télévision couleur extra-plats, ou nos smartphones avec des définitions très précises. Pour fabriquer aussi des microaimants qui font fonctionner des petits moteurs électriques dans de multiples applications. On estime ainsi que chacun de nous utilise dix-sept grammes de terres rares par an !

— Et donc n'y a-t-il pas un risque de dépendance avec des pays comme la Chine ? m'écrié-je !

— C'est vrai que pour l'instant, l'essentiel des ressources exploitées de terres rares est en Asie, et en particulier en Chine. Notre société a établi de solides relations là-bas et nous n'avons pas de problème d'approvisionnement, contrairement à d'autres sociétés qui n'ont pas de tels contacts. Mais en fonction du cours des matières premières, d'autres pays pourront aussi se lancer dans la course.

— Mais avec le développement de nouvelles technologies qui utiliseront des terres rares, n'y a-t-il pas un risque de pénurie ?

— Si on ne trouve pas d'autres gisements, ce qui serait étonnant et si l'on ne met pas en place de politique de recyclage, bien sûr, cela se produira un jour. Mais pour l'instant, ajoute-t-il en buvant une petite gorgée de cidre des Asturies, le risque immédiat que je vois, c'est la pollution créée autour des sites d'extraction et de purification. Là, je pense que les pays producteurs doivent faire très rapidement des efforts pour traiter les déchets et réduire la pollution à la source. En Chine, des régions entières et des fleuves sont aujourd'hui gravement pollués.

— Oui c'est vrai que l'industrie minière est l'une des plus polluantes.

— C'est sûr ! Il faut penser aussi, reprend Gunther, qu'il faudra de plus en plus d'énergie pour obtenir une tonne de minerai purifié, parce que les mines deviendront de plus en plus difficiles à exploiter et que parallèlement, les contraintes environnementales augmenteront sûrement.

— Ce n'est pas le problème général de toutes les ressources naturelles qui vont finir par s'épuiser si on continue de les exploiter au rythme où on le fait aujourd'hui ? demande José. Le lithium et le cobalt pour les batteries, mais aussi tous les autres minéraux utilisés pour toutes les constructions humaines ?

— Eh oui, hélas, déclare Gunther gravement ! Déjà on observe que partout dans le monde la concentration des métaux dans les minerais extraits baisse depuis plusieurs décennies, d'où l'augmentation des coûts. En un sens, c'est normal, tout ce qui a été facile à exploiter a déjà été exploité. Savez-vous que des experts ont tenté de prédire quand seraient épuisées les principales ressources minières ? On peut faire confiance ou non à leurs calculs, mais pour certaines de ces ressources, l'échéance est très proche ! Moins de cinquante ans pour le hafnium ou l'indium par exemple. Le premier est utilisé comme absorbeur des neutrons thermiques dans les barres de contrôle des réacteurs nucléaires, tandis que le second est utilisé massivement pour la fabrication des écrans à cristaux liquides, des écrans tactiles des ordinateurs portables, des tablettes et des téléphones. Mais dans la liste figurent aussi des matières plus connues comme l'étain, l'or et l'argent.

— Mais, épuisé, veut dire qu'il ne sera plus du tout possible d'en trouver ? questionné-je.

— Non, pas tout à fait. Cela veut dire qu'avec nos connaissances actuelles sur les gisements et sur les techniques d'extraction et de purification, il ne sera plus économique d'en obtenir. Par exemple, des compagnies minières en Afrique du Sud s'intéressent à l'extraction ultra-profonde de l'or. Aujourd'hui certaines mines atteignent 3900 m de profondeur et pourraient atteindre 5000 m ou plus avec l'espoir de concentrations en or plus fortes !

— Et l'uranium ? demandé-je. En France, on mise beaucoup sur lui pour produire de l'électricité… J'ai entendu parler de cent ans !

— Oui à peu près. Ça dépend de ce que l'on va consommer dans les prochaines années. En tout cas, cent ans, c'est bientôt quand on y pense. Les enfants qui naissent maintenant verront probablement la fin de l'uranium, mais aussi du cuivre, du nickel très utilisé pour faire les aciers inoxydables et du titane.

— Donc, toute notre façon de se développer devra être revue dans les cinquante à cent ans qui viennent ! Je ne pense pas que l'on en ait conscience ! déclaré-je la bouche sèche. Et on prépare notre retour sur la Lune en pensant partir sur Mars, tout ça à coups de milliards de dollars, tandis que des milliards d'humains craignent le manque d'eau et la famine. Comme on dit chez moi en Gascogne, on est vraiment tombé sur la tête !

— Oui, c'est bien possible ! reconnaît Gunther. Je crois que nous avons trop de mal à nous remettre en cause. On doit avoir l'impression de scier la branche sur laquelle on est assis. Il faut aussi que tout le monde se remette en question et que tous les pays se mettent d'accord pour adopter des solutions qui vont toutes dans le même sens. Or aujourd'hui, chacun se dit spécialiste et ces pseudo-spécialistes ne sont pas d'accord entre eux ! Pas d'accord sur la fin des ressources, pas d'accord sur le changement climatique, pas d'accord sur la disparition de la biodiversité et pas d'accord évidemment, sur les mesures à prendre. À cela s'ajoute le fait que les problèmes ne sont pas identiques partout dans le monde, ou qu'ils n'ont pas la même intensité, notamment pour les pays du Nord et ceux du Sud. Et pour couronner le tout, chacun tire la couverture à soi et veut être gagnant !

— Vous êtes donc sceptique ! conclut José. Rassurez-vous, si je puis dire, moi aussi ! Je pense que si on continue comme ça, on va aller droit dans le mur. J'ai l'impression qu'il y a plusieurs pilotes qui tiennent le volant et qu'aucun n'est d'accord sur la direction à prendre. En plus, certains freinent et d'autres accélèrent, ce qui provoque des embardées. Je ne sais pas ce qu'il faudrait pour que nous réagissions logiquement avant qu'il ne soit trop tard. Cela me fait penser à l'expérience de la grenouille. Vous connaissez ?

— Je crois, dis-je à José, mais vas-y, raconte !

— Eh bien, dans la première expérience, on place une grenouille dans une casserole d'eau froide que l'on pose sur le feu. L'eau tiédit doucement, la grenouille s'y sent très bien et reste donc dans la casserole. Puis l'eau devient de plus en plus chaude. Au début, pas de problème, la grenouille supporte, ça va passer, se dit-elle. Mais au fur et à mesure que la température augmente, elle se paralyse. Il est alors trop tard, elle ne peut plus réagir et finit par mourir ébouillantée. Tandis que dans la deuxième expérience, on jette cette fois-ci la grenouille dans une casserole d'eau bouillante. Que se passe-t-il ? Elle réagit aussitôt en ressautant à l'extérieur. Elle s'en tire un peu brûlée, certes, mais elle s'en tire ! Vous voulez savoir la morale que je trouve à cette histoire ?

Sans attendre notre réponse, José continue :

— Eh bien, je pense que nous sommes comme la première grenouille ! Quand je dis « nous », je pense surtout à nous dans les pays du Nord, bien sûr. On s'habitue à la situation… Et oui, nous croyons tellement avoir plus à perdre en quittant la casserole où l'eau tiédit, qu'à sauter dans l'inconnu. Alors, on essaye de s'adapter à la température de l'eau qui s'élève. On s'accommode des changements progressifs, même s'ils vont dans le mauvais sens. Les plus malins en profitent même, et puis on pense que l'on va trouver une solution comme on l'a toujours fait jusqu'à présent… Mais à la fin, c'est trop tard !

Nous nous taisons tassés sur nos chaises, autour de la table. L'air sur la terrasse devient frisquet.

— Oui l'analogie me plaît, déclare Gunther après un petit moment de réflexion tout en tripotant son verre où reste un peu de cidre. Les jeunes vont peut-être réagir. Ils seront davantage comme la deuxième grenouille. Il le faut. Il faut avoir confiance.

Sur ces bonnes paroles, nous décidons d'aller nous coucher. Je fais un détour par la cave de l'hôtel où notre linge sèche à côté de la chaudière. Elle ronronne et maintient une douce chaleur dans le sous-sol. Elle est prête à démarrer à la moindre sollicitation pour une douche ou pour le chauffage. C'est bien agréable, mais n'est-ce pas déjà le début d'un luxe, dont nous ne nous rendons même plus compte et qui participe à nous conduire inexorablement vers la catastrophe ?

En me couchant, je jette un œil à ce que dit Internet sur les dates d'épuisement de plusieurs matières minérales. Je tombe sur un site[26] qui précise que ces dates sont des estimations qui dépendent des découvertes futures et de la réévaluation des ressources. Pour une dizaine d'entre elles, l'échéance serait de moins de cent ans ! Voilà qui devrait donner à réfléchir…

## Jour 16 : de Celorio à l'albergue de San Esteban de Leces (36 km). « Ultreia »

Il fait très beau ce matin, gage d'une belle journée entre mer et montagne. Nous partons avec Gunther, mais il marche plus vite que nous et nous le laissons filer au bout de quelques kilomètres après un chaleureux « buen camino ». À midi, nous pique-niquons avec des sardines en boîte, sous le porche de l'église de San Pedro de Pria. Un peu plus loin, l'arrivée à Ribadesella ne nous enchante guère. Un villageois qui guette le pèlerin nous propose une chambre chez lui. « Merci, mais nous avons déjà retenu à l'albergue… ». Selon le topoguide, elle se trouve un peu plus loin sur la plaza Mayor. Mais pas moyen de trouver cette place ! Toutes les personnes que nous interrogeons ne la connaissent pas. Nous continuons donc jusqu'à l'auberge suivante signalée par notre guide, l'albergue de San Esteban. Mais nous nous engageons sur une mauvaise route pendant un bon kilomètre, et devons revenir en arrière jusqu'à ce que l'on retrouve de nouveau le balisage vers Saint-Jacques. Ces erreurs tendent à nous casser un peu le moral et à nous faire ressentir la fatigue dans les jambes. Heureusement, le coup de blues est oublié maintenant que nous longeons la belle plage de Ribadesella. C'eût été dommage de la manquer ! Mais les maisons tout autour sont désertées. En revanche à la belle saison, l'endroit doit être noir de monde.

---

[26] *Épuisement des ressources naturelles – https://www.encyclo-ecolo.com*

Les quatre ou cinq derniers kilomètres sont effectués à un bon rythme le long d'une petite route qui monte raide sur la fin. Il faut dire que le jour baisse sérieusement ! Nous arrivons enfin à l'albergue de San Esteban. Nous entrons, posons nos sacs à dos et trouvons un couple de pèlerins dans ce qui doit être la cuisine. Ils ont la cinquantaine à peine, sont Allemands et paraissent sportifs. Ils s'appellent Julia et Andrea et viennent de Brême. Nous leur demandons un peu inquiets s'ils savent comment se passe le repas du soir. Mauvaise surprise ! Ils nous expliquent que l'albergue ne propose plus de repas aux pèlerins, car la saison tire sur sa fin et qu'il n'y a pas d'épicerie dans le village !

— La responsable du gîte est partie chercher une solution. Elle doit revenir, ajoute Andrea.

C'est la tuile, car comme Julia et Andrea, nous n'avons plus rien à manger. Nous ne nous voyons pas redescendre à Ribadesella, d'autant plus que la nuit tombe maintenant. Heureusement, voilà la responsable qui revient avec le numéro de téléphone d'un bar restaurant des environs qui pourrait nous livrer un repas. Ouf ! Le bar propose de nous amener une omelette aux pommes de terre et des fruits pour le dessert. Nous sommes sauvés pour ce soir.

Le temps que le repas arrive, nous prenons notre douche, faisons la lessive et préparons notre lit. Notre linge est à peine étendu dehors qu'il se met à pleuvoir comme le prévoyait la météo. Nous avons eu tort de ne pas la croire… Il faut le rentrer aussitôt et je me débrouille pour tendre un fil de fortune entre un cadre de lits superposés et un crochet fixé miraculeusement sur le mur en face. Je me dis que d'autres avant nous, ont dû être confrontés au même problème du linge à sécher…

Nous prenons ensuite notre repas tous les quatre. Julia et Andrea nous expliquent qu'ils ont trois enfants restés en Allemagne. Les deux plus âgés, garçon et fille, travaillent dans l'industrie, tandis que leur dernier, termine ses études en psychologie. Ce sont leurs premières vacances à tous les deux depuis la naissance de leur aîné.

— Alors, qu'est-ce qui vous a motivés à partir vers Saint-Jacques ? demande José.

Ils se regardent tous les deux et c'est Julia qui répond :

— J'avais très envie de faire le pèlerinage depuis très longtemps, en fait depuis la fin de mon adolescence. C'était une sorte de rêve que j'avais fini par enfouir. Et puis j'y ai repensé grâce à plusieurs lectures et surtout l'année dernière quand notre dernier enfant, Konrad, est parti définitivement pour l'université. Alors j'ai fini par convaincre Andrea de partir cette année pendant nos vacances.

— Et pourquoi ce rêve de pèlerinage ? demandé-je.

— Eh bien, je pense que ça vient au départ d'un cours d'histoire sur le Moyen Âge. J'étais subjuguée par ces pèlerins, riches seigneurs ou pauvres manants qui partaient vers Saint-Jacques en laissant tout derrière eux. Les conditions devaient être terriblement dures. Mais l'atmosphère devait être extraordinaire pour que tant de gens entreprennent ce voyage : l'accueil le soir dans les auberges ou les monastères, l'entraide. Ils devaient aussi avoir une foi incroyable pour être capables d'affronter les dangers du Chemin ! J'ai donc eu envie de découvrir moi aussi ce Chemin, de ressentir ce qu'ils avaient éprouvé et d'essayer de comprendre.

— Et alors, vous avez ressenti quelque chose depuis votre départ ?

Andrea reste silencieux, mais sa moue dubitative nous fait comprendre qu'il n'en est rien. C'est Julia qui continue après un court silence ponctué par un petit rire :

— C'est difficile ! À part les coquilles que l'on voit à chaque intersection pour nous indiquer le Chemin, on pourrait marcher sans se rendre compte de rien. Même les églises ou les chapelles sur le bord de la route… la plupart sont fermées. Pour ça je suis un peu déçue. Heureusement il y a le topoguide qui explique certains lieux, qui relate des faits qui se sont passés ici ou là, ou qui décrit des monuments.

— Je suis d'accord avec toi, lui répond José en tapant légèrement du plat de la main sur la table. Vous auriez peut-être dû prendre l'autre Chemin, « el Camino Frances », qui a été le principal chemin vers Saint-Jacques. Il part de Saint-Jean-Pied-de-Port. Je l'ai fait il y a quatre ans et j'y ai davantage ressenti ce côté mystique ou religieux.

La dévotion à saint Jacques et à plusieurs autres saints et saintes y est omniprésente dans toutes les chapelles romanes qui bordent le Chemin. Elles restent ouvertes pour que l'on puisse entrer et se recueillir. On trouve aussi de nombreux monastères qui accueillent les pèlerins le soir. C'est vrai, j'avais plus l'impression de marcher à la suite des pèlerins du Moyen-Age. C'est une autre atmosphère… Mais il y a aussi beaucoup plus de monde. C'est le côté négatif… En revanche, il y a peut-être plus d'entraide, on discute aussi plus facilement entre les groupes, et on s'encourage volontiers. Par exemple, un truc qui me frappe, je ne m'en rends compte que maintenant : j'ai assez souvent entendu l'interjection de joie « Ultreia » entre les pèlerins. Ça veut dire « bon courage » en latin. Mais là, sur « el Camino del Norte », non, je ne l'ai pas encore entendue !

— C'est vrai, dis-je, ça ne se dit pas ici.

— Oui, reconnaissent en chœur Julia et Andrea, on ne connaissait pas l'expression et nous ne l'avons pas encore entendue.

Après le repas, notre vaisselle est vite faite et nous ne tardons pas à nous allonger, car nous sommes tous fatigués. José se plonge dans un livre et je profite du calme pour compléter mes notes après la discussion d'hier avec Gunther. J'approfondis de nouveau ce que dit Internet sur la disponibilité des ressources minières. Tous les sites consultés confirment que les dates limites calculées sont des dates théoriques, qui dépendent de l'évolution de la demande (par exemple augmentation de 3 à 6 % par an, ce qui a pour impact de raccourcir la durée de vie des réserves), et de la découverte de nouveaux gisements, ce qui permet d'éloigner un temps le risque de pénurie. La situation est donc complexe et dépend pour l'essentiel de ce qui sera découvert dans les prochaines années. Ainsi, depuis soixante ans, la durée de vie des ressources de cuivre est de quarante ans ! Sommes-nous sauvés pour autant ? Hélas non, car comme Gunther nous le disait hier au soir, les experts pensent que tous les gisements les plus riches et facilement accessibles ont été découverts. Par conséquent extraire et purifier des minerais deviendra de plus en plus difficile. Je suis sidéré de lire aussi que d'ici 2050, au rythme de consommation actuel, nous allons extraire du sous-sol plus de métaux que l'humanité n'en a jamais extraits depuis son origine !

Ce n'est pas une bonne nouvelle pour l'environnement, car en plus d'être polluante, l'industrie minière consomme énormément d'eau et d'énergie[27]. Je n'en reviens pas, elle absorbait déjà 10 % de la consommation énergétique mondiale en 2012 ![28] Le cuivre à lui seul en absorbait 0,3 % la même année, et devrait en consommer 2,4 % en 2050. Incroyable ! Côté pollution, le tableau est sombre. Les pays riches sont bien contents que l'exploitation des principales mines ait lieu loin de chez eux, dans des pays émergents, aujourd'hui peu regardants sur la sécurité et sur les questions environnementales. Eaux polluées contenant des métaux toxiques, forêts défrichées ou brûlées pour faciliter l'exploitation, épuisement des ressources en eau, populations malades ou déplacées sont le lot commun de tous ces pays qui nous approvisionnent en minerais divers. Nous nous bouchons les yeux. Nous ne voulons pas voir. Je me sens partiellement coupable et complètement impuissant. Je suis triste ce soir quand je m'endors.

## Jour 17 : de San Esteban à Colunga (18 km). Sous la pluie

La nuit a été moyenne, peut-être à cause du sommier métallique bruyant de mon lit. Le linge lavé hier au soir est encore humide et pour couronner le tout, il pleut très fort et il ne fait pas chaud dehors. Nous nous tâtons José et moi, et décidons de partir malgré tout, contrairement à Julia et Andrea qui préfèrent rester plus longtemps au chaud et au sec dans leur duvet. Nous avalons les quelques restes trouvés dans le fond de nos sacs à dos et nous nous équipons pour la pluie. Notre premier objectif est de prendre le petit déjeuner au bar du village de La Vega situé en bord de mer à deux kilomètres d'ici. Le jour, peine à se lever. L'eau de pluie ruisselle de partout et nous devons zigzaguer

[27] L'énergie des métaux : https://ecoinfo.cnrs.fr/le-gds-ecoinfo/ - 2014.

[28] La consommation de métaux du numérique **: un secteur loin d'**être dématérialisé, Liliane Dedryver avec l'aide de Vincent Couric **:** https://www.strategie.gouv.fr/sites/strategie.gouv.fr/files/atoms/files/fs-2020-dt-consommation-metaux-du-numerique-juin.pdf, juin 2020.

entre les grandes flaques qui inondent la petite route. Heureusement La Vega n'est pas loin, mais, contrairement aux deux « S » qu'un joyeux drille a rajoutés à la peinture sur le panneau routier à l'entrée de la bourgade, La Véga n'est pas Las Vegas. Nulle âme qui vive dans tout le village ! Celui-ci semble s'être définitivement endormi sous la pluie. Et le bar tant attendu est fermé ! Heureusement, le paysage embrumé au bord de la mer vaut le coup. Les vagues poussées par le vent du large déferlent en rouleaux puissants et bruyants sur le sable. L'écume vole. Puis, petit à petit la pluie se calme, mais nous n'avons toujours pas mangé sérieusement depuis le départ.

À partir de La Isla, le chemin rejoint une route et nous devons emprunter le trottoir qui la longe. Je recommence à avoir mal aux pieds dès que le sol devient lisse et dur. De nombreuses motos pétaradantes et des side-cars, tous immatriculés en Grande-Bretagne, nous croisent par groupe de trois ou quatre. Quelques pilotes et passagers nous saluent du bras. Nous leur répondons. À Colunga, au bout de dix-sept kilomètres de marche, nous n'en pouvons plus et avons l'estomac dans les talons. Nous nous arrêtons dans un salon de thé qui propose des spécialités de pizzas. En voyant que la pluie reprend alors que nous finissons à peine notre repas, nous capitulons ! Nous demandons à la patronne du salon de thé si elle connaît une auberge pour pèlerins dans le coin. Quelle chance, elle possède justement une pension à cinquante mètres de là, en face de l'église ! Nous y allons, contents de nous arrêter pour aujourd'hui et de pouvoir nous reposer.

En ressortant vers les seize heures pour faire des courses, nous avons la surprise de croiser Julia et Andrea dans l'escalier de la pension ! Ils sont crevés et mouillés et ont décidé eux aussi de s'arrêter là. Nous convenons de nous retrouver ce soir pour le souper. Nous dégottons non loin de la pension, un restaurant qui accueille les pèlerins et retenons une table pour quatre. Nous avons tous faim et il n'est pas tard quand nous nous y retrouvons. Julia et Andrea sont habillés tous les deux de manière assortie avec un polo bleu pâle et un short bleu marine. Ils forment un vrai couple ces deux-là, même s'ils ne prennent pas le même soin pour leurs cheveux : Andrea semble sortir tout droit de la douche avec ses cheveux encore humides et tout en bataille, tandis que Julia exhibe une queue-de-cheval parfaitement peignée.

Dès le début du repas, nous en venons à parler de notre vie professionnelle. Julia travaille dans une médiathèque à Brême et Andrea est ingénieur dans l'industrie agroalimentaire. Il a choisi ce métier par vocation :

— Déjà lorsque j'étais petit j'aimais faire des gâteaux, inventer des recettes. Je voulais devenir pâtissier. Et plus tard, j'ai eu envie d'aller à l'université pour connaître toute la chaîne de fabrication depuis l'agriculture jusqu'aux produits élaborés. C'est comme ça que je suis devenu ingénieur.

Nous comprenons qu'il est aujourd'hui responsable de la fabrication de plusieurs lignes de produits à base de céréales et de chocolat.

— Et vous vendez vos produits partout dans le monde, demandé-je ?

— Oui, pratiquement partout. Nous sommes une société multinationale. Évidemment, il peut arriver que certains produits soient un peu différents pour tel ou tel pays. C'est dû aux habitudes de consommation des gens, ou à leurs préférences… Par exemple dans un pays, le produit sera un peu plus sucré, dans un autre il y aura moins d'huile de palme et dans un autre la couleur sera un peu différente.

— Et la tendance bio vous la percevez dans votre industrie ?

— Ah oui, c'est net. Nous avons toute une gamme de produits sur ce secteur. Elle connaît une progression de 20 à 25 % par an ! Les clients en Allemagne et ailleurs en Europe sont très friands de ces produits. Tout ce qui est bio, naturel et contient moins de sucre a le vent en poupe, vous savez !

— Et les agriculteurs chez vous en Allemagne, sont-ils accusés comme chez nous en France, d'utiliser trop de pesticides, par exemple ? demande José.

— Oui c'est vrai que les agriculteurs sont devenus des boucs émissaires parfaits. On les traite de pollueurs et d'empoisonneurs alors qu'ils nous nourrissent. Mais heureusement, je crois qu'ils sont moins décriés chez nous que chez vous. Nous avons davantage confiance en eux et pourtant nos tailles d'exploitations sont plus grandes qu'en France et sont plus industrielles !

En voyant nos sourires, Andrea continue :

— Ils pratiquent une agriculture raisonnée, vous savez. Ils n'utilisent pas les engrais et les pesticides par plaisir ! Ça coûte cher et ils doivent calculer au plus juste. Et la preuve que les produits agricoles n'ont jamais été aussi bons, c'est que partout dans le monde, nous n'avons jamais vécu aussi vieux qu'aujourd'hui. Donc l'idée que la nourriture nous rend malade est complètement fausse ! Je suis très optimiste là-dessus. En plus on va vers une utilisation plus faible des pesticides. Et les chercheurs trouveront des solutions innovantes, vous verrez, j'en suis sûr.

— Et vous ne craignez pas à terme une pénurie sur certaines matières premières s'il y a davantage de conversions vers le bio ou au fur et à mesure que la population mondiale s'accroîtra ? demandé-je.

À voir la tête d'Andrea, je comprends que ma question l'étonne :

— Certainement pas ! Cette idée de pénurie est sans fondement, comme celle de dire que nous allons être trop nombreux sur terre. On n'a jamais eu autant pour manger ! Il n'y a qu'à voir le gaspillage ! On peut même dire que certains sont malades de trop manger.

— Il y a quand même des gens malnutris ou qui meurent de faim dans le monde, rectifié-je.

— Oui hélas, mais ça, c'est essentiellement un problème de répartition et de gestion des ressources ou alors c'est dû à des guerres, à des problèmes politiques… En théorie, on pourrait nourrir aujourd'hui onze milliards de personnes, donc on peut voir venir, puisque nous sommes presque huit milliards.

— Oui, mais c'est la théorie, parce que c'est sans compter les pertes après récolte qui peuvent être importantes et le gaspillage, ajouté-je.

— C'est exact, mais nous avons une marge de progrès. De toute façon, le sentiment de surpeuplement est variable d'une personne à l'autre. Il dépend des moyens dont on dispose : la nourriture et l'eau bien sûr, mais aussi les espaces de loisir, ou la liberté de circuler.

— Mais onze milliards d'humains, c'est l'estimation des Nations Unies pour 2100 ! C'est donc pour bientôt ! Je ne vois pas trop de marge de sécurité, objecté-je.

— Oui, mais je suis sûr que des progrès en agriculture seront encore accomplis d'ici là. Vous vous en rendez compte, dans pratiquement 80 ans ! Imaginez l'augmentation des rendements entre les années 1920 et 2000[29] ! Notre façon de consommer évoluera sûrement aussi. Et puis je fais confiance à l'industrie agroalimentaire pour développer des recettes originales avec de nouvelles matières premières que l'on ne soupçonne pas aujourd'hui. Non, je suis résolument optimiste ! conclut Andrea.

— Tu te souviens des snacks que tu avais ramenés de Singapour l'année dernière ? intervient Julia. Ils étaient préparés avec des insectes grillés, et ce n'était pas mauvais !

À cette évocation, nous nous arrêtons de manger, José et moi, la bouche grande ouverte. Puis José reprend :

— Tant mieux si vous êtes optimistes, mais moi je préfère cent fois un bon steak frites comme celui-là, qu'une recette originale avec des insectes !

— Il ne faut pas croire, c'était bon ! s'insurge gentiment Julia. Mais je reconnais qu'en manger tous les jours deviendrait sans doute difficile, n'est-ce pas, ajoute-t-elle en souriant et en prenant le bras d'Andrea.

Puis, continuant à notre intention :

— En tout cas, vous avez compris qu'Andrea a une grande foi dans son travail et dans les progrès techniques qui pourront être accomplis. Je le soutiens et je pense qu'il a raison. La meilleure preuve est que depuis la période après-guerre, les progrès ont été ininterrompus et la pauvreté a reculé. Il n'y a pas de raison que cela cesse, n'est-ce pas ?

— Oui, j'espère bien que vous avez raison, avoué-je. Mais je suis tout de même inquiet, car malheureusement, aucune solution technique n'a encore pu éradiquer la faim dans le monde. Je crains donc que la situation s'aggrave.

---

[29] *En cinquante ans entre 1945 et 1995, le rendement moyen des blés français est passé de 14-15 q/ha à 70 q/h/Académie d'Agriculture de France).*

Je me sens un peu gêné de ma position qui s'oppose à celle trop optimiste à mon goût d'Andrea. J'essaye de trouver un autre sujet de discussion plus rassembleur, mais José remet les pieds dans le plat :

— Moi, je vois le risque que de plus en plus de pays riches se réservent leurs propres produits et partagent de moins en moins, notamment avec les pays pauvres. Y'a qu'à voir les céréales par exemple. Les cours mondiaux peuvent varier très vite en fonction des aléas de production comme les conditions météo ou les attaques d'insectes.

— Oui, c'est vrai, répond Andrea ! Mais de toute façon il y a des risques partout et ça ne sert à rien d'être pessimiste. Ça ne doit pas justifier l'immobilisme. Au contraire, il faut avancer chacun du mieux que l'on peut. Moi, j'essaye dans ce que je connais le mieux : l'agroalimentaire. Pour d'autres ce sera dans le domaine de la production d'énergie, de la dépollution, ou de la santé. Si tous les experts agissent ensemble dans leur domaine pour ce qui est bon pour la planète, on devrait arriver à s'en sortir.

— Il faut aussi que les solutions ne soient pas mauvaises pour les plus pauvres ou ceux qui sont parmi les défavorisés, ajoute José.

Je ne comprends pas l'insistance de José à prendre, comme souvent, le contre-pied de son interlocuteur. Il doit le sentir, car il ajoute :

— Ouais, je veux dire qu'il pourrait y avoir des choses bonnes en théorie pour la planète, mais mauvaises ou difficiles à vivre pour les plus pauvres. Des choses simples, comme interdire les vieilles voitures parce qu'elles polluent.

— D'accord, je comprends, dis-je en balayant les miettes de pain à côté de mon assiette. Mais il ne suffit pas d'interdire, sans rien proposer à la place. Par exemple à la place des vieilles voitures, il faut qu'il y ait des transports en commun développés et accessibles à tous.

— Oui, mais si tu supposes l'interdiction du chauffage au fioul et au gaz par ce qu'il consomme des énergies fossiles, ou au bois, parce qu'il participe à la déforestation et à la pollution de l'air, comment fais-tu ? reprend José.

— Eh bien, il faut d'abord favoriser la construction de logements à énergie positive, il y en a beaucoup en Allemagne, n'est-ce pas, dis-je en me tournant vers Julia et Andrea, et rénover tous les logements anciens pour bien les isoler !

— C'est plus facile à dire qu'à faire ! Mais, bon, reprend José… Si tu interdis l'élevage intensif qui permet de produire de la viande et du lait moins chers, mais qui dans le même temps est responsable d'importantes émissions de méthane, ou si tu incites tous les agriculteurs à produire bio pour éviter qu'on se pourrisse la santé, même si le coût de revient est supérieur, comment fais-tu avec les plus pauvres ?

— D'abord, avant d'interdire l'élevage industriel, je crois qu'il faut changer nos habitudes de consommation et que l'on se mette à manger moins de viande. Et les fois où on en mangera, il faudra que ce soit de la bonne viande, produite localement, car comme tu le disais l'autre jour, il faut bien continuer à faire de l'élevage, là où seule l'herbe peut pousser. Pour ne produire que du bio, là c'est peut-être plus difficile. Je ne suis pas agriculteur, mais je crois qu'il faut surtout aller dans le sens d'une agriculture raisonnée qui n'utilise les produits phytosanitaires qu'à bon escient, dis-je en me tournant vers Andrea.

— Oui, c'est ce que je disais, nous répond Andrea d'un air assuré. L'agriculture va continuer d'évoluer dans le sens du progrès et du souhait de tous. Elle utilisera moins de produits phytosanitaires et moins d'engrais chimiques.

— Et les OGM ? demande José.

— Ah ! continue Andrea en souriant et en posant ses deux mains sur la table. Il faudra qu'ils deviennent plus intelligents et ne servent pas les seuls intérêts de ceux qui les produisent. Par plus intelligent, j'entends des OGM capables de résister à des maladies, capables de résister à plus de sécheresse ou de pousser sous un climat un peu différent. Je pense aussi à des céréales OGM qui auront un profil en acides aminés se rapprochant de celui de la viande, ou ayant une teneur en vitamines plus élevée. La possibilité d'évolution est immense. Mais il faudra se poser la question à chaque fois, de savoir si l'évolution se fait dans la bonne direction, ne pas prendre de risque inutile et sauvegarder toute la biodiversité qui nous entoure.

— Oui, et il ne faudra surtout pas oublier de conserver le goût des bonnes choses ! conclut José avec un rire communicatif.

Pour le dessert, nous prenons des œufs au lait délicieux et une tisane bien chaude. Demain, nos chemins seront différents à partir de Villaviciosa : Andrea et Julia rejoindront Saint-Jacques en continuant le long de la côte, tandis que nous passerons par l'intérieur des terres et le « Camino Primitivo ». Nous devrions arriver quasiment en même temps à Compostelle et cela nous fera plaisir de nous revoir.

### Jour 18 : de Colunga au monastère de Valdedios (28 km). La montée vers le ciel

Il fait beau ce matin et, merveille, notre linge a pu sécher cette nuit ! De plus, grâce à l'après-midi de repos d'hier, la forme semble revenue. Nous prenons notre petit-déjeuner au café du coin, puis quittons Colunga en laissant derrière nous Andrea et Julia qui avaient l'intention, hier au soir, de démarrer un peu plus tard.

Après une dizaine de kilomètres de marche dans l'air frais du matin, nous nous arrêtons à la sortie d'un village pour boire un peu. De l'autre côté de la rue, un grand portail est ouvert sur un beau jardin ensoleillé. Une dame habillée tout en noir arrive un arrosoir à la main pour arroser les magnifiques hortensias qui bordent la route. En nous apercevant, elle nous propose très gentiment d'entrer nous asseoir un instant sur sa terrasse ensoleillée. Nous entrons. Il fait bon au soleil. L'air du jardin est délicieux, tout chargé du parfum des jasmins et des rosiers qui encadrent la terrasse. Elle revient bientôt avec trois tasses de café et s'assoit en face de nous. Quel âge peut-elle bien avoir ? Assurément près de soixante ans, avec ses cheveux grisonnants coiffés en chignon et ses yeux noirs prolongés par des rides profondes. Ses mains fines et élégantes lui donnent néanmoins un air plus jeune. Elle nous apprend qu'elle vient de la région de Valladolid où elle a brutalement perdu son mari il y a presque deux ans. Elle a alors décidé de s'installer ici à côté de chez sa fille, avec son fils handicapé. Justement, le voilà qui arrive. Sa mère nous le présente :

— Voilà Joaquín, il a tout juste vingt ans !

Elle lui installe un siège près d'elle. Il ne nous regarde guère et semble plutôt intéressé par les papillons qui volent de fleur en fleur dans le jardin. Elle lui caresse tendrement le front et remet ses cheveux en place tout en nous expliquant qu'elle veut convertir une partie de sa maison en « albergue » pour pèlerins :

— Cela nous fera du bien à tous les deux ! dit-elle en désignant son fils. Il ne faut pas que nous restions repliés sur nous-mêmes. Que sommes-nous sur cette terre, n'est-ce pas ? J'ai la chance d'avoir cette maison. Alors si nous ne faisons rien, nous risquons de passer à côté de belles choses.

J'acquiesce :

— C'est une idée généreuse ! Les pèlerins seront bien chez vous, et en plus, votre maison est située dans un cadre idyllique.

— Merci ! Les travaux vont bientôt commencer. Si tout va bien, l'année prochaine, nous pourrons recevoir nos premiers pèlerins. L'important c'est l'amour que l'on peut donner autour de soi, vous savez. Mon mari était médecin. Il se dépensait sans compter et lui avait bien compris ça !

— Depuis le début du Chemin à Irun, nous recevons chaque jour le cadeau d'au moins une belle surprise, et ce matin c'est votre rencontre inattendue autour d'une tasse de café ! Merci du fond du cœur, lui répond José.

Le visage de Joaquin qui ne semblait pas suivre la conversation s'éclaire. Il se lève, attrape sa mère par le bras et lui dit affectueusement :

— Maman, je t'aiderai à préparer la cuisine et à faire le ménage !

— Oui, je sais, mon chéri, tu m'aideras bien et nous serons heureux.

Je lui demande son adresse e-mail pour leur envoyer un petit mot à notre arrivée à Saint-Jacques.

— Avec plaisir, nous répond-elle, et vous nous direz comment s'est terminé votre pèlerinage.

Nous nous quittons. Nous avons la gorge serrée devant tant d'amour partagé. Quel témoignage ! José me parle tout en marchant d'une cousine et de son mari qui avaient aussi un enfant handicapé auquel ils consacraient tout leur temps libre et tout leur amour.

À midi, nous nous arrêtons pour manger au soleil sous le porche d'une église bâtie tout en haut d'une colline. Tout est calme autour de nous. La vue est reposante. Nous traversons ensuite Villaviciosa, une petite ville animée qui possède de belles maisons. Nous nous arrêtons pour admirer la très belle église romane Santa Maria.

La route est encore longue, monte et puis redescend jusqu'au monastère de Valdedios qui apparaît enfin entre les arbres. Nous sommes subjugués : nous apercevons une superbe église préromane et une église cistercienne très sobre. Un petit panneau en bois gravé nous indique que l'auberge pour les pèlerins se trouve à côté de cette dernière au fond d'une grande et belle cour pavée. Nous signalons notre arrivée à l'aide d'une sonnette. Une sœur arrive bientôt. Elle nous fait visiter l'espace pour les pèlerins qui nous paraît bien vaste, car nous sommes seuls pour l'instant, et nous enregistre pour le repas du soir. Nous ne résistons pas au plaisir d'aller visiter l'église cistercienne après notre douche et notre lessive. Elle est superbe. Dommage, l'église préromane qui paraît encore plus belle est fermée.

Alors que nous revenons vers « l'albergue », nous voyons arriver un pèlerin qui semble sortir tout droit du Moyen-Âge. Il porte une pèlerine bleu marine élimée, un chapeau en feutre noir avec une coquille au-dessus du front, et un bourdon, sorte de grand bâton ferré. C'est la copie conforme de la statue de saint Jacques que nous avions vue dans la cathédrale de Bilbao ! Vu sa maîtrise de la langue de Don Quichotte et son accent, il doit être espagnol. Avec sa barbe hirsute et ses cheveux en bataille, il ne paraît pas très propre. Un jeune chien tout noir, genre Labrador, l'accompagne. Tous les deux entrent dans la pièce principale du gîte. Je pousse l'étendoir à linge sur lequel sèche notre lessive pour éviter que le chien ne le renverse avec sa queue qui s'agite en tous sens. Notre pèlerin s'installe puis ouvre une boîte de conserve et se réchauffe de quoi manger dans la cuisine. Lorsque la sœur arrive une demi-heure plus tard pour l'enregistrer, elle lui explique gentiment que le chien devra rester attaché dehors. Mais lui n'est pas d'accord ! Elle répète avec force gestes : « Tu si, el pero, no ! ». Notre pèlerin s'entête : « Non, je veux dormir avec mon chien à côté. Nous faisons le pèlerinage tous les deux ». La sœur lui explique alors que « lui est un être humain et qu'il peut dormir dedans, mais pas son chien qui est une bête ». Rien n'y fait ! Il finit par déclarer qu'il va partir après avoir mangé son repas. Il n'est pas très causant. Nous apprenons toutefois qu'il est parti il y a plusieurs mois. Un matin, il a trouvé un chiot à côté de lui et ils ont continué la route ensemble. À Santander, il est tombé malade et a dû faire un arrêt à l'hôpital. Son chien l'a attendu dehors ! Depuis, il s'est juré de ne plus jamais l'abandonner. Une fois leur repas pris en silence, ils quittent les lieux. Oh, ils ne vont pas loin : nous les voyons s'arrêter au pied d'une grande croix dressée à côté du portail d'entrée du monastère. Là, sur le pavement en pierre qui entoure la croix, l'homme pose son sac à dos, puis déroule un sac de couchage qu'il recouvre d'une grande bâche. Puis il s'assoit avec son chien, en s'appuyant le dos à la croix.

Quelques minutes plus tard, un autre pèlerin arrive. Il vient de la région de Stuttgart et s'appelle Martin. Il a débuté le Chemin à Irun deux jours après nous. Il marche donc bien ! Lorsque la sœur vient l'enregistrer, il renonce à s'inscrire pour le repas du soir, craignant peut-être qu'il ne soit pas à son goût et décide d'aller manger dans un restaurant tout proche. C'est bien dommage pour lui, car nous ne regrettons pas notre choix. Nous sommes seuls dans une grande salle à manger aux murs peints en blanc. Le parquet et les meubles anciens sentent bon la cire. Le repas s'avère copieux et sain, avec une bonne soupe, de la viande et des légumes variés. Nous pouvons aussi prendre du pain, du beurre et de la confiture pour le petit-déjeuner de demain matin.

Après le repas, nous sommes invités à participer à la prière des sœurs dans la belle église cistercienne. Nous y allons. Il y a dans la crypte une bonne vingtaine de sœurs. L'une d'entre elles accompagne les chants de louange à la guitare. Ils sont simples, beaux et résonnent merveilleusement sous les voûtes. Je les enregistre sur mon appareil. Lorsque l'office se termine, nous nous levons avec regret. Nous avons eu José et moi comme l'impression de nous rapprocher de quelque chose d'extraordinaire et qui nous a touchés profondément.

En ressortant, le vent frais sous le porche nous ramène à la réalité. Nous ne voyons plus la croix près du portail d'entrée du monastère, tellement il fait noir dehors. Notre pèlerin de tout à l'heure est-il resté là, au pied de la croix avec son chien, ou est-il parti chercher un lieu mieux abrité pour la nuit ? Nous penchons pour cette deuxième option qui nous paraît plus rationnelle et allons nous coucher dans le grand dortoir où nous ne sommes que trois personnes ce soir.

## Jour 19 : de Valdedios à Oviedo (38 km). L'étape la plus longue

Le jour n'est pas encore vraiment levé. Martin, le pèlerin allemand est déjà parti il y a un bon quart d'heure. Nous n'avons quasiment pas eu l'opportunité de parler avec lui. Nous nous couvrons bien, car il fait froid dehors. En franchissant la grille du monastère, nous apercevons la croix, puis la forme d'un gros sac de couchage à son pied, avec un chien noir allongé dessus. Incroyable ! Notre pèlerin d'hier soir est resté là et dort encore malgré le froid ![30]

La petite route que nous empruntons monte rude pour sortir du Val de Dios. Elle est souvent complètement défoncée. Nous traversons quelques hameaux isolés. Contre toute attente, des personnes y vivent, bien chichement sans doute, à voir l'état des maisons. Que peuvent-elles faire là dans ce coin perdu des Asturies ? Nous finissons par arriver à Alto de la Campa sur la grande route qui mène à la ville d'Oviedo trente kilomètres plus loin. Le Chemin continue trop souvent à notre goût le long de cette route monotone et sur laquelle il fait

[30] *Nous ne l'avons pas revu lors de ce pèlerinage. Mais José croit l'avoir aperçu avec son chien depuis sa voiture quelques mois plus tard sur un tronçon du Chemin du Piedmont. Le temps de faire demi-tour, il avait disparu…*

chaud en plein soleil. Heureusement, il bifurque de temps en temps sur un sentier délicieux en sous-bois. À midi, nous nous arrêtons dans un bar pour manger notre traditionnel « bocadillo de jamon ». Plus loin, en plein milieu d'après-midi, nous retrouvons Martin, notre allemand d'hier au soir. Il s'est arrêté pour une pause à l'ombre sous un chêne. Il reprend la marche avec nous, avec un bâton aussi grand que lui qu'il balance loin en avant à chaque pas. Il a tout juste trente-cinq ans, a de grands yeux verts et porte une barbe épaisse et rousse. Il nous raconte qu'il vit dans une communauté écolo installée dans une ferme agricole à côté de Stuttgart. Sa communauté cultive et vend des produits bio, essentiellement des légumes, mais aussi des fruits, de la confiture, du miel et de la laine angora.

— C'est pas ordinaire ! Et quand as-tu décidé de vivre dans cette communauté ? demandé-je intrigué.

— Ça fait cinq ans que je vis là, nous explique-t-il en marchant le regard pointé devant lui. Avant, je travaillais dans le BTP à faire des routes et des trottoirs pour des lotissements neufs. J'en ai eu marre, ça ne m'amenait nulle part.

— Tu avais l'impression de faire un travail inutile ? lui demande José.

— Oui en un sens, mais pire encore : j'avais l'impression de collaborer activement, à mon niveau bien sûr, au développement à outrance de cette société qui court à sa perte. J'ai participé un temps à des actions avec de blacks blocs, mais ça ne correspondait ni à mon projet ni à mon caractère. Je préfère construire plutôt que détruire… Alors, un jour je me suis dit qu'il fallait que je trouve un autre travail. J'ai beaucoup lu aussi. Je n'ai pas trouvé de suite, mais quatre ou cinq mois plus tard, j'ai eu la chance de tomber sur un couple qui vendait des produits bio sur un marché de Stuttgart. On a discuté. Ils venaient d'une communauté installée dans une ferme de la région. Je les ai revus la semaine suivante et ils m'ont proposé de venir faire un essai dans leur ferme.

— Et ça t'a plu ? lui demandé-je.

— Oui. Il y avait une ambiance extra. Il y avait une douzaine de personnes à la ferme, et pour la première fois, je pouvais vivre en harmonie avec la nature. Au bout d'une semaine, je démissionnais de mon entreprise de BTP, j'arrêtais la location de mon appartement et je m'installais à la ferme !

— Mais tu ne connaissais pas le travail d'agriculteur ! Tu faisais quoi ? lui demande José.

— Oui j'ai dû tout apprendre, mais le plus dur au début ça a été surtout les conditions de vie plus difficiles que celles que j'avais connues jusque-là. On était en plein hiver : il n'y avait pas de chauffage dans les chambres par exemple, et l'eau pour la douche était à peine tiède.

— Et ça ne t'a pas rebuté ? lui demandé-je, surpris par sa démarche peu commune.

— J'ai survécu, vous voyez ! nous répond Martin avec un gloussement dans la voix. Oui, car j'ai compris que j'étais enfin dans la vérité. Notre objectif premier était de viser l'autonomie alimentaire et énergétique. Nous commençons à y parvenir aujourd'hui, mais ce n'est pas évident. Il faut être sobre, vigilant et refuser tout gaspillage.

— Et ton métier dans le BTP t'a servi ? lui demande José.

— Oui, bien sûr, cela nous a aidés, car nous avons agrandi le bâtiment où l'on vit. On a créé aussi une serre pour avoir une récolte de plus. Et puis on a le projet de s'équiper avec des panneaux solaires produits selon une technologie moins polluante et recyclable en partie.

— Comment décide-t-on des projets dans une communauté comme la tienne et d'où vient l'argent ? l'interrogé-je.

— C'est simple, les projets sont décidés à l'unanimité. Une personne, une voix ! Celui ou ceux qui font la proposition d'un projet doivent l'avoir bien étudié. Ils doivent d'abord faire une étude économique, montrer combien il coûte, montrer ce qu'il va rapporter et comment on pourra le financer. Ça, c'est souvent le problème ! Mais il faut faire aussi une étude d'impact : impact écologique immédiat et sur le long terme. De toute façon, ça nous sert pour la banque si on a besoin d'un emprunt. Chacun est actionnaire aussi. Certains n'ont que quelques pour cent des parts, d'autres davantage, mais jamais personne ne pourra décider tout seul. Il faut que tout le monde soit d'accord !

— Alors ça peut prendre beaucoup de temps ? dis-je.

— Oui c'est sûr. Certains projets n'ont jamais vu le jour. Mais ça peut aller vite aussi, si le projet est bien ficelé, si tout le monde est d'accord et si on peut le financer bien sûr.

— Mais pour la vie et le travail de tous les jours, comment ça marche ? demande José.

— Eh bien, il y a un conseil de gestion où chacun participe. En plus, chacun est responsable d'une tâche en particulier. Pour des tâches qui constituent la base de notre activité, comme la gestion du jardin potager, la gestion de la ferme angora, ou la vente sur le marché, il y a un roulement tous les six mois. Pour les tâches plus routinières comme la cuisine, le ménage, ou l'entretien, ça peut varier, mais en général, il y a un roulement toutes les semaines. Et puis il y a les tâches importantes pour la collectivité, comme la gestion financière, le recyclage, les relations avec l'extérieur. Là, les personnes sont élues tous les ans en fonction des compétences. Ce que l'on veut c'est remettre l'être humain à sa place et vivre en harmonie avec la nature. On ne veut pas gaspiller les ressources. On cherche par exemple à refermer tous les cycles.

— Qu'est-ce que tu veux dire par là ? demandé-je.

— Eh bien dans la société de consommation, la plupart des cycles sont ouverts d'où une grande dépense d'énergie. Par exemple, on achète une voiture, on l'utilise et on la jette. Le recyclage n'a pas été prévu dans ce cycle ouvert, en tout cas pas suffisamment. Pareil pour les déchets ménagers comme les épluchures : on consomme les légumes et les épluchures qui contiennent beaucoup d'eau, sont incinérées. Alors que dans un cercle fermé, les épluchures sont utilisées pour faire du compost qui à son tour est utilisé comme engrais pour produire de nouveaux légumes.

Nous comprenons ce qu'il veut dire. J'avais entendu parler de communautés semblables en France, comme le mouvement des Colibris fondé par Pierre Rahbi.

— Et là, tu es en vacances ? lui demande José.

— Oui, tout à fait. Ça faisait longtemps que je n'étais pas parti. Avant, quand je travaillais dans le BTP, je faisais un trek tous les ans dans un pays lointain. Je suis allé dans l'Himalaya, en Alaska, ou en Patagonie et ça commençait à me manquer. Mais maintenant je n'irai plus aussi loin, je pense. En tout cas, je suis content de changer d'air.

On voit qu'effectivement, outre sa jeunesse, il a gardé une excellente forme. D'ailleurs, nous commençons à avoir un peu de mal à le suivre. Nous le laissons donc filer à son rythme et lui donnons rendez-vous à Oviedo, encore à dix kilomètres environ.

L'étape est bigrement longue et nous commençons à être fatigués. Heureusement le moral remonte lorsqu'enfin nous apercevons les tours de la cathédrale d'Oviedo. Mais l'impact positif de cette vision est de courte durée ! En effet nous n'en finissons pas de marcher vers cette cathédrale en ligne de mire dont les clochers semblent reculer au fur et à mesure que nous avançons. De plus, la chaleur dans les rues est étouffante.

Nous arrivons enfin à la porte de l'albergue indiquée par notre topoguide en rêvant d'une bonne douche.

— C'est pas vrai, elle est fermée !

Une petite affiche placardée sur la porte nous indique que nous devons nous rendre dans l'ancien séminaire. Il faut donc marcher encore et nous sommes complètement fourbus quand nous pouvons enfin nous délester du sac à dos. Cette étape de trente-huit kilomètres a été la plus longue depuis le départ. Nous nous apprêtons à partir à la douche lorsque Martin arrive. Nous le pensions déjà arrivé ! Oui, mais lui a déjà visité la cathédrale ! Quelle forme !

Pour manger ce soir, nous partons tous les trois à la recherche d'un restaurant sympa et abordable dans le quartier. Nous nous régalons avec un « Cochoto », plat typique asturien. Nous parlons de nos rencontres sur le Chemin. Il se souvient bien de Judith. C'était il y a trois ou quatre soirs. Ils ont beaucoup discuté tous les deux et sa forte volonté l'a frappé.

— Je me souviens, nous avons parlé du recyclage et elle était outrée par le gâchis de notre société moderne, dis-je à Martin.

— Ça ne m'étonne pas d'elle ! C'est vrai que nous laissons derrière nous des montagnes de déchets. Nous, dans notre communauté, nous n'avons qu'une micro-poubelle. Pour y arriver, il faut changer complètement la façon de faire et de consommer. D'abord il faut favoriser le vrac au maximum. Finis les emballages perdus. Bien sûr, pour nous pas de problème avec les légumes et les fruits que nous produisons sur place. Mais si exceptionnellement on ne peut pas acheter en vrac, on favorise au maximum les emballages que l'on peut réutiliser nous-mêmes, ou brûler l'hiver dans notre poêle. En effet, il faut savoir réemployer tout ce qui n'a pas été utilisé ou ce qui reste au final. Par exemple les résidus de nos toilettes sèches vont aussi au compost.

— Oui, ça, c'est relativement facile parce que ce sont des déchets biologiques que vous pouvez recycler dans votre potager et votre verger. Mais vous devez bien avoir des déchets plus difficiles à recycler, comme un vieux frigo ou des ampoules ?

— Oui tu as raison. Nos déchets impossibles à recycler sur place vont dans un centre de recyclage ou dans notre micro-poubelle. Nous travaillons pour que cette poubelle soit la plus petite possible. Tu parlais d'ampoules. Eh bien, on va leur préférer des bougies fabriquées avec la cire de nos ruches ou des lampes à pétrole.

— Et vous avez des voitures ? demande José.

— Des voitures non, mais oui, on a un fourgon. Pas un neuf, évidemment… On est obligé, pour aller au marché, faire certains achats, mais on essaye d'optimiser au mieux nos déplacements en groupant les courses par exemple.

— Donc vous êtes obligés de vous compromettre quand même, insiste José avec son sourire malicieux.

— Oui, c'est ce que j'ai dit, lui répond Martin qui semble habitué à cette réplique, car il esquisse lui aussi un petit sourire. On est bien obligé d'avoir ce véhicule pour vivre. Mais c'est une bien petite compromission et ça ne veut pas dire que nous soutenons tout le gâchis que génère notre société moderne. Au contraire, et notre premier réflexe c'est la « récup » pour les fringues, les meubles, ou les ustensiles de cuisine.

— Chapeau ! dis-je.

— Mais il ne faut pas croire que notre société pourrait continuer à vivre comme si de rien n'était, en essayant seulement de faire du recyclage à 100 %. En effet, le recyclage peut coûter très cher, consommer énormément d'énergie et en plus, être polluant. Tout ça pour un résultat médiocre. Juste deux exemples que j'aime bien… Le recyclage des métaux contenus dans les alliages d'acier est très difficile. De même, le recyclage des composants contenus dans les leds de nos ampoules est aujourd'hui mission impossible. Ça veut dire qu'il faut changer complètement notre façon de faire et de consommer. Il faut avoir des objets avec une durée de vie beaucoup plus longue. Pour cela, il faut notamment standardiser au maximum tout ce qui est fabriqué, pour pouvoir continuer à assurer le remplacement de pièces d'usure des dizaines d'années plus tard. Comme je vous l'ai déjà dit, il faut mettre en œuvre des cycles vertueux, où le produit lorsqu'il arrive en fin de vie, n'est plus un déchet, mais une ressource. C'est ce qu'on appelle aussi « l'économie bleue ».

— Tu peux nous donner des exemples autres que celui du compost ? demande José intrigué.

— Il y a des exemples intéressants dans un livre de Gunter Pauli, dont le titre est justement « L'économie bleue[31] ». La nature, elle, ne crée que des déchets réutilisables. Rien n'est perdu, tout est réutilisé ! Dans l'économie bleue, c'est un peu pareil : un déchet devient une source pour produire autre chose. Par exemple, le café. On n'en utilise que 0,2 % pour boire une tasse ! Mais tout le reste, le marc de café, grâce aux éléments nutritifs qu'il contient, peut être utilisé pour produire des champignons pour la nutrition humaine, comme des pleurotes. On a essayé dans notre ferme et ça marche ! On peut aussi utiliser le $CO_2$

[31] *L'économie bleue – Gunter Pauly.*

rejeté dans l'atmosphère pour produire des algues vertes comestibles et riches en protéines, comme la spiruline. Chez nous, il y a pas mal de fermes qui se sont lancées là-dedans, vous savez…

Martin semble intarissable. Il a plein de projets en tête. Malheureusement, José et moi sommes crevés et il faut penser à rejoindre notre dortoir et faire une bonne nuit.

## Jour 20 : de Oviedo à Escamplero (12 km). Nous payons les efforts d'hier

Lorsque j'entrouvre les rideaux de la fenêtre de notre dortoir, il fait encore très noir dehors et il y a du brouillard sur la ville. Les rues sont humides comme s'il avait plu et on dirait qu'il fait très frais. Martin est déjà harnaché et préfère partir le ventre vide. Pour José et moi, le démarrage est plus laborieux et le petit-déjeuner s'impose. Nous nous arrêtons donc dans un bar pour avaler un café au lait et manger un croissant accompagné d'un morceau de pain beurré. Nous allons ensuite visiter l'incontournable cathédrale San Salvador dans laquelle on peut admirer le trésor de la Sainte Châsse. Il n'y a aucun touriste à cette heure matinale. Nous passons ensuite par le point zéro du « Camino Primitivo ». C'est de là qu'est parti au IX^e^ siècle le roi de Galice, Alfonse II, pour faire le premier pèlerinage vers Santiago. Oviedo est une belle ville, mais encore très peu animée ce matin. Nous passons devant plusieurs statues en bronze qui ornent plusieurs places. Puis les rues se transforment en route, et nous nous retrouvons enfin sur un sentier. Je suis heureux de retrouver la nature. Mais force est de constater que nous n'avons pas la forme d'hier… Les premières côtes sont donc abordées lentement ! La campagne asturienne que nous traversons est composée de petites exploitations agricoles pas très riches. Le paysage est bucolique. À treize heures, nous finissons par arriver à Escamplero, à seulement douze kilomètres de notre point de départ. Ça nous fait une petite moyenne : à peine 3,5 km/h ! Sans se le dire, on en a marre aujourd'hui et c'est avec grand ouf de soulagement que nous posons nos sacs à dos et que nous nous attablons dans un restaurant au bord de la petite route. L'endroit est convivial et chaleureux. Nous sommes servis par Rosa, la cinquantaine, à la fois patronne et serveuse. Le repas, simple et copieux, nous convient parfaitement. Rosa se démène d'une table à l'autre, mais prend tout de même le temps de discuter avec nous, en français, qu'elle parle assez bien. Elle doit voir que nous sommes fatigués, car elle nous indique que le restaurant fait aussi hôtel. Le prix est très raisonnable et nous n'hésitons pas longtemps pour prolonger notre halte. Pourquoi tenter notre chance plus loin, alors que nous sommes si bien ici ? La chambre est à l'étage, toute simple, propre et confortable. La décoration est ancienne, notamment dans la salle d'eau couverte du sol au plafond de faïences flammées dans les tons ocre et verdâtres. Nous apprécions de pouvoir faire une bonne sieste pour récupérer de notre longue journée de marche d'hier.

Alors que nous nous apprêtons à sortir plus tard pour faire un petit tour à la découverte du village, nous avons la surprise de voir débarquer trois pèlerines. Nous les reconnaissons aussitôt, surtout la plus âgée des trois avec son chapeau cow-boy, ses tresses blondes et sa jupe longue. Elle semble sortir tout droit de la série télévisée « Une petite maison dans la prairie ». Ce sont les Américaines que nous avions déjà croisées du côté de Guernica, il y a une quinzaine de jours et qui viennent du Minnesota ! Elles ont hâte de poser leur sac à dos et acceptent avec plaisir notre rendez-vous pour le repas du soir dans le restaurant à l'étage en dessous.

Nous y descendons en avance. La salle est agréable, d'autant plus qu'un bon feu flambe dans la cheminée adossée au grand mur du fond. Je m'imaginerais presque dans une auberge du Haut Jura aux murs lambrissés avec des clins de résineux. À côté de la cheminée, des outils utilisés autrefois dans les fermes, nous expliquent que la vie ici devait être rude. Parmi eux trône une magnifique table à dépiquer les céréales, tout incrustée de milliers de petits silex. Tandis que nous l'admirons, Rosa nous confirme qu'elle est très ancienne et qu'elle a été sauvée de la destruction dans les années soixante par l'instituteur du village qui l'avait repérée dans une ferme. Nos trois pèlerines nous rejoignent. José leur explique que nous les avons déjà vues au bord du chemin, du côté de Guernica. Mais elles ne se souviennent pas de nous. C'est vrai que c'est Monique qui leur avait parlé le soir à l'auberge. Elles nous confirment que cette étape les avait beaucoup fait souffrir. Mais elles ont bien surmonté l'épreuve et nous avons même l'impression qu'elles ont minci. Patricia et Sandra ont entre vingt-cinq et trente ans et sont amies, tandis que Sarah, qui doit avoir notre âge, est la tante de Patricia. Elles ont fait le « Camino del Norte » d'Irun à Gijon, puis ont pris le train ce matin de Gijon à Oviedo, pour rejoindre le « Camino Primitivo ». Après l'expérience des premiers jours de marche, elles s'organisent pour ne parcourir que vingt à vingt-cinq kilomètres chaque jour.

— C'est amplement suffisant et cela nous permet de mieux profiter du Chemin, précise Sarah. Au début nous avons voulu trop en faire, et comme nous manquions d'entraînement, on a failli craquer.

— Nous aussi, reprend José et hier c'était le jour de trop : nous avons fait trente-huit kilomètres et on le paye aujourd'hui.

Comme ce midi, le repas est parfait pour nous pèlerins. J'apprécie surtout la soupe épaisse de légumes avec quelques morceaux de lard fumé, qui rassasie tout en désaltérant.

Nous échangeons des nouvelles sur les pèlerins que nous avons rencontrés. Elles se souviennent très bien de Judith qu'elles ont croisée à plusieurs reprises. La dernière fois c'était hier au soir à Gijon ! Elle continue par le « Camino del Norte », car la partie montagneuse des Asturies lui faisait peur. Elles se souviennent aussi de Jessica qui venait de l'Iowa et de Lee qui venait de la Corée du Sud. Mais comme nous, elles ne savent pas ce qu'ils sont devenus. Elles croient avoir discuté aussi avec Gunther qui venait d'Allemagne.

— C'était un grand gars, roux avec une grosse barbe, c'est ça ? demande Sarah.

— Ah, oui, je me souviens, continue Patricia. Il venait à pied depuis l'Allemagne. Je crois bien que nous l'avons rencontré lors de l'étape après Santander.

— Ah, d'accord ! s'exclame Sandra. Moi, il m'avait fait penser à Indiana Jones avec son chapeau.

— Oui, c'est bien lui, confirmé-je ! Moi aussi j'ai pensé à Indiana Jones. Et saviez-vous qu'il travaille pour de vrai avec des trésors ?

Les trois Américaines me regardent médusées, se demandant si elles ont bien compris mon anglais. Mais José, fort à propos, intervient à son tour de manière laconique :

— Je confirme ! Des trésors. Ils valent très cher. Bon, j'ajoute un indice : ils viennent de Chine.

— Ah bon ! finissent-elles par dire sous le coup de la surprise.

— C'est un explorateur ? ajoute Sandra, les yeux tout pétillants.

Nous éclatons de rire José et moi, mais en remarquant leurs mines qui commencent à se renfrogner, j'ajoute rapidement :

— Si, c'est vrai, mais ce n'est pas un explorateur ! C'est un spécialiste des terres rares. Sa société les achète en Chine et les purifie en Allemagne. C'est vrai, ces terres valent une vraie fortune !

— Ah oui d'accord, acquiesce Patricia. C'est vrai que certaines terres rares peuvent valoir autant que l'or et que les mines sont surtout en Chine. Nous aux USA, on a un gisement important à Mountain Pass dans le désert de Mojave en Californie. Le problème, je crois, c'est leur extraction, qui est difficile, nécessite beaucoup d'eau et génère énormément de pollution !

— C'est tout à fait ça ! Gunther nous a expliqué que les nouvelles technologies ont besoin de ces terres et que la demande est énorme. Il reconnaissait aussi que si nous ne trouvions pas rapidement de nouveaux gisements, il y aurait un problème d'approvisionnement.

— Oui, et il annonçait aussi la fin probable de l'extraction de plusieurs minéraux importants pour l'industrie d'ici cinquante ans, précise José.

— C'est incroyable, nous sommes dans une vraie fuite en avant. On sait que l'on va droit dans le mur et personne ne fait rien, même ceux qui le pourraient parce qu'ils détiennent un pouvoir sur l'argent, je veux dire par exemple les banquiers. Vous savez à quoi ça me fait penser ? Vous allez me dire que c'est idiot, que ça n'a rien à voir…

mais je me revois un dimanche soir quand j'étais au lycée... Je me suis couché sans avoir fait mon devoir de maths pour le lendemain. Je l'avais trouvé difficile, et puis le manque de temps, et surtout la flemme, je pense... En tout cas, en faisant ça, je savais que j'allais au-devant d'un problème, peut-être une colle... Et pourtant je me suis couché avec l'espoir tout bête que le prof serait absent, qu'il oublierait de relever les copies, ou que toute la classe aurait fait comme moi. J'espérais un truc génial, quoi ! Ça n'a pas été le cas évidemment et bien sûr, j'ai eu une colle ! Je vous garantis que je n'ai jamais recommencé et vous voyez, je m'en souviens encore... Tout ça pour dire que si tous les banquiers faisaient un peu comme mon prof de maths et arrêtaient de prêter du fric tant que l'on n'a pas retrouvé la raison, eh bien, ce serait une sacrée punition, mais sans doute moins que le pétrin dans lequel on est en train de se fourrer...

Je répète pour nos trois Américaines qui n'ont pas parfaitement compris mon anglais et notre discussion s'anime.

Sandra continue en nous expliquant qu'elle est technicienne dans un laboratoire de contrôle qualité dans l'industrie laitière :

— Mon métier me plaît beaucoup, lance-t-elle. J'ai participé à la mise en place des méthodes de détection rapide de germes et de virus potentiellement présents dans le lait. On veut être sûr de la qualité des produits que l'on vend !

— Et côté antibiotiques et traces d'autres médicaments ? demande José.

— Nous faisons aussi de nombreux contrôles qualité pour rechercher des produits chimiques à l'arrivée de chaque camion. Les fermiers et les vétérinaires sont donc très motivés et impliqués pour que le lait des animaux sous traitement ne soit pas collecté. On a même une ligne de produits bio !

Sarah, elle, est assistante sociale, tandis que Patricia travaille pour une collectivité locale.

— Et comment vous est venue cette idée de faire le pèlerinage toutes les trois ? leur demande José.

Sarah et Sandra tournent leur regard vers Patricia qui a les yeux fixés sur son assiette. Après une seconde d'hésitation, Sarah vient à son secours en disant à voix basse :

— Patricia a attrapé la Covid et ça s'est mal passé !

— Oui je m'estime une survivante, continue Patricia avec une petite voix. Je suis diabétique et j'étais en surpoids. Je suis restée presque un mois à l'hôpital après dix-huit jours en réanimation. C'était peu de temps après l'investiture de Joe Biden. Les docteurs étaient sur le point de me débrancher, car mon état empirait de plus en plus. Ils ne pouvaient plus rien faire pour moi. Et puis, je crois que c'est un miracle… contre toute attente mon état s'est amélioré, et j'ai pu être finalement sortie du coma thérapeutique dans lequel on m'avait plongée. J'ai pu ensuite reprendre des forces petit à petit.

— Oui, elle revient de loin ! confirme Sandra avec des larmes dans les yeux et en tenant la main de son amie.

Après un court instant de silence, Patricia relève la tête et reprend avec un éclair lumineux dans le regard :

— Un matin, je me suis dit : « je veux faire quelque chose de ma deuxième vie, de ma deuxième chance ». C'est en revoyant le film « The way » que c'est venu imposer à moi cette idée de partir à Saint-Jacques.

— Donc, ce pèlerinage c'est le début de ta deuxième vie ? l'interroge gravement José.

— Oui, tout à fait ! J'ai parlé de mon projet à mes amies et à ma famille. Et puis il y a trois mois, elles m'ont demandé toutes les deux : « es-tu d'accord pour que l'on vienne avec toi ? ». Vous pensez… quelle joie !

Toutes les trois se serrent les mains en se regardant les yeux humides.

— Les premiers jours ont été durs, mais maintenant, je prends vraiment plaisir à vivre ce pèlerinage, reprend Patricia. À mon retour dans le Minnesota, je vais m'occuper de l'insertion des jeunes dans ma communauté. Il y a énormément d'attente, surtout après les années Trump ! Je me sens concernée aussi par la pollution et ce que tu disais

Dominique tout à l'heure, à propos des ressources de notre Terre, les métaux, mais aussi le changement climatique à cause de toute cette énergie fossile que nous dilapidons et que nous transformons en CO2.

— Mais on n'est pas d'accord sur tout, observe Sarah en se tournant vers nous, le sourire aux lèvres. Par exemple, je crois que prétendre qu'il ne faut plus utiliser les énergies fossiles, c'est se condamner !

— Oui, enfin… c'est surtout condamner l'humanité émergente à rester pauvre, remarqué-je, car elle n'a pas d'autre choix aujourd'hui que celui des énergies fossiles, puisque ce sont les moins chères. Décemment, on ne peut donc pas les leur interdire ! Mais, je crois que c'est à nous les pays riches, nous qui sommes les plus responsables du changement climatique, de donner l'exemple en utilisant des énergies renouvelables et non polluantes. Et en même temps, il faut aussi que nous changions radicalement notre façon de consommer et finalement de vivre. Et tout ça, c'est compliqué. Ça remet en cause notre modèle de société, ça nous remet en cause individuellement. Je crois que c'est la raison pour laquelle nous n'agissons pas plus.

— Je suis assez d'accord avec toi, déclare Patricia. Nous devons reconnaître nos erreurs et agir pour les corriger.

José et Sandra ne disent pas non. Rosa se démène comme ce matin entre la cuisine, le bar et la salle qui commence à s'animer avec de nouveaux clients.

— Et en dessert, que prendrez-vous ? nous demande-t-elle en s'arrêtant à notre table.

Nous optons tous pour une quesada. Celle-ci est dégustée en silence.

— Quel est votre programme pour demain ? demande José.

— Ce sera une étape un peu plus importante que les jours précédents, mais là, nous n'avons pas le choix, il faudra arriver au monastère de Cornellana, lui répond Sarah.

— Comme nous ! lui répond José. Alors, il faut aller se coucher de bonne heure, parce que demain la route sera longue.

Avant de regagner notre chambre, nous faisons un petit tour dehors José et moi. La nuit est noire et quelques étoiles brillent çà et là dans le ciel. Je respire avidement l'air frais en faisant quelques pas sur la petite route qui passe derrière l'hôtel. Je suis heureux d'être là, de me sentir vivre, d'avoir l'impression d'être à ma place, même si je me sens infiniment minuscule et quantité négligeable dans de cet univers immense qui nous entoure. Mais je sais que j'occupe une place importante dans le cœur de ceux qui m'aiment et que j'aime.

### Jour 21 : de Escamplero à Cornellana (26 km). Danse sur un air de country

Nous nous levons de bonne heure. Il fait encore nuit dehors. Le petit-déjeuner nous est servi dans une petite salle située au même étage que nos chambres. Les filles doivent s'accorder encore un peu de repos, car nous ne les voyons pas. C'est encore Rosa qui fait le service. Elle n'a pas dû dormir longtemps, car je crois avoir entendu les derniers clients qui partaient vers minuit. Au moment du départ, elle nous donne en souvenir un porte-clefs avec une coquille Saint-Jacques. Nous sommes touchés par sa délicate attention et lui promettons de lui envoyer une carte postale dès notre arrivée à Compostelle.

Dès les premiers pas dans la fraîcheur du matin, nous sentons que nous avons retrouvé la forme grâce à l'après-midi de repos d'hier. Le temps est idéal pour marcher. Nous faisons même un petit détour pour voir des thermes romains signalés à un kilomètre du Chemin. Puis nous longeons une rivière et traversons de beaux villages. À midi, nous arrivons à Grado. La petite ville est très animée, car c'est jour de marché. Nous trouvons de quoi agrémenter notre pique-nique en achetant des fruits frais et un fromage appétissant que nous avons hâte de déguster en nous arrêtant sur un banc à l'écart de la cohue, mais bien placé tout de même pour profiter de l'animation. Nous continuons ensuite la route vers Cornellana et le monastère San Salvador où nous avons prévu de dormir. Le parcours est varié, tantôt une petite route, tantôt un sentier.

Il n'est pas encore seize heures lorsque nous arrivons au monastère. L'extérieur de l'église romane est superbe dans la chaude lumière de la fin d'après-midi. José, très observateur et toujours passionné de vieilles pierres, s'arrête, étonné, devant un curieux bas-relief gravé montrant une ourse allaitant une fillette entourée de deux têtes de lion.

— Regarde comme c'est curieux, déclare-t-il en soulevant sa casquette.

— Oui, cette gravure a sûrement une signification, dis-je en la découvrant à mon tour.

José saisit aussitôt son topoguide et lit :

— Ce bas-relief date de la construction du monastère en 1204 par l'infante Cristina ! Il évoque la légende populaire selon laquelle, lorsqu'elle était petite fille, Cristina se serait perdue dans les forêts asturiennes et aurait survécu grâce à la protection d'une ourse !...

— Étonnant ! Cette histoire me fait penser à celle des jumeaux nouveau-nés, Romulus et Rémus allaités par une louve et devenus ensuite les fondateurs de Rome.

Dans l'albergue, nous ne trouvons personne. Seules deux paires de chaussures sèchent en plein soleil attestant que nous sommes au bon endroit. Nous posons donc nos sacs et commençons à inspecter les lieux, lorsque deux pèlerines sortent d'une pièce de l'autre côté de la grande cour herbue, avec une bassine de linge.

— Holà ! lançons-nous José et moi dans leur direction.

— Holà ! nous répondent-elles.

À leur accent nous devinons qu'elles ne sont pas Espagnoles. L'une des deux paraît beaucoup plus jeune. Elles étendent leur linge au soleil, puis arrivent vers nous.

— Hello ! reprennent-elles.

Elles sont mère et fille ! Effectivement, elles se ressemblent beaucoup : même couleur de cheveux châtain clair, mêmes yeux en amande, même ovale du visage. Christa, la maman est très fière de nous dire que sa fille Ingrid, vingt ans, vient de faire toute seule le Chemin depuis Irun en faisant le détour par les Picos de Europa !

— C'est très difficile, vous savez, ajoute-t-elle en observant nos mines étonnées et admiratives.

— Ah oui ! Ça, c'est de la vraie montagne, m'exclamé-je.

— Oh oui et j'étais inquiète pour elle, d'autant plus que la météo a été très difficile là-haut, n'est-ce pas ma chérie ?

Ingrid reste modeste et visiblement n'apprécie pas trop d'être mise sur le devant de la scène. Christa nous explique ensuite qu'elle est venue depuis l'Allemagne pour rejoindre sa fille à Oviedo et qu'elles vont continuer ensemble jusqu'à Saint-Jacques.

Alors que nous sommes à notre tour en train de finir notre petite lessive du jour arrivent Sarah, Patricia et Sandra. Comme nous, elles ont beaucoup apprécié l'étape. Elles ont même profité du marché à Grado pour faire des courses pour le repas de ce soir. Elles sont ravies en découvrant la cuisine du gîte très bien équipée dans laquelle Christa et Ingrid prévoient aussi de préparer leur repas. Leur enthousiasme nous donne envie de faire comme elles pour ce soir. Elles acceptent de nous laisser un petit coin pour cuisiner et nous ressortons en vitesse José et moi pour faire quelques achats au supermarché du village.

La préparation du repas est joyeuse et animée. Nous nous retrouvons rapidement avec une poubelle pleine d'emballages plastiques divers. Mais comment faire autrement ? Nous n'avons pas le choix !

Nous partageons dans la bonne humeur toutes nos préparations culinaires et une bouteille de bon vin que nous avons achetée. Nous nous régalons tout particulièrement avec un taboulé frais et revigorant, agrémenté de tomates, avocats, grains de maïs et amandes. Ces bons moments font partie du pèlerinage et redonnent des forces pour mieux repartir le lendemain.

Tandis que je discute avec Patricia de ce qu'il faudrait faire pour ralentir nos émissions de CO2, Ingrid, qui avait peu parlé jusqu'à présent, intervient de manière inattendue et surprenante :

— Si je peux me permettre, vous n'évoquez pas le problème de l'écologie en temps de guerre. Là, comme par miracle, tout est permis : on peut tuer, polluer, ou émettre autant de CO2 qu'on le veut. C'est pas logique non ?

— Oui tu as raison, dis-je surpris par sa remarque. Mais la guerre, ce n'est pas une situation normale…

— Oui, alors un dirigeant détraqué fait sauter une ou plusieurs bombes atomiques, incendie la planète, fait une marée noire, fait exploser des millions de tonnes d'explosifs, fait des millions de morts et on a le droit de faire la même chose parce que ce n'est pas une situation normale ! Je ne sais pas comment il faudrait faire, mais ça devrait être interdit, impossible !

— C'est vrai ! concède Patricia. On essaye de trouver les moyens de sauver la planète, mais en quelques heures on pourrait détruire toute vie sur la Terre et ruiner ainsi tous les efforts qui sont faits !

— Mais sans aller jusqu'à la destruction de la planète, reprend Ingrid, une armée déterminée pourrait en toute légalité mettre simplement le feu aux puits de pétrole de son ennemi, ou couler des navires à propulsion nucléaire. Outre les morts sur le coup, il y aurait un impact écologique énorme et durable. Ce que je ne comprends pas, c'est qu'en cas de guerre, les armées ont tous les droits ou presque. Ça ne devrait pas être possible !

Tous les autres se sont tus et écoutent, médusés. Ingrid a su en quelques mots gagner l'attention de son auditoire. Je me dis mentalement qu'elle a mis le doigt sur une chose à laquelle je n'avais pas pensé et qu'elle attend une réponse. Je me lance bien maladroitement à mon goût :

— Oui je comprends ce que tu veux dire : on n'a pas le droit d'utiliser les mines antipersonnelles ou les gaz toxiques, mais il y aurait sans doute bien d'autres choses à interdire.

— Oui, mais ce n'est pas que ça ! Il faudrait interdire la guerre ! Tout simplement ! m'interrompt Ingrid avec une voix aiguë.

Elle poursuit après un moment d'hésitation :

— Dans beaucoup de pays, faire un feu extérieur est interdit ou réglementé et peut exposer à une condamnation. Comment se fait-il alors qu'en temps de guerre, les militaires puissent légalement tout détruire devant eux au lance-flamme, ou brûler des maisons et des récoltes ? Dites-moi… c'est pas logique, non ?

— Oui, tu as raison. La guerre c'est pas logique ! lance José.

— Eh bien, si c'est pas logique, on devrait l'interdire et punir très sévèrement ceux qui passeraient outre à l'interdiction, martèle Ingrid.

— Cela me fait penser au délit d'écocide qui doit prévenir et punir les atteintes délibérées à l'environnement, dis-je. Il faudrait que ce délit soit applicable dans toutes les situations, y compris en temps de guerre. Tiens… c'est comme les feux de pneus et de palettes allumés autour des ronds-points en France pendant des manifestations ! Ils polluent gravement l'air et abîment les routes. Eux aussi devraient être interdits !

— Oui, c'est toujours surprenant ce que vous faites en France, mais là, je pense qu'il faudrait aller plus loin, en interdisant tout simplement les guerres, avant qu'elles ne commencent ! Outre le fait qu'elles conduisent à des homicides, elles portent en elles tous les germes d'un écocide au sens le plus large. Donc une guerre ne doit pas commencer, sinon, c'est la porte ouverte aux réponses par les armes, au mieux dans les mêmes proportions et donc à toutes les dérives et à tous les délits et crimes.

— Cela veut dire qu'il faut qu'il y ait une instance supranationale admise par tous, qui règle les différends entre nations ou peuples, déclare José. C'est l'ONU.

— Et aussi les différends dans une même nation, qui pourraient amener à une guerre civile, ajouté-je.

— Oui, une sorte d'ONU avec des pouvoirs renforcés, continue José.

— Pourquoi pas ! s'écrie Ingrid en lançant ses cheveux en arrière. Si l'on prend pour exemple les conflits armés passés, ils ont toujours eu une issue. Ils se sont toujours terminés par un traité et une paix. Autrement dit, les belligérants ont finalement accepté de négocier une paix entre eux. Eh bien je pense que l'on aurait pu éviter les morts et toutes les destructions, si les belligérants avaient su négocier avant de commencer le conflit ou si une assemblée de tous les autres pays du monde les y avait obligés.

— Oui, ça, c'est facile à dire ! intervient de nouveau José. D'abord parce que dans une négociation chacun veut arriver avec des arguments forts pour ne pas perdre ses avantages et une guerre, c'est une façon de montrer qui est le plus fort et donc qui a « raison ». Ensuite, ça pourrait peut-être marcher dans un conflit localisé. Mais le problème c'est que la plupart du temps, même dans les conflits localisés, d'autres pays, et souvent les plus importants, peuvent avoir des intérêts divergents. Y'a qu'à voir en Syrie, en Afghanistan, en Birmanie, en Corée ou en Israël. Du coup, il y a rarement l'unanimité de tous les membres au Conseil de Sécurité des Nations Unies. Or là, il faudrait qu'à chaque fois qu'il y a risque de conflit, le Conseil de Sécurité fasse bloc.

Je sens qu'Ingrid est terriblement déçue. Sa mère l'est aussi pour elle et lui passe une main affectueuse sur l'épaule. Comme à son habitude, José enfonce le clou :

— Et si je prends l'exemple des droits de l'homme en Chine, comment obliger un tel pays à les prendre en compte dans sa politique intérieure ?

— Oui, mais là il n'y a pas de risque immédiat de guerre ! objecté-je.

— Si tu veux, mais ça pourrait arriver. Ce que je veux dire, c'est que de toute façon ce serait très difficile d'imposer une négociation à un pays très puissant qui voudrait en faire à sa tête et qui serait prêt à déclencher une guerre.

— Il y aurait tout de même des rétorsions possibles au niveau économique, si tous les autres pays étaient d'accord !

— Peut-être, mais comme tu le dis, « si tous les autres pays étaient d'accord » ! Et comme tout est une question de rapport de force et comme chaque pays a des alliés, il y a peu de chance que tous les pays, sauf un, aient la même vision commune et puissent imposer cette vision à celui qui n'en voudrait pas.

Ingrid et moi savons bien que José a raison. Mais comment faire pour que les règles qui se mettent en place si difficilement en temps de paix pour respecter la planète soient aussi acceptées en temps de guerre ?

— Je ne sais pas ce qu'il faudrait faire, ajoute Ingrid, mais ça me paraît important… Je me demande aussi quel a été l'impact de la

Deuxième Guerre mondiale et de la guerre froide qui a suivi, avec tous les essais nucléaires qui ont été réalisés, sur l'équilibre écologique de la planète… Je suis persuadée que le dérèglement a commencé là, de manière sournoise, pratiquement invisible !

Pour nous changer les idées, Sarah nous offre à la fin du repas un concert de Country avec son harmonica. Patricia et Sandra se lancent dans une danse endiablée. Cela nous remet à tous un peu de baume au cœur et nous nous essayons José, Ingrid, Christa et moi à faire quelques pas de danse en riant.

Ce soir au moment de nous coucher, nous sentons que le chauffage s'est mis en route dans le dortoir ! On apprécie, car il fait froid dehors !

Comme nous sommes José et moi un peu à l'écart des autres, j'en profite pour mettre à jour mes notes que j'avais un peu délaissées ces derniers temps. Je trouve sur Internet un article sur le bilan carbone d'une guerre.[32] Comme je m'y attendais, l'impact immédiat est désastreux. Mais ironiquement, l'article conclut en disant que s'il y a de très nombreux morts et si ceux-ci font partie de la population riche qui produit le plus de CO2, il pourrait en résulter une économie de carbone qui pourrait compenser les émissions directes de la guerre en quelques années ! Pas très encourageant tout ça…

## Jour 22 : de Cornellana à Tineo (32 km). Objectif religieux ou sportif ?

Nous sommes les premiers à nous lever et à partir ce matin. Il fait froid dehors, un brouillard humide rôde autour de la rivière et il fait encore presque nuit. Je suis transi malgré mon anorak trop léger. Je m'arrête, le temps d'enfiler par-dessus mon poncho pour tenter de conserver un peu de chaleur. Même équipé de la sorte, je dois attendre les premiers kilomètres de marche et le lever du soleil pour me réchauffer vraiment.

Tout en avançant, je repense à ce que disait Ingrid hier au soir : « Comment peut-on tolérer qu'il puisse y avoir des guerres, quand on

---

[32] *Bilan carbone d'une guerre – https://www.terraeco.net/Un-conflit-arme-combien-d,14974.html*

devrait tous lutter dans le même sens contre le pillage de notre planète, le réchauffement climatique, ou la pollution ? Pourquoi certains s'arrogent-ils le droit de tuer des innocents et de détruire notre planète en produisant sans compter des gaz à effet de serre et en créant des pollutions irrémédiables ? »

Je suis tellement absorbé par mes pensées, que je me prends les pieds dans l'un de mes bâtons de marche et bascule en avant. Je titube et manque de m'étaler de tout mon long. José m'interpelle d'un ton rieur !

— Eh ! À quoi penses-tu Domi ?

— C'était moins deux ! dis-je, soulagé d'avoir échappé à la chute…

Puis reprenant avec un ton plus sérieux :

— Je repensais à ce que disait Ingrid hier au soir au sujet des guerres et de ceux qui les font. Elles peuvent en effet ruiner tous les efforts pour sauver notre planète. Et je me disais en rêvassant : « à quoi ça sert dans ces conditions de se priver de voiture pendant les vacances ? ». Tu vois… un truc bête !

Rires de José…

Depuis le départ ce matin, le parcours est varié et agréable : petite route sans aucune voiture, puis joli sentier plat qui traverse des prairies et qui nous mène au village de Salas. Nous nous y arrêtons pour faire des courses pour notre casse-croûte.

À la sortie du village, le sentier emprunte une vallée étroite et s'élève progressivement jusqu'à 800 m d'altitude environ. Le torrent à notre droite nous berce d'une musique délicieuse. Un peu plus loin, nous nous arrêtons sur un coin d'herbe ensoleillé pour manger une banane et avaler une goulée d'eau. Deux chevaux qui broutent dans le pré tout à côté, viennent nous voir, curieux et intéressés par ce que nous sortons du sac à dos. Mais nous n'avons rien pour eux…

Le sentier qui était si plaisant rejoint ensuite une route passante, heureusement pour peu de temps. Nous arrivons enfin sur un plateau ensoleillé oscillant entre 700 et 800 m d'altitude. Nous faisons une pause un peu plus loin pour manger en face d'un parc d'éoliennes toutes alignées sur la crête qui nous surplombe.

On pensait s'arrêter ce soir à Las Espinas, mais comme nous n'avons aucune douleur dans les jambes, nous décidons d'aller jusqu'à Tineo, dix kilomètres plus loin ! Nous suivons de très beaux chemins creux qui montent et descendent sans cesse. Plus haut sur la crête à notre droite, encore des éoliennes, mais elles ne tournent presque pas.

Tineo est une ville étendue, accrochée à flanc de montagne. Nous nous arrêtons à la première albergue que nous trouvons. Elle pourrait accueillir une quarantaine de pèlerins, mais ils ne sont que trois pour l'instant : deux jeunes femmes, Adriana et Laura, et un jeune homme prénommé Arturo. Ils sont espagnols et se reposent assis au soleil près de l'entrée en jouant aux cartes.

Comme d'habitude, nous commençons par prendre notre douche et faisons notre lessive. Aujourd'hui, c'est le luxe, car le gîte est équipé avec un sèche-linge ! Et comme aucun autre pèlerin n'est arrivé, il n'y a pas de queue pour l'utiliser, et nous pouvons ranger nos affaires propres et sèches dans le sac à dos avant de penser à sortir manger.

Nous demandons à Arturo s'ils ont repéré un restaurant.

— Oui, nous répond-il, nous avons réservé dans un restaurant tout près d'ici. Vous pouvez venir avec nous si vous voulez, mais attention, c'est un restaurant végan, ajoute-t-il avec un grand sourire !

Et dans la foulée il pointe son pouce derrière lui en direction des deux jeunes femmes qui marchent avec lui, et nous explique :

— Ce sont elles qui sont véganes. Moi, couci-couça, fait-il en riant et en agitant sa main droite d'un mouvement de bateau qui tangue. Ce sont mes cousines et c'est notre règle pour le pèlerinage, je les accompagne et ce sont elles qui choisissent pour les repas. Mais vous voyez, je tiens le coup ! termine-t-il, tout joyeux en tapant avec sa main sur son ventre bien plat.

Nous nous regardons José et moi en nous demandant intérieurement si nous sommes prêts à sauter le pas.

— Et ce n'est pas loin d'ici ? demande José visiblement peu tenté par l'expérience.

— Non, c'est à cinq minutes à pied. Vous verrez, je pense que vous ne serez pas déçus.

— Allez, dis-je à José, ça ne pourra que nous faire du bien ce soir. Pour une fois !...

— Bon d'accord, reprend José en se passant la main sur la moustache, on essaye. Mais si j'ai encore faim après, je me défoulerai sur le tube de lait concentré sucré acheté ce matin.

Nous rions de bon cœur et nous partons bientôt tous les cinq vers le restaurant végan. Adriana et Laura nous expliquent qu'elles sont sœurs avec un an et demi de différence d'âge. Elles sont brunes, grandes toutes les deux, et d'allure sportive. Adriana la plus âgée vit à Madrid et Laura à Valladolid. Elles exercent toutes les deux dans l'enseignement primaire. Arturo, leur cousin a 26 ans, le même âge qu'Adriana, et travaille dans l'informatique. Il vit dans la région de Valence.

Le restaurant est effectivement tout près. La salle est moderne et lumineuse. Pour l'instant nous sommes les premiers clients. Je suis étonné par la diversité des menus, mais nos deux spécialistes nous conseillent de prendre le menu du jour.

— Et comment vous est venue l'idée de partir tous les trois à Saint-Jacques demandé-je ?

C'est Laura, la petite sœur qui répond :

— Moi, j'en ai eu marre assez rapidement du confinement pendant la crise sanitaire de la Covid. Ne plus pouvoir sortir, rester chez moi, tourner en rond, ne plus voir les amis, ne plus aller au restaurant... Et un jour, j'ai lu le récit de quelqu'un qui avait fait le chemin de Saint-Jacques. Je l'ai envoyé à Adriana et on s'est dit : « pourquoi pas nous ? » Ce projet nous a beaucoup aidé. Il a été notre lumière au bout du tunnel pendant toute la crise. Une sorte de carotte, un objectif qui a fait que nous avons repris le sport pour nous entraîner.

— Arturo, toi c'est pareil ? demande José.

— Oh non, moi je n'ai pas trop souffert pendant la crise de la Covid ! j'ai pu travailler à plus de 60 % du temps en télétravail depuis chez moi, avec vue sur la plage. Il y a pire...

Rires des filles...

— Oui, mais comment ça se fait que tu sois là à faire le pèlerinage avec tes cousines ? insiste José.

— Ah, c'est simple ! Tous les ans on se voit une semaine ou deux chez nos grands-parents, enfin, sauf pendant la crise sanitaire. Mais cet été on s'est revu comme autrefois et elles m'ont donné envie de les accompagner.

— Et vous faites le pèlerinage dans un but religieux ou plutôt sportif ? demandé-je à mon tour.

Ils se regardent tous les trois en souriant et c'est Arturo qui prend la parole :

— Non, ce n'est pas du tout religieux. On s'est fixé un objectif sportif, sur dix ou quinze jours maximum, dans la nature, dans un environnement préservé, mais sécurisé… tout ce que représente le « Camino Primitivo ».

— Et je suppose que vous n'êtes pas déçus, demande José.

— Non pas du tout, continue Adriana, les paysages sont magnifiques, le parcours est agréable et facile la plupart du temps, même en courant.

— En courant ? demandé-je, pensant que je n'avais peut-être pas bien compris.

— Oui, en courant. Ah, je croyais que Arturo vous avait dit…

— Oui, on fait chaque jour l'étape en courant. On ne dépasse pas vingt à vingt-cinq kilomètres, grosso modo un semi-marathon, explique Arturo.

— Mais c'est la première fois qu'on vous voit !

— Nous sommes partis d'Oviedo il y a trois jours, et on peut vous avoir dépassés quand vous étiez arrêtés dans un café. Ou alors, et ça se produit quelquefois, nous prenons la route pour éviter un chemin trop boueux.

— Mais le sac à dos ? vous courez avec ? s'étrangle José.

— Non, nous utilisons un service de transport spécial pour les pèlerins qui transporte nos bagages entre deux albergues.

Voilà, nous comprenons mieux pourquoi ils étaient arrivés si tôt à l'étape et pourquoi nous n'avions pas vu leurs chaussures de marche.

— Bravo ! s'exclame José. Vous êtes les premiers coureurs que l'on croise sur le Chemin ! Effectivement, ce doit être pratique, puisqu'il y a toute l'infrastructure nécessaire.

— Et pour vous, nous demande Arturo, l'objectif est religieux ou sportif ?

— Les deux à la fois, répond José. Religieux, parce que l'on marche en quête de quelque chose de plus grand que nous sur les traces de ceux qui nous ont précédés. Mais sportif aussi, parce que c'est un défi tous les jours de se lever et de marcher une trentaine de kilomètres. Mais je reconnais que l'on fait sans doute figure d'exception aujourd'hui, en France du moins, avec notre objectif de pèlerinage religieux.

— Vous savez, chez nous en Espagne, de nombreux jeunes ont du mal à se retrouver dans l'Église catholique, alors aller à Compostelle en pèlerinage…

— Mais vous pensez que la raison d'une telle désaffection vient de quoi ? demandé-je.

— Il y a d'abord le fait qu'en Espagne, l'Église est plutôt associée à la droite ou même l'extrême droite. Par exemple sa hiérarchie est hostile à l'avortement ou au mariage homosexuel, explique Laura.

— Et ça, c'est terrible pour beaucoup de jeunes qui ne se sentent pas compris, renchérit Adriana.

— Et dans le même temps, il y a eu des affaires d'abus sexuels, ajoute Arturo. « Fais ce que je dis, mais pas ce que je fais. »

— Et puis les jeunes pensent que l'écologie c'est quelque chose d'important, dont l'Église n'a pas parlé jusqu'à présent, reprend Laura. La Bible nous dit par exemple que l'Homme a été créé pour dominer la nature et tous les êtres qui la peuplent. Et voilà où ça nous a conduits : la biodiversité disparaît, la planète est polluée, le climat est chamboulé. Merci !

— C'est vrai que le constat écologique est accablant, dis-je en hochant la tête. Mais tout de même sur le dernier point, la Bible ne dit pas de détruire la terre et les êtres qui y vivent !

— Non évidemment, ce n'est pas dit comme ça, mais elle dit par exemple « Emplissez la Terre et soumettez-la. Dominez sur les poissons de la mer, les oiseaux des cieux et tous les animaux sur la terre ». Donc, elle encourage l'homme à transformer la planète, le place au-dessus des autres êtres vivants et lui donne tout pouvoir pour décider de qui est bon ou mauvais.

— Je n'avais pas vu les choses comme ça. Vous me troublez…

En tout cas, le restaurant mérite bien sa réputation, car nous apprécions le menu. Le velouté de courge est délicieux et le gratin de patates douces et lentilles, garni de tofu fumé, est sublime. En dessert, les poires Belle Hélène recouvertes de chantilly à base de crème de coco ravissent nos papilles et sont dégustées en silence.

En revenant au gîte, José me confirme qu'il est satisfait de l'expérience, même s'il ressent encore encore un « petit creux ». Moi aussi je suis satisfait : c'était délicieux et original, mais évidemment, un peu plus cher que le repas du pèlerin classique…

Comme tous les soirs, je profite avant de dormir de l'instant calme pour envoyer un message à ma femme. Je note aussi les moments marquants de notre journée et ce que nous ont dit Adriana, Laura et Arturo. J'ajoute en lettres rouges sous la remarque de Laura à propos du rôle supposé de la Bible sur la transformation de notre planète par l'homme : « Approfondir la question ! »

*Étapes réalisées entre Irun et Saint-Jacques-de-Compostelle*
*par le Camino del Norte et le Camino Primitivo*

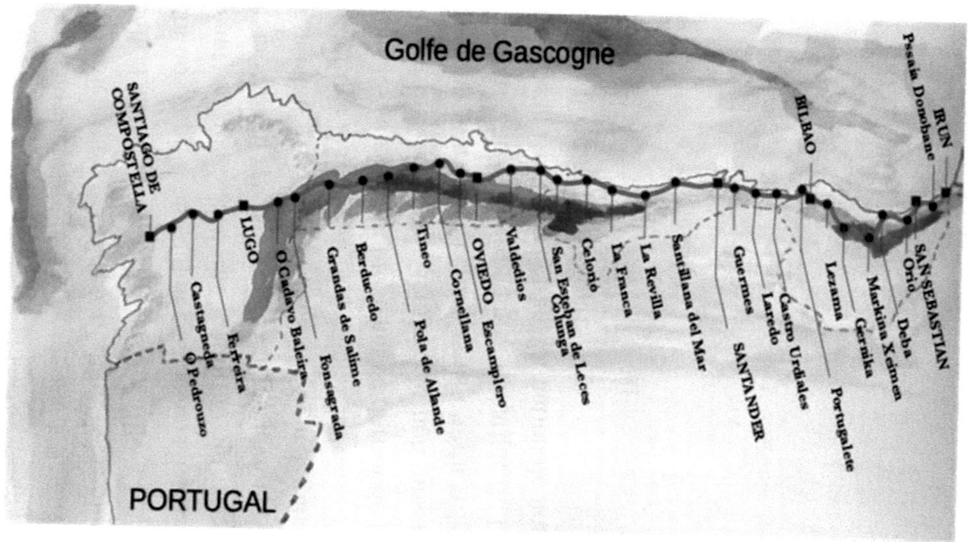

## Jour 23 : de Tineo à Pola de Allande (27 km). Et à nous, combien de Terres faut-il ?

Nous nous levons en silence ce matin, parce que Laura, Adriana et Arturo dorment encore. Ils doivent partir vers les dix ou onze heures, mais ils nous dépasseront sûrement. Lorsque nous quittons le gîte, il est huit heures et il ne fait pas encore jour. Nous prenons le petit-déjeuner un peu plus loin dans un bar repéré hier au soir. En ressortant, le soleil s'est levé. Il y a de la brume dans les vallées en contrebas et le paysage est magnifique. Le sentier continue de monter et de descendre dans les montagnes d'Asturies avec des passages jusqu'à 920 m d'altitude. On rencontre plusieurs groupes d'Espagnols à vélo ou à pied, qui profitent de la période des vacances scolaires. Nous faisons une pause à côté de l'ancien monastère de Santa Maria la Real d'Obona dont la construction a débuté au 13e siècle. De temps en temps il faut prendre le bord de la route, mais heureusement il y a une majorité de chemins creux. Dans la journée le ciel se couvre petit à petit, mais la température reste idéale pour marcher. Au creux d'un vallon, alors que nous faisons une nouvelle pause pour boire et avaler un pruneau, nous voyons arriver Laura, Adriana et Arturo qui nous dépassent en petite foulée. Signes de la main, sourires, buen camino : ils paraissent en pleine forme.

Il doit être quatre heures de l'après-midi lorsque nous arrivons à Pola de Allande après une longue descente par un sentier bien raide. Notre gîte ce soir est plein. L'animation qui règne dans les couloirs et le dortoir contraste avec le calme que nous avons connu ces derniers jours. Il y a de nombreux cyclistes, dont les vélos se superposent le long du mur à l'extérieur. Mais nous ne trouvons pas Laura, Adriana et Arturo qui ont dû choisir une autre auberge. Nous procédons à notre rituel : douche, puis lessive. Dehors, le ciel devient de plus en plus menaçant et un petit vent frais se lève. Devant notre inquiétude pour le séchage de notre linge, le responsable du gîte nous propose très gentiment de le mettre tout à l'heure au sèche-linge pendant que nous mangerons à l'extérieur.

Nous acceptons volontiers et nous partons vers le centre du village pour trouver un restaurant, en compagnie de John qui occupe l'un des lits superposés à côté des nôtres. C'est un Irlandais immense, avec de longs cheveux blonds qu'il laisse aller à leur bon vouloir. Nous n'avons pas fait cent mètres qu'il se met à tomber quelques gouttes de pluie. Nous hâtons le pas et nous entrons dans le premier restaurant que nous trouvons. Brouhaha, odeurs de bière et de frites chaudes. La serveuse nous désigne du menton une table pour trois. Elle arrive bientôt avec un grand sourire et une éponge pour essuyer notre table.

— Peregrinos ? nous demande-t-elle. D'où venez-vous ?

José et moi expliquons que nous venons de France et John d'Irlande. Elle nous explique aussitôt en bon français qu'elle a travaillé plusieurs années du côté de Montpellier ! Le monde est petit ! Elle nous recommande, pour ce soir, une pizza au fromage et au jambon de pays.

Nous transmettons à John les recommandations de la serveuse et nous décidons tous les trois de les suivre en y ajoutant une salade mixte et une bière locale. Pendant que nous mangeons de bon appétit, John nous demande :

— C'est votre combien de pèlerinage ?

— Le deuxième, s'empresse de répondre fièrement José. J'ai déjà fait « El Camino Francès » il y a quelques années.

— Et pour moi, c'est la première fois, ajouté-je.

— Et toi, tu l'as déjà fait ? demande José.

— Oui, moi c'est mon sixième, lâche-t-il le sourire aux lèvres.

— Ah oui ! Pas mal ! répondons-nous, scotchés.

— Et à chaque fois par un chemin différent ? interroge José.

— Oui, toujours différent ! J'ai commencé par le « Camino Francès » depuis Saint Jean-Pied-de-Port. Puis j'ai fait la « Via de La Plata » depuis Séville, ensuite le « Camino Del Norte » en suivant la côte cantabrique depuis Irun et le « Camino de Levante » depuis Valence. Mon cinquième était le « Camino Portugués » depuis Lisbonne, et maintenant je fais le plus court, le « Camino Primitivo » depuis Oviedo !

Nous n'en revenons pas. José qui était fier avec son deuxième. « Camino », constate qu'il lui reste de la marge. Il ajoute :

— Et tu pars tout seul ?

— Oui je préfère marcher seul. Mais en fait, vous connaissez ça, on n'est jamais seul sur le Chemin ! On se fait des amis, continue John en riant.

— Mais que fais-tu comme travail pour pouvoir partir quatre à cinq semaines d'affilée ? lui demandé-je.

— Je travaille dans un lycée comme prof d'histoire géo. Et comme je suis célibataire, j'ai toutes les vacances scolaires pour aller marcher !

— Ah d'accord, ça aide. Et tu as vu du changement entre ton premier « Camino » et maintenant ? demande José.

— Oui et non. Ça dépend des jours. C'est sûr, maintenant on voit encore les traces de la Covid. Les gens font peut-être plus attention.

— Et il y a peut-être moins de monde, renchéris-je.

— Ouais, peut-être moins, mais c'est difficile à dire, car je n'ai jamais pris le même chemin. En tout cas je ne comprends pas pourquoi certains soirs comme ce soir, le refuge est plein de monde, et pourquoi d'autres soirs, on ne voit presque personne ! Mystère…

Nous parlons de nos rencontres.

— Ce qui me surprend, dis-je, c'est l'intérêt des nombreux pèlerins que nous avons rencontrés, pour l'avenir de notre planète et l'écologie.

— C'est normal, me répond John de manière assurée. La population des marcheurs est naturellement plus proche de la nature que le commun des mortels et plus soucieuse aussi, de la qualité de la vie.

— On a tout de même croisé des marcheurs qui ne se sentent pas concernés. En tout cas, hélas, personne ne propose de solution qui réglerait tous les problèmes ou qui fasse l'unanimité.

— Oui, je vois bien ce que tu veux dire, continue John. C'est comme en politique, chacun voit le problème par le bout de sa lorgnette. Sauf que là, c'est encore pire ! Il n'y a pas qu'un seul problème, mais plusieurs problèmes imbriqués les uns dans les autres, comme l'énergie, les ressources naturelles, la pollution, le chômage ou la démographie, alors c'est compliqué ! Devant ce type de situation, il y a les inconscients ou les profiteurs, qui préfèrent se boucher les yeux et qui ne se sentent pas concernés, les pessimistes qui paniquent et envisagent des solutions extrêmes, et ceux, disons, plus rationnels, qui préconisent leur solution en fonction de ce qu'ils connaissent ou ont compris, mais, qui malheureusement ne satisfait pas tout le monde et qui ne peut pas répondre bien sûr, à l'ensemble des problèmes.

— Effectivement, c'est plutôt comme ça ! Mais, tu as parlé de démographie. C'est étonnant, car en général personne ou presque n'en parle, intervient José.

— Parce que c'est tabou ! Depuis, Malthus, c'était un Anglais, reprend John en riant, c'est mal vu de dire que l'on va être trop nombreux et qu'il faudrait réduire la natalité. C'est vrai qu'à l'époque, on était moins d'un milliard d'habitants sur terre. Donc Malthus exagérait ! Mais maintenant, on arrive à huit milliards et on se dirige naturellement vers dix milliards en 2050 et onze milliards en 2100. Ça peut donc donner à réfléchir !

— Et tu as une idée de pourquoi c'est tabou, demande José.

— Ben… Les religions, déjà… Elles sont plutôt opposées au contrôle des naissances, parce que c'est un don du ciel d'avoir des enfants. Et puis les traditions aussi, notamment en Afrique… Il faut dire que la mortalité infantile y est encore élevée, alors que dans le même temps, avoir de nombreux enfants représente un gage de richesse, et permet d'assurer ses vieux jours.

— Oui, mais dans nos sociétés occidentales, il y a longtemps que la mortalité infantile est très basse et pourtant, c'est tabou, insiste José.

— Je crois que c'est un sujet qui dérange l'ordre établi. En plus, les politiques, de tous bords, mais de droite surtout, continuent de vouloir favoriser la natalité des jeunes ménages. Leur argumentation se base sur deux raisons. La première est que si la population vieillit, il y aura des problèmes économiques, car les jeunes, proportionnellement moins nombreux, ne pourront plus payer les retraites de leurs aînés. Le risque est réel c'est vrai, mais favoriser une forte natalité chez les jeunes ménages est à mon avis une fausse bonne solution. Je pense au contraire que nous devons anticiper cette situation inédite de vieillissement de la population. Car c'est déjà un fait ! La population des pays riches vieillit ou va vieillir, à la fois parce qu'il y a moins de naissances, mais aussi parce que l'espérance de vie augmente ! Il nous faut donc anticiper et trouver des moyens pratiques pour que cette transition puisse se faire avec le moins de problèmes possible.

— D'accord. Et la deuxième raison ? demandé-je.

— Alors là, c'est une raison plus ou moins avouée et consciente. On dit que la nature a horreur du vide, eh bien là, c'est la même chose ! C'est la peur que son pays, s'il voit sa population diminuer, soit envahi par des migrants venant en masse d'autres pays dont la situation économique ou politique est beaucoup moins favorable… C'est pour ça que si on veut avoir une politique de réduction progressive de la population mondiale qui marche, il faut que tous les pays jouent le jeu en même temps et en toute transparence et surtout, que l'on travaille à réduire les inégalités entre pays.

— C'est pas évident ! Mais à supposer que tous les pays se mettent d'accord, ça prendrait beaucoup de temps ensuite pour avoir des résultats ? demandé-je.

— Pour réduire la population mondiale ? Ah oui ! Car l'effet n'apparaîtrait pas de suite. Ça commencerait à devenir visible dans trente à quarante ans seulement. Et ensuite, il faudrait stabiliser progressivement la population au niveau souhaité.

— Et ça te paraît une solution ? interroge José.

— Tu veux dire, une solution pour les problèmes auxquels nous sommes confrontés, comme le dérèglement climatique, la pollution ou la diminution de la biodiversité ?

— Oui, c'est ça.

— Ce qui est certain, c'est que ce n'est pas la solution miracle qui réglerait tous les problèmes actuels ! Bien sûr, le nombre élevé d'humains sur la terre entraîne un déséquilibre avec les populations animales et la nature en général. Globalement, plus on est, plus on consomme, plus on dégrade et plus on pollue aussi. C'est donc évident que les choses seraient probablement plus simples et moins graves si nous étions aujourd'hui moitié moins nombreux par exemple.

Mais attention ! Si nous parvenions dans le futur à être deux fois moins nombreux qu'aujourd'hui, mais que nous en profitions pour consommer deux fois plus, nous n'aurions rien gagné ! Dans un sens, ce serait même peut-être pire. Donc non, réduire la démographie et s'en tenir à cette seule solution n'est pas le remède miracle.

— Oui, évidemment, le bilan de l'opération serait nul !

— Oui, bien sûr, mais le plus grave à mes yeux, ce n'est pas ça ! Il y a en effet un très gros problème qui se greffe sur celui de la démographie. C'est celui de l'inégalité criante entre les hommes !

— Oui, c'est vrai et on en parle peu, remarqué-je.

— Parce que ça nous dérange ! Et ce problème peut empêcher de résoudre tous les autres !

Devant notre mine étonnée, John reprend, son explication, comme s'il était devant ses élèves :

— Nous faisons partie de ceux qui polluent le plus, consomment le plus d'énergie, et dilapident le plus les ressources terrestres. Vous avez entendu parler du jour du dépassement[33], je suppose ?

Devant notre hochement de tête, il continue :

— Eh bien, vous savez qu'il est de plus en plus tôt chaque année. En 2019, nous l'avons atteint dès le 29 juillet, ce qui veut dire qu'à partir de cette date, l'humanité a vécu à crédit, parce qu'elle avait déjà consommé les ressources naturelles que la Terre peut renouveler en un an. Conclusion, nous avons consommé en moyenne 1,75 planète Terre. Mais dans nos pays riches, nous consommons beaucoup plus ! Si la population mondiale consommait comme l'Europe il faudrait 2,7 planètes Terre, et si elle consommait comme les USA ou le Canada, il en faudrait 5. Et ce n'est rien encore ! Si le tout le monde consommait comme le Quatar ou comme le Luxembourg, il faudrait plus de huit Terres !

— Ah bon ! m'écrié-je avec José.

— Si, si, vous pouvez vérifier, il y a de nombreux articles sur Internet[34].

---

[33] *Jour du dépassement : https://www.overshootday.org/newsroom/dates-jour-depassement-terre/*

[34] États-Unis, France, Japon… voici combien de planètes il faudrait si la population mondiale vivait comme dans ces pays – https://www.capital.fr/economie-politique.

Puis il continue :

— Alors vous voyez, comment dans ces conditions et sur quelle base, tous les pays pourraient-ils se mettre d'accord pour réduire la population mondiale ? Faites vos calculs dans tous les sens possibles, vous verrez, je pense que la solution la plus acceptable par tous est d'œuvrer sur deux fronts en parallèle. Le premier c'est de réduire la population de tous les pays de la manière la plus uniforme possible. La deuxième c'est de réduire les inégalités entre les pays ou plus précisément de réduire l'écart du nombre de Terres consommées entre eux. Donc évidemment il faudrait déjà se mettre d'accord pour que la valeur actuelle d'une Terre par personne devienne la norme minimale pour tous les pays. Et ensuite, il faudrait que le nombre maximum de Terres consommées par pays ne dépasse pas 2 ou 3 Terres par exemple.

John laisse planer un long silence pour nous donner le temps d'assimiler ce qu'il vient de nous dire. Puis il reprend :

— Si on n'agit pas sur ces deux fronts, je pense que ça ne pourra pas marcher. En tout cas, réduire la population mondiale, tout en conservant les inégalités entre les hommes, ne servirait qu'à permettre aux plus riches d'accroître encore leurs avantages.

Je suis comme sonné par les conclusions évidentes de John, auxquelles je n'avais pas pensé. Le problème est ardu et demande de toute évidence un gros effort aux plus riches pour accepter de partager avec ceux qui ont beaucoup moins. J'essaye de me mettre à la place d'un Qatari ou d'un Luxembourgeois. Comment accepter de réduire mon niveau de vie de 8 à 2 Terres ? Qu'est-ce que cela représente ? Moi-même, que devrais-je faire pour passer de 2,7 Terres, la moyenne des français, à 2 terres par exemple. J'avoue que je ne sais pas trop.

Le retour à l'auberge des pèlerins se fait sous une petite pluie fine et nous nous pressons le plus possible pour ne pas trop nous mouiller. Derrière John qui a des jambes immenses, il nous faut presque courir… Nous récupérons notre linge sec, quelle chance, et allons rejoindre notre dortoir en silence pour nous coucher.

## Jour 24 : de Pola de Allande à Berducedo (18 km). Le concept de décroissance

Il est huit heures et nous sommes prêts à partir. La pluie est bien tombée cette nuit, mais elle est remplacée par un brouillard épais. Nous suivons le conseil de notre topoguide qui recommande de suivre la route pendant huit kilomètres pour éviter un chemin détrempé par temps de pluie et une descente inutile. J'allume pour la première fois ma toute petite lampe LED sur mon poignet pour nous rendre un peu plus visibles. Heureusement, il y a très peu de voitures à cette heure matinale. Le jour se lève au bout de quelques kilomètres et nous parvenons même à percer la couche de nuages pour trouver un ciel plus avenant.

Petit à petit nous rattrapons un groupe de quatre Espagnols qui marchent devant nous. Au fur et à mesure que nous approchons, nous entendons leurs voix de plus en plus fortes :

— Mais ils sont sourds ma parole pour parler comme ça ! lâche José.

— Oui, ce n'est pas ce matin que nous verrons un chevreuil ou un renard débouler sur la route, ajouté-je.

Nous accélérons la cadence pour les dépasser au plus vite. Ils ne nous remarquent même pas, tellement ils sont absorbés dans leur discussion. Nous les entendons encore parler derrière nous pendant cinq bonnes minutes, puis tout d'un coup le calme revient pour de bon. Ils ont dû avoir la bonne idée de s'arrêter pour faire une pause.

Le Chemin emprunte maintenant un sentier qui s'élève dans une prairie d'altitude et débouche enfin au col de Palo Alto à 1146 m d'altitude. C'est le point culminant depuis Irun. Une petite brise légère et fraîche nous enveloppe. Elle dégage par endroits le ciel qui laisse entrevoir un soleil timide. La vue vers l'ouest et le sud-est très belle. Pause photo avec quelques autres marcheurs, dont John, arrivés juste avant nous. Nous avons tous le sourire et dressons nos bras en signe de victoire comme des vainqueurs de l'Everest. Mais le bonheur de goûter cet espace magnifiquement calme est gâté par l'arrivée du groupe des quatre Espagnols toujours aussi bavards et bruyants que tout à l'heure !

— Sauve qui peut ! me lance José.

Nous bouclons nos sacs en vitesse et entamons la descente du col sur des sentiers de montagne. Le paysage magnifique me rappelle les Cévennes ou la Margeride. Un peu plus loin, nous traversons un hameau où ne vit paraît-il qu'une seule personne. L'étape est superbe.

Nous nous arrêtons ce soir à Berducedo, petit village perdu sur un petit plateau vers 900 m d'altitude. Nous retrouvons à peu près les mêmes marcheurs qu'hier au soir. Après la lessive, il nous reste un peu de temps avant le repas. Nous en profitons pour visiter le village, faire des courses à l'épicerie, et prendre un chocolat au lait bien chaud et revigorant dans le bar juste en face de l'auberge. Juste au moment de partir, un déluge inattendu tombe du ciel. Violente et poussée par le vent, la pluie crépite sur les toits. La route se retrouve complètement inondée en quelques minutes. Nous l'avons échappé belle ! Mais quelle n'est pas notre surprise en apercevant à travers la grande baie vitrée du bar tout embuée, Sandra, Patricia et Sarah qui se dirigent vers notre refuge de l'autre côté de la rue, pliées en deux sous leurs ponchos ruisselants de pluie. Le déluge cesse aussi rapidement qu'il est arrivé et nous les retrouvons dix minutes plus tard. Elles sont trempées, mais rassurées, car elles vont pouvoir rester là en occupant les trois dernières places restantes !

Contrairement aux autres soirs, le repas est servi sur place. L'atmosphère est détendue et chaleureuse autour de la grande table de bois. Je suis assis à côté de José et de Franck, un Français. C'est la première fois que nous le rencontrons. Il est jeune, à peu près de ma taille, mais plus musclé. Quand il nous a dépassés tout à l'heure il m'a fait penser à un boy-scout avec son sac à dos en toile marron et ses pataugas montantes. Il n'est pas naturellement très causant, mais quand il parle, ce n'est pas pour rien ! Il m'explique que le Chemin pour lui, c'est un retour aux sources et à la nature. À trente-cinq ans, il en avait besoin. C'est une pause importante dans sa vie. Je comprends rapidement que c'est un partisan de la décroissance[35]. Il est persuadé que notre monde tel qu'il est n'a plus d'avenir :

— La richesse économique ne peut plus continuer d'augmenter au même rythme. En effet, notre monde a une grande part de ressources non renouvelables, donc limitées. C'est évident et on le voit tous les jours, avec le prix des matières premières qui augmente. Ainsi, chaque prélèvement de ces ressources hypothèque-t-il nos chances de survie à long terme. Il faut donc réduire la production et la consommation globales si on veut préserver notre planète et assurer un avenir à notre humanité.

— Oui, je suis assez d'accord sur le principe, mais ce n'est pas évident à faire ! Il faudrait déjà que tout le monde soit d'accord !

— C'est vrai que le concept de décroissance est plutôt radical, mais attention, ce n'est pas de la récession ! Non, la décroissance c'est autre chose, ajoute Franck les yeux brillants. C'est refuser le modèle occidental de développement qui est une catastrophe, avec ses effets négatifs sur l'humanité et sur l'environnement. De nombreux penseurs et scientifiques partout dans le monde adhèrent à ce concept, les jeunes aussi, et des partis politiques. Pour nous, il est urgent de freiner, de ralentir, sinon on va s'écraser dans le mur. En fait, souhaiter la décroissance c'est aspirer à une vie sociale et économique plus équilibrée et plus juste. Et ça, c'est universel. Tout le monde peut s'y retrouver !

— Oui, mais pratiquement, que faut-il faire ? insisté-je.

— Eh bien, par exemple, les produits ne doivent pas être juste nouveaux, comme le vante la publicité, mais simples, durables, recyclables, et fabriqués en quantité juste nécessaire. Ils doivent aussi être produits localement pour éviter les dépenses liées au transport et surtout répondre à des besoins vitaux et non superflus.

— Et côté énergie ? demandé-je.

[35] *Prôner la décroissance, ça veut dire quoi ? https://www.lemagdeleconomie.com/dossier-34-decroissance.html.*

— Alors là, il faut mettre en place des systèmes d'énergie renouvelable, mais tout d'abord, avoir des modes de vie plus simples dans lesquels on consomme moins d'énergie. Je pense par exemple qu'il faut favoriser les transports en commun ou le covoiturage. Et réduire aussi le transport des marchandises en produisant localement.

— Oui, mais avec un peu de logique pour éviter le gaspillage à tous les niveaux, hélas trop fréquent dans notre société occidentale, tu ne crois pas que le progrès technologique pourra permettre un développement économique harmonieux sans obligatoirement adopter le principe de décroissance.

— C'est ce que l'on nous oppose souvent en nous traitant de pessimistes. Mais en fait dans notre système économique actuel, tout progrès technique, toute amélioration de productivité ou de rendement, donne lieu à ce que l'on appelle « l'effet rebond ». En effet, les progrès technologiques conduisent dans un premier temps à faire baisser les coûts de production, mais cela a un effet pervers : celui de vendre plus, donc de produire plus. Et au final on consomme plus d'énergie et de matières premières qu'initialement.

— Donc, pour toi, les progrès technologiques sont pervers ? demandé-je.

— Oui, s'ils sont faits uniquement pour une meilleure rentabilité économique. Mais non, si leur objectif va dans le sens d'une meilleure écologie ou d'une plus grande sécurité. As-tu entendu parler de la « décroissance soutenable » ?

— Non, qu'est-ce que c'est ?

— Eh bien c'est la politique qui vise à diminuer son empreinte écologique, collective et individuelle, là où le seuil de durabilité est dépassé. Le terme « soutenable » traduit alors le fait que les actions engagées ne provoquent pas d'effondrement catastrophique de la société.

— Ah d'accord. Bon, mais si je vois bien le concept pour les pays riches qui sont responsables en premier lieu du dérèglement climatique et du pillage des ressources, qu'est-ce que tu proposes pour les pays pauvres ou en développement qui vivent déjà dans une grande simplicité, voire le dénuement ? N'y a-t-il pas le risque que l'économie de ces pays s'effondre complètement si elle n'est pas tirée vers le haut par l'économie des pays riches ?

— Attention ! Il n'est pas question de faire payer aux pays pauvres les erreurs des pays riches ! Eux aussi ont droit au développement ! Mais comme pour les pays riches, il faut que ce soit un développement harmonieux, basé sur une utilisation réfléchie des ressources, qui soit compatible avec le bien-être des populations et leur avenir. En fait, c'est souvent le contraire du développement actuel, qui se fait lui, au mépris des populations, de leur sécurité et de leur environnement.

John, assis non loin de nous, a dû nous entendre, car il intervient :

— Je suis bien d'accord ! Il n'y a qu'à voir l'exploitation des ressources de pétrole au Nigéria, ou des mines au Zaïre. C'est une exploitation honteuse qui perpétue les intérêts financiers de grandes multinationales, mais ne sert en rien les intérêts des populations locales.

— Oui c'est tout à fait ça ! Cette exploitation sème au contraire la désolation, et si rien n'est fait pour tenter la décroissance, ce sera le chaos pour tout le monde.

— Mais il n'est pas question d'un revenu universel ? demande José qui rebondit sur le mot décroissance.

— Si ! Nous préconisons d'attribuer à chacun un revenu de base inconditionnel, car personne n'acceptera de diminuer ses activités rémunératrices et d'auto limiter ses besoins, si la société ne lui assure pas, en échange, une sécurité. Ce revenu d'existence pourrait être versé en partie en droits sur des services publics ou des biens communs, ou sous forme de monnaie locale afin de favoriser l'économie de proximité. Il serait inséparable d'un revenu maximal autorisé, de telle sorte qu'au-delà d'un certain revenu, l'État prendrait tout, ce qui servirait à financer la gratuité de l'usage.

— Gratuité de l'usage ? demandé-je.

— Oui un certain nombre de biens indispensables fournis par la communauté seraient gratuits dans certaines proportions. Par exemple l'eau potable pourrait être facturée selon trois tranches : gratuite jusqu'à 30 m$^3$ par an pour une famille de quatre personnes, puis prix de base jusqu'à 120 m$^3$ par an, et enfin au-delà, prix surtaxé, car il s'agit alors d'utilisations de confort, comme le remplissage d'une piscine.

— Et pour les logements ? Que proposes-tu ? ajouté-je.

— Alors là, il y a beaucoup de travail ! Il faut tout d'abord accroître l'isolation des bâtiments et supprimer les passoires thermiques. C'est indispensable pour éviter le gaspillage énergétique. Il faudra aussi favoriser les appartements par rapport aux résidences individuelles, d'abord parce qu'ils sont moins gourmands en énergie, mais aussi pour réduire l'emprise au sol des logements et préserver les espaces agricoles et naturels.

— Tout ceci paraît logique, intervient José, mais paraît aussi très directif. Difficile de renoncer de gaîté de cœur par exemple, à vivre dans un pavillon, d'autant plus qu'il s'agit, je crois, du souhait principal d'une majorité de Français !

— C'est vrai, ça demande des sacrifices. Mais à bien y réfléchir, est-ce vraiment un sacrifice de vivre dans un appartement confortable proche de son travail, plutôt que de faire des allers-retours épuisants depuis son pavillon de banlieue ? D'autant plus que cela permettrait d'avoir plus de temps libre ! Et si l'on tient vraiment à posséder une maison, pourquoi ne pas en posséder une avec plusieurs autres familles et se la partager pendant les vacances ?

— Ouais… répond José en se grattant la barbe. Il n'empêche que ça me paraît très directif et contraire à l'esprit de liberté individuelle qui prévaut aujourd'hui.

— Oui, mais là tu raisonnes comme un riche ! lance John, en éclatant de rire, de l'autre côté de la table.

Les yeux de Franck qui s'étaient assombris en laissant entrevoir un brin d'agacement s'éclairent de nouveau au milieu de son visage. Il esquisse un sourire :

— C'est vrai, on tient tous à notre liberté individuelle, surtout en France ! Mais pour beaucoup, les choix sont limités et dépendent uniquement des possibilités financières. C'est pour ça qu'il y a des quartiers pauvres et des quartiers riches, par exemple.

— Ouais, tu n'as pas tort, avoue José. On pourrait dire aussi de belles bagnoles et des épaves, des gens bien habillés et d'autres non, des gens qui habitent en pavillon et d'autres en HLM ou sous les ponts…

Cette discussion m'a éclairé et me fait voir les choses sous un autre jour. Des rires fusent de l'autre côté de la table. C'est John qui raconte une histoire amusante et son voisin prend le relais. Le repas prend bientôt fin et nous aidons à débarrasser la table.

Nous rejoignons ensuite le dortoir, car la journée a été longue. Je prends tout de même le temps d'envoyer un message à ma femme et à mes enfants et de noter ce que nous a dit Franck. Son raisonnement sur la décroissance me paraît juste. Ses propositions vont dans bien le sens d'une réduction de notre impact sur la planète. Mais la voie qu'il propose est bien difficile pour nous qui avons connu la facilité ! Comment accepter de l'emprunter, car il va tellement à l'encontre de nos habitudes, de nos idées reçues et de nos envies légitimes ?

## Jour 25 : de Berducedo à Grandas de Salime (20 km). Dispute autour d'un sèche-linge

Ce matin, il y a encore un brouillard épais. Seuls mon polo et mon short lavés hier au soir ont à peu près séché, mais les chaussettes sont encore bien mouillées. Nous bouclons le sac à dos, avalons le petit-déjeuner au bar juste en face, et prenons le chemin vers la Mesa, poussés par un petit vent frais. Au bout d'un ou deux kilomètres, le jour se lève sur un paysage fantasmagorique. Nous passons au pied d'une éolienne reconnaissable uniquement au sifflement de ses pâles. Le haut du mat disparaît dans le brouillard. Puis le temps d'une fraction de seconde, apparaît furtivement l'extrémité d'une pâle qui émerge du néant. Un peu plus loin, nous marchons entre deux couches de nuages, puis le chemin plonge vers le lac de barrage de Salime : huit cents mètres de dénivelée à travers bruyères et bois de résineux effectués sous une pluie fine. Peu avant le barrage, le ciel se dégage et la pluie cesse. Le soleil arrive même, alors que nous commençons la remontée vers Grandas par la route. Nous mangeons notre pique-nique sur la terrasse d'un hôtel qui surplombe le lac. La vue est belle et apaisante. Hélas, la pluie revient un peu plus tard et il faut renfiler rapidement le poncho. Nous retrouvons un sentier pour les deux derniers kilomètres et arrivons à Grandas. L'albergue est accueillante et va être pleine, mais curieusement, nous ne retrouvons pas les marcheurs croisés les autres soirs. Après la douche et la lessive lancée avec d'autres pèlerins dans une machine à laver qui a un grand succès, nous allons visiter le musée ethnographique sur les vieux métiers et la vie en Asturies autrefois. Une des salles du musée expose des sabots de différentes origines et j'ai le plaisir de découvrir une paire de magnifiques sabots de Bethmale, vallée proche de mon lieu de naissance dans les Pyrénées. Lorsque nous ressortons, la pluie tombe très fort et il fait froid. De retour au refuge quelque peu transis, nous allons voir si notre linge a été mis dans le sèche-linge. Non, ce dernier n'arrête pas de tourner et notre linge attend tout trempé dans une bassine posée à côté. Effectivement, une pèlerine espagnole présente dans la buanderie, nous explique très mécontente que la fonction essorage de la machine à laver ne fonctionne pas. Du coup le sèche-linge est à la peine… Nous avons à peine quitté la pièce, qu'une dispute éclate entre cette pèlerine et un groupe de marcheurs à propos du précieux appareil. Le groupe se plaint qu'elle et son mari le monopolisent « depuis des heures » alors que nous sommes nombreux à attendre ! Mais la pèlerine, pas épaisse, mais revêche, ne s'en laisse pas conter et argue qu'elle a payé ! Cependant, sitôt qu'elle tourne le dos pour aller manger dehors avec son compagnon, le groupe qui attend le sèche-linge avec impatience, l'arrête, vide le linge qu'il contient dans une bassine, et met le sien à la place ! Nous assistons à la scène médusés et après quelques hésitations, ajoutons le nôtre, puis sortons manger, tandis que ceux du groupe restent à l'albergue pour se cuisiner le repas. On verra bien…

Un peu inquiets tout de même, nous mangeons rapidement et lorsque nous revenons, nous allons immédiatement voir où en sont nos affaires. Elles sont encore très humides et décidons de les retirer du sèche-linge. Dans la salle attenante, le groupe termine son repas. Il y a de l'ambiance et des chants accompagnés par deux joueurs d'ukulélé. Mais bientôt, la pèlerine et son mari reviennent du restaurant et se dirigent vers la buanderie. Préférant ne pas assister à un esclandre, nous nous éclipsons sur la pointe des pieds vers notre dortoir à l'étage, notre linge humide sous le bras… Que s'est-il exactement passé ensuite ? Nous en sommes réduits à des hypothèses… N'ayant entendu aucun cri, nous en déduisons que le linge du couple avait été remis dans la machine avant son retour…

La soirée est passée à lire, envoyer quelques messages et mettre au clair mes notes. Si tout va bien, dans une semaine, on devrait arriver à Santiago. On tient le bon bout.

## Chapitre VI
## Entrée en Galice
## Le plus dur est derrière nous

*Nous pouvons changer le monde et en faire un monde meilleur. Il est entre nos mains d'en faire la différence.*

Nelson Mandela

Ce matin, l'étape va nous amener en Galice. Le Chemin n'est pas encore terminé, mais ce soir, la plupart des difficultés seront derrière nous. Ce n'est pas encore l'heure de se lever et je me tourne dans le lit en pensant à celles et ceux qui m'ont marqué ces derniers jours en Asturies. De sacrés personnages… Comme Gunther l'ingénieur chimiste allemand, spécialiste des terres rares qui est parti à pied depuis Hambourg. Il nous a éclairés José et moi sur la disparition inéluctable de nos ressources minières au cours des prochaines décennies. Martin aussi, avec qui nous avons discuté lors de l'étape d'Oviedo. Il a quitté sa vie d'avant pour suivre son idéal et entrer dans une communauté qui pratique l'agriculture biologique et applique les principes de l'écologie et de la sobriété. John, le professeur d'histoire-géo qui en est à son sixième « Camino » ! Pour lui, l'un des problèmes prioritaires auxquels nous devons faire face, est l'inégalité croissante entre les hommes. Franck, le partisan de la décroissance. Son argumentation tient la route, mais serions-nous prêts à le suivre ? Il faudrait lui faire rencontrer Martin… Je pense aussi à Julia et son mari Andrea qui disait que si chacun dans son métier œuvrait dans le bon sens, nous trouverions toutes les solutions à nos problèmes. Et puis Patricia qui a failli mourir de la Covid et qui entame sa deuxième vie avec ce « Camino ». Elle aussi se sent concernée par le changement climatique, la pollution, et la perte de biodiversité. Ingrid, enfin, une jeune femme un peu à l'image de l'activiste écologiste Greta Thunberg. Elle m'a profondément interpellé avec le rôle catastrophique que peuvent avoir les guerres modernes sur notre Terre. Que fait-on pour empêcher qu'elles puissent survenir ? Elles devraient être interdites !

Déjà les premières personnes se lèvent… Il faut y aller nous aussi.

**Jour 26 : de Grandas à Fonsagrada (26 km). Ayons de la sollicitude pour la Terre**

Un fin crachin enveloppe la rue qui passe devant le gîte ce matin. Heureusement, le temps de prendre le petit-déjeuner, il cesse. Mais le ciel reste bas et il fait froid : dix degrés au thermomètre près de la porte d'entrée.

Le chemin, souvent encadré de murets de pierres sèches, traverse des bois et des prés et nous amène progressivement jusqu'au « Puerto de Acebo » à 1100 m d'altitude. Nous franchissons ce col entre les Asturies et la Galice en plein brouillard et le petit vent frais qui nous y cueille nous incite à continuer sans nous arrêter. Le chemin devient maintenant plus large et mieux entretenu. On sent que les Galiciens ont à cœur de montrer que Santiago est dans leur province. Des éoliennes sur la crête toute proche font un bruit aérodynamique qui fait penser à un avion qui se pose, mais elles demeurent invisibles dans le brouillard. Le vent semble encore fraîchir.

En début d'après-midi, en bas d'une prairie, nous avons la surprise de croiser le couple qui voulait monopoliser le sèche-linge hier au soir. Ils reviennent sur leur pas, sans sac à dos et sans un sourire ! J'imagine qu'ils ont oublié quelque chose au bar que nous venons d'apercevoir dans le précédent village, car nous trouvons leurs sacs au bord du sentier quelques centaines de mètres plus loin. Lorsqu'ils nous dépassent un peu plus tard, je ne peux résister au plaisir de leur demander :

— Vous aviez oublié quelque chose dans le sèche-linge ?

Oups ! La femme n'apprécie guère la plaisanterie… Elle se retourne vers nous, tout en continuant de marcher et nous lance en brandissant son bâton de marche :

— J'ai dépensé quatorze euros pour faire notre lessive, et en plus le sèche-linge ne marchait pas bien. Je vais écrire au responsable du gîte pour me plaindre !

Nous les laissons filer en espérant ne pas les revoir à l'étape ce soir. Maintenant, le soleil est revenu. Nous arrivons enfin à Fonsagrada, petite ville perchée tout en haut d'une colline. Nous nous arrêtons dans une auberge pour pèlerins un peu à l'écart du centre-ville. Deux sacs à dos sont déjà déposés dans le dortoir. Leurs propriétaires sont absents. Nous regardons les sacs et éclatons de rire. Ouf, ils ne ressemblent pas à ceux du couple de pèlerins espagnols…

Les sanitaires du gîte semblent tout neufs et sont impeccables. Dehors, il y a en plus, un jardinet ensoleillé et bien venté où nous pouvons étendre notre linge. Idéal ! Avec ce temps, notre lessive du jour va sécher rapidement. Mais le vent est frais, alors pour sortir je n'hésite pas, j'enfile mon pantalon, la polaire et l'anorak.

Ce que nous apercevons de la ville n'a pas un grand intérêt architectural, mais elle est plaisante et bien commerçante. Un coiffeur à l'allure sympathique attend le client devant sa boutique et j'en profite pour me faire couper les cheveux. Puis nous allons visiter l'église du village. Nous avons la surprise de voir qu'une messe va commencer et nous décidons d'y assister. Nous sommes étonnés de voir qu'il y a beaucoup de monde, pourtant nous sommes un jour de semaine. Il y a une bonne chorale et les chants sont repris avec énergie par toute l'assemblée. À la fin de la messe, le prêtre nous fait la surprise d'inviter les pèlerins présents à s'approcher de lui pour recevoir la bénédiction. Nous nous regardons José et moi et décidons d'un signe de tête de nous avancer vers l'autel. Un couple dans nos âges s'avance lui aussi, et devant toute l'assemblée nous recevons la bénédiction des pèlerins. Moment inoubliable, où nous sentons comme une force supérieure qui veille sur nous, pour nous aider à atteindre Saint-Jacques-de-Compostelle.

La cérémonie terminée, nous échangeons quelques mots avec le couple de pèlerins qui a reçu la bénédiction avec nous. Ils sont anglais et s'appellent Jennifer et Shane. Malheureusement, ils se sont arrêtés dans une autre auberge que la nôtre. Tandis que nous discutons avec eux, le prêtre sort de l'église et nous souhaite « buen camino » tout en parlant avec des paroissiens. J'ai soudain l'idée de lui faire part de mon questionnement, depuis ma discussion avec Laura, Adriana et Arturo. Je m'approche de lui et lui pose ma question :

— Excusez-moi Padre, j'ai une question qui me tracasse après une discussion avec d'autres marcheurs : la Bible dit aux hommes « Emplissez la Terre et soumettez-la. Dominez sur les poissons de la mer, les oiseaux des cieux et tous les animaux qui rampent sur la terre ». Encouragerait-elle ainsi les hommes à dominer la planète et tous ses êtres vivants ? Parce que dans ce cas-là, cela pourrait vouloir dire que la Bible cautionne la transformation actuelle de la planète par l'homme. Il aurait tous les droits, celui d'utiliser toutes les ressources, ou même de modifier la biodiversité !

— Oh, c'est amusant, me dit-il, en me regardant tout en tapotant sa sacoche devant lui. Vous venez de France n'est-ce pas ? J'ai fini de lire hier un essai écrit par une philosophe de l'environnement française et son mari agronome, Catherine et Raphaël Larrère[36]. Le titre « Le pire n'est pas certain » m'a amusé et ils ont écrit quelque chose d'intéressant.

Tandis qu'il me parle, je me dis qu'il doit avoir soixante ans au plus. Son visage encadré de cheveux blanchissants et son regard bienveillant montrent qu'il doit avoir de l'empathie pour ceux qu'il côtoie.

— Et votre question me fait penser à ce livre, me dit-il en étouffant un petit rire. Mais vous savez, c'est aller un peu vite en besogne d'attribuer les dégâts faits par l'homme à l'environnement, à nos racines judéo-chrétiennes. Ces dégâts se retrouvent partout, dans toutes les civilisations, hélas. Et voyez-vous, continue-t-il sur un ton pédagogue, lorsque la Bible dit que Dieu a créé le monde, le ciel, la

[36] Catherine et Raphaël Larrère – Le pire n'est pas certain.

terre et qu'en dernier il a créé l'Homme et lui a donné la Terre, lorsque Dieu dit à l'Homme « Soyez féconds, multipliez, emplissez la Terre et soumettez-la. Dominez sur les poissons de la mer, les oiseaux des cieux et tous les animaux sur la terre », cela ne veut pas dire que l'Homme a droit de vie ou de mort sur les êtres qui peuplent la Terre. La Bible ne parle pas de domination destructrice ! Sinon pourquoi tous ces êtres auraient-ils été créés ? Au contraire, à l'exemple de Dieu qui est père pour nous, nous devons agir comme un père pour la terre que nous avons reçue en héritage. Ou si vous préférez, l'Homme doit agir comme un intendant qui organise, qui transforme, qui adapte, qui améliore, et qui fait fructifier. C'est sa mission. Vous comprenez, reprend-il en me regardant droit dans les yeux, comme pour me transmettre sa conviction. Nous devons nous comporter tout à l'opposé d'un propriétaire qui se contenterait d'exploiter ce qu'il trouve et de jouir de ce qu'il possède, en un mot de dilapider son héritage. Et cela, Saint François d'Assise l'avait bien compris. Lui parlait de sobriété, de sollicitude pour la Terre. Tout le contraire de la démesure et de l'appât du gain vers lesquels nous pousse notre société actuelle.

Il se met tout à coup à sourire en regardant derrière moi. Je me retourne.

— Vous marchez tous les quatre ensemble ? lance-t-il joyeusement à l'adresse de José, Shane et Jennifer.

Je fais les présentations.

— Bravo pour votre pèlerinage ! Et en plus, je vois que vous vous posez des questions intéressantes ! reprend le prêtre, en anglais cette fois, tout en souriant à belles dents.

Puis il ajoute plus à mon attention :

— En tout cas je vous recommande la lecture de l'encyclique « Laudato si » du pape François[37], Elle vous montrera l'engagement écologique et spirituel de l'Église.

Comme c'est l'heure d'aller manger, José l'invite à venir manger avec nous.

---

[37] *Lettre encyclique Laudato Si' du Saint-Père François sur la sauvegarde de la maison commune – https://www.vatican.va/content/francesco/fr/encyclicals/documents/papa-francesco_20150524_enciclica-laudato-si.html.*

— Ah ! Merci c'est très gentil à vous, mais j'ai un rendez-vous important avec un groupe de jeunes et je dois y aller maintenant !

Nous lui disons au revoir et il nous souhaite chaleureusement « buen camino ».

Shane et Jennifer ont faim eux aussi. Nous partons donc tous les quatre vers l'un des restaurants que nous avons repéré sur la place du village. Jennifer et Shane viennent d'une petite ville de la région de Birmingham. Ils ont comme José et moi de grands enfants et semblent très classiques. Ils sont depuis deux ans à la retraite. En Angleterre, ils pratiquent la marche dans un club de randonnée. Ils ont tous les deux les cheveux grisonnants, elle mi-longs et assez frisés, lui courts avec un bouc bien entretenu. Ils sont partis de Bilbao. En attaquant sa copieuse omelette aux pommes de terre, Shane me demande :

— Je n'ai pas bien compris tout à l'heure quand le prêtre a dit « je vois que vous posez des questions intéressantes ».

Je lui raconte alors la discussion que nous avions eue l'autre jour José et moi avec Arturo, Adriana et Laura et les convictions de Laura sur le rôle négatif de la Bible et de la religion catholique sur l'attitude de l'homme envers la nature.

— Oui, ça m'avait troublé, ajouté-je. Elle était si convaincue que je voulais vérifier ce qu'en pense l'Église, ajouté-je. J'espère que nous la reverrons d'ici Saint-Jacques !

— C'est facile d'accuser les autres pour justifier que l'on ne fait pas grand-chose soi-même, déplore Shane. Mes deux enfants sont impliqués dans un mouvement écologiste en Angleterre. Ils sont même devenus végétariens. Eh bien, je pense que leur foi chrétienne a plutôt été pour eux un élément déclencheur dans leur action et pas le contraire. La réaction dont tu me parles me fait penser à ceux qui détruisent des statues ou qui veulent faire un procès à la monarchie à cause de l'esclavage qui a existé, hélas. Mais que font ces mêmes personnes pour sauver et recueillir, par exemple, les immigrés qui traversent aujourd'hui la Manche ou la Méditerranée à leurs risques et périls ?

Lui-même et sa femme sont engagés dans une association qui vient en aide aux plus démunis et ils participent à la préparation des repas ou à leur distribution une fois par semaine. Ils utilisent leur voiture de moins en moins et se sont mis au vélo.

— La pandémie de Covid nous a fait réfléchir ! Nous ne sommes plus les mêmes, se justifie Shane. Par exemple, avec ma femme, on privilégie les produits fabriqués près de chez nous. On mange beaucoup moins de viande aussi. Je pense que la mise en place d'une taxe carbone pénalisant les importations de produits issus de pays aux normes climatiques moins strictes que les nôtres est une bonne chose.

— Je crois que vous êtes bien placés en Angleterre pour la transition énergétique, demandé-je.

— Ah oui, on ferme toutes nos mines de charbon et celui-ci ne servira plus à produire de l'électricité à partir de 2024. On développe aussi beaucoup l'éolien en mer. Au total, près de 40 % de l'électricité est ainsi produite par des énergies renouvelables. Et on construit aussi de nouvelles usines nucléaires !

À l'écouter, j'ai l'impression que les Anglais sont à la fois beaucoup plus sensibles à l'écologie que nous Français et beaucoup plus pragmatiques. Nous nous quittons à la fin du repas en nous souhaitant « buen camino » et « à un de ces soirs ».

À notre retour au gîte nous retrouvons les deux pèlerins qui avaient laissé leur sac à dos, un Québécois et un Allemand. Ils s'apprêtent à dormir. Nous nous souhaitons bonne nuit et ne tardons pas à nous endormir aussi.

## Jour 27 : de Fonsagrada à O Cadavo Baleira (25 km). Encore une question de démographie

En regardant dehors par la fenêtre, je vois qu'il a plu cette nuit. Heureusement, nous avons rentré notre lessive hier au soir ! Elle est presque sèche. Nous nous préparons en silence, car nos deux voisins de chambrée, à peine aperçus hier soir, traînent pour se lever.

Dehors, il fait encore nuit quand nous partons. L'air est frais et humide. Les rues sont calmes et le bruit de nos pas résonne entre les maisons. Nous nous engouffrons avec plaisir dans la boulangerie-pâtisserie repérée hier au soir. Elle fait aussi café et dépôt de journaux. Il y fait bon et quelle odeur alléchante de café et de croissants ! C'est le lieu de rendez-vous de tous les matinaux du coin. Ils nous ouvrent chacun, sans le vouloir, une parcelle de leur vie en échangeant quelques mots avec la serveuse. Celui-ci va voir le vétérinaire. Son chien, qui l'attend dans la voiture, a été malade toute la nuit. Celle-là est infirmière et part faire sa tournée… Après avoir lancé un « adios »[38] à tous les présents, ils repartent dans la nuit comme ils sont venus. Rassasiés, nous partons à notre tour, cueillis par une averse qui ne dure pas, heureusement.

Le jour se lève maintenant. Le parcours alterne entre chemins creux et bords de route. Malgré le ciel couvert, le paysage est beau. Il y a du vent et les éoliennes sur les crêtes autour de nous, tournent à plein régime. Plus tard dans la matinée, nous avons enfin une très belle éclaircie ensoleillée qui ravive les teintes d'automne. Nous traversons des hameaux bien pauvres. L'après-midi, alors que la fatigue commence à se faire sentir, la pluie se remet à tomber. Quelle chance, nous passons juste devant un bar. Nous nous y arrêtons, trop heureux de l'aubaine pour souffler et nous réchauffer un peu. Surprise ! Nous croisons en entrant le couple d'Espagnols du « sèche-linge » qui repart l'air morose. Nous prenons un chocolat au lait bien chaud, le temps que la pluie cesse. Mais elle ne semble pas décidée… Alors José jette un regard dans son topoguide et constate que ce bar a été aménagé dans un ancien hôpital pour pèlerins ! Enfin, le ciel nous accorde une légère accalmie et nous repartons.

À Cadavo, nous passons devant l'albergue municipale, mais le temps pluvieux et froid nous pousse à aller voir un peu plus loin en ville, s'il n'y a pas un petit hôtel plus agréable et pas trop cher. Nous le trouvons effectivement, avec une chambre pour deux et à un prix raisonnable. En plus, l'hôtel dispose d'un sèche-linge que nous pourrons utiliser !

---

[38] *Adieu.*

Pour le repas du soir, nous apprécions de manger sur place. C'est extra de ne pas avoir à ressortir sous la pluie et dans le froid ! Dans la salle à manger, nous retrouvons avec plaisir des têtes connues et reconnaissons le marcheur québécois qui a dormi dans notre gîte la nuit dernière. Il est seul à sa table et nous nous joignons à lui. Il s'appelle Éric. Cheveux bruns coiffés en brosse, visage rectangulaire, et bien rasé, il a le genre cadre dynamique. Il a trente ans et a commencé le pèlerinage à Oviedo.

— Tu marches tout seul ? lui demande José.

— Oui, ça s'est trouvé comme ça. Oh, c'est compliqué…

Il hésite, puis reprend :

— En fait ma copine devait venir avec moi et puis elle a changé d'avis…

— C'est sûr, il vaut mieux avoir envie de venir ici. Les nuits en refuge avec des gens qui ronflent, les toilettes partagées et la pluie comme aujourd'hui, il y a des nanas, et des mecs aussi, qui n'aiment pas du tout ! reprend José de manière enjouée.

— Non, c'est pas ça… Parce qu'on a fait de la randonnée et du camping sauvage au Canada, explique Éric. Elle aime ça !

— Oui, mais là c'est un pèlerinage. C'est peut-être la connotation religieuse qui ne lui plaisait pas ? lancé-je sans trop réfléchir.

— Non, c'est pas ça non plus… ! Ça n'a rien à voir avec le pèlerinage… En fait, on a décidé de faire une pause et de réfléchir chacun de notre côté…

— Ah mince ! Tu ne t'y attendais pas. Ça ne doit pas être facile… ajouté-je sur un ton compatissant.

— Sûr, ça n'a pas été facile. Mais j'ai décidé de partir quand même. Et maintenant, je ne le regrette pas. Ça va mieux.

— Bon, alors tant mieux, et ça va aller encore mieux avec un petit verre de rouge, enchaîne José, en versant dans nos verres le vin que le serveur vient de nous apporter à table.

— Je lui ai envoyé une carte postale d'Oviedo pour lui dire que je commençais le Chemin. On verra bien…

Nous goûtons notre vin en silence. Puis Éric reprend, comme pour se justifier :

— Le problème c'est que nous avons une vision de la vie différente. Elle voudrait avoir au moins trois enfants et moi… je n'en voudrais qu'un seul. Et encore ce serait pour lui faire plaisir, parce que j'accepterais de ne pas en avoir du tout… Quel sera leur avenir à ces enfants dans le monde que nous allons leur laisser ? J'ai beaucoup lu là-dessus, ajoute-t-il comme pour s'excuser, et je suis persuadé que nous sommes maintenant trop nombreux sur terre.

Et le voilà lancé pour nous montrer les preuves de ce qu'il avance.

— Globalement, selon les spécialistes, on consomme dans nos pays riches plus de 2,5 terres par an. On comprend aisément que cette situation ne sera pas tenable très longtemps… Mais décide-t-on de faire des efforts pour consommer moins ? Eh bien non ! On continue tête baissée dans le guidon. Peut-on faire autrement ? Hélas, je crains que ce soit presque impossible. Il suffit de regarder autour de nous. Mis à part une toute petite minorité qui essaye d'agir, nous continuons prisonniers de toutes nos habitudes. J'en déduis donc que nous sommes globalement 2,5 fois trop nombreux !

— C'est intéressant, dis-je. On parlait démographie l'autre jour avec un pèlerin irlandais et on se disait que les problèmes prenaient forcément plus d'ampleur vu notre nombre…

— Mais c'est une évidence ! Parce que personne n'a envie de changer vraiment. Même si on est d'accord pour changer certaines choses, il ne faut pas que ça nous coûte plus cher et il faut que ce soit aussi pratique. Tiens, par exemple, on veut bien changer son ancienne voiture thermique pour une voiture 100 % électrique, mais il ne faut pas qu'elle coûte plus cher à l'achat et à l'usage, et bien sûr, elle doit avoir au moins la même autonomie !

— C'est vrai !

— Un autre exemple, les matières plastiques… On veut bien les supprimer pour les remplacer par quelque chose de plus écologique, mais à condition que ce quelque chose soit aussi pratique et pas plus cher. Est-ce possible ? Je ne sais pas. En tout cas, ce quelque chose, il faudra bien le produire, le distribuer, puis le récupérer et le recycler. Même si le bilan est meilleur que pour les matières plastiques, forcément, il ne sera pas parfait ! Non, pour moi c'est le comportement de l'homme, le problème : c'est l'homme qui dérègle le climat, détruit les forêts, crée une pollution énorme dans la mer, sur la terre et dans les airs, épuise les sols, dilapide les ressources et détruit la biodiversité.

En nous installant pour manger à côté de ce jeune homme bon chic, bon genre, nous ne nous attendions pas José et moi à un tel réquisitoire ! Je me sens obligé de reconnaître qu'il n'a pas tout à fait tort en ajoutant :

— C'est vrai que parmi tous les êtres vivants, l'homme est le seul à avoir un tel impact sur la Terre et son environnement. C'est le prédateur numéro un ! Certains virus ou pathogènes viennent peut-être juste derrière. Mais leur impact est jusqu'à présent limité à une seule ou quelques espèces voisines. C'est le cas par exemple des virus de la Covid, du Sida ou Ebola qui s'attaquent à l'homme et aux primates.

— Et même si l'homme ne veut pas sciemment détruire des espèces animales et végétales, reprend Éric, il le fait quand même du seul fait de sa présence. On voit bien comme la cohabitation devient difficile, voire impossible, avec le tigre et l'éléphant en Inde, l'ours blanc dans certaines parties du Canada ou l'ours brun et le loup en Europe ! Mais il n'y a pas que les animaux potentiellement dangereux qui disparaissent ! Il y a tous les autres, comme l'orang-outan en Asie du Sud-Est dont l'habitat est menacé, de nombreuses espèces d'oiseaux parce que leur cycle de vie est perturbé par la présence humaine ou des espèces de poissons qui sont trop pêchées. Et à ce phénomène se surajoute l'impact diffus du changement climatique sur toute la biodiversité.

— Et ta copine pense comme toi ? demande José à brûle-pourpoint.

— Oui… plutôt. Mais quand je suis parti, elle m'a dit que j'étais trop pessimiste, que je ne voyais pas les choses avec suffisamment de recul. Ça fait aussi partie de ses reproches.

— C'est vrai que prôner une réduction de la démographie et donc de la natalité, va à l'encontre de l'opinion généralement admise, tenté-je d'expliquer.

— Oui, je sais… En tout cas, ça va à l'encontre de l'opinion officielle, reprend Éric. Parce que beaucoup de personnes ont l'air de penser comme moi. Regarde en Italie, le gouvernement s'inquiète du nombre de naissances qui est devenu inférieur à celui des morts. Du coup il a mis en place des aides financières pour motiver les jeunes couples à avoir des enfants. Pareil au Japon.

— Oui, mais qui va payer nos retraites et prendre en charge les plus vieux, s'il n'y a plus de jeunes ? interroge José.

Éclat de rire désabusé d'Éric :

— Vous pensez comme on vous a appris à penser ! Mais même les démographes les plus ringards vous diront que la population mondiale devrait se stabiliser dans les années 2100 autour de 10 à 11 milliards de personnes. Cela veut donc dire que de toute façon la population vieillira et par conséquent, qu'il y aura proportionnellement moins de jeunes. Les démographes l'admettent ! Ou alors c'est des bobards pour nous faire croire que tout va bien. En tout cas, les démographes ne se mouillent pas pour dire comment économiquement, on pourra passer sans douleur d'une population en croissance à une population stabilisée ou en léger déclin. Et ça, je ne comprends pas pourquoi personne, ou presque, n'en parle. Je sais, le sujet de la démographie est tabou. Si on parle de la réduction des naissances, ou même de la stabilisation de la population, on est tout de suite taxé de malthusianisme. On devrait au contraire étudier officiellement la mise en place d'une transition progressive vers une population globalement plus vieille, puisque les experts eux-mêmes nous prédisent que cela se produira, comme au Japon ou en Italie ! Plutôt que de fermer les yeux, il faut regarder la vérité en face et agir !

— Je comprends ce que tu veux dire, acquiescé-je. C'est la discussion que nous avions l'autre jour avec ce pèlerin irlandais. Je crois effectivement que nous nous bouchons les yeux sur la majorité des grands problèmes rencontrés aujourd'hui. Cette incapacité à réagir est inquiétante.

— À moins que ce soit une propension à refuser tout changement, surtout s'il est radical ! grince Éric. C'est pour ça que je ne suis pas favorable à avoir beaucoup d'enfants. Un seul enfant en moyenne par couple, pendant plusieurs décennies s'il le faut, je pense que ce serait bien. L'avantage, c'est que chaque couple en âge de procréer peut prendre seul cette décision en son âme et conscience. Nul besoin d'attendre que les politiques ou les gouvernements se mettent d'accord sur telle ou telle solution. Quand je vois notre inaction en tant qu'humanité, je me dis que c'est peut-être la seule façon qui nous reste d'éviter la catastrophe !

— OK, reprend José, mais quelles solutions préconiserais-tu pour vivre avec proportionnellement moins de jeunes ?

— Eh bien, je pense que ce n'est pas forcément très compliqué. D'abord, il faudrait tout miser sur la formation de cette jeunesse, et tout faire pour lui montrer que c'est elle notre avenir. Et ça, c'est plutôt rarement fait aujourd'hui… Il faudrait ensuite travailler plus longtemps. Mais attention, ça ne veut pas dire continuer à travailler huit heures par jour jusqu'à 80 ans ! Il faudrait par exemple que les travaux les plus pénibles soient, lorsque c'est possible, exécutés en tout ou partie par des robots ou des automates. Il faudrait aussi qu'au-delà d'un certain âge ou condition physique (qui peut varier d'une personne à une autre), le travail soit allégé, grâce à un changement de fonction ou à une diminution du nombre d'heures travaillées. Par exemple, les personnes en fin de carrière pourraient former les jeunes à l'arrivée dans le monde du travail. Il faut penser également au temps de transport entre le domicile et le lieu de travail qui devrait idéalement diminuer avec l'âge. Pour certaines fonctions, le télétravail et le temps partiel pourraient être des solutions. Et bien sûr, pour les personnes qui travailleront moins avec l'âge, il faudra prévoir une mise en place progressive de la retraite, de façon à leur assurer un niveau de vie relativement constant. Comme vous voyez, cela ne me paraît pas si compliqué, et en tout cas, pas impossible. Mais il faut y réfléchir dès à présent.

— Et tu as une idée du nombre d'humains à atteindre ? demande José.

— Écoute, selon les experts, on consomme dans nos pays développés en moyenne 2,5 Terres par habitant et par an. Donc en théorie, puisque personne ne semble prêt à faire un effort, on devrait être 2,5 fois moins nombreux.

— Mais en pratique, remarque José, certains pays consomment beaucoup plus et d'autres beaucoup moins. Alors tu ne peux pas appliquer la même règle partout ! Comment fais-tu ?

— Eh bien, j'aurais tendance à penser que ceux qui consomment 3 terres devraient être trois fois moins nombreux, sauf s'ils font des efforts pour réduire leur consommation. Par exemple, supposons qu'ils passent d'une consommation de 3 Terres à une consommation de 2 Terres grâce à leurs efforts, eh bien leur population ne devrait plus baisser que d'un facteur 2.

— Et que prônes-tu pour les pays qui consomment moins de 1 Terre par habitant ? Tu augmentes leur population ? demande José.

— Non bien sûr ! La priorité pour ces pays serait d'atteindre au minimum le taux de consommation de 1 Terre par habitant à population constante. Et s'ils peuvent faire mieux en envisageant une diminution progressive de leur population, ce serait parfait…

— Attends, si je comprends bien, tu maintiens une différence de richesse entre les populations des pays qui resteraient à 2 ou 3 Terres par habitant, voire plus, et ceux qui consommeraient au mieux 1 Terre par personne ?

— C'est vrai, concède Éric, ce n'est pas parfait, mais je pense que l'écart serait moindre qu'aujourd'hui, puisque l'objectif global moyen serait de parvenir à ne consommer que 1 seule terre par an, au lieu de 1,75 aujourd'hui !

— Ouais…, moi je vois deux problèmes. Le premier, contrairement à ce que tu dis, c'est d'empirer les inégalités énormes entre les hommes et entre les pays, d'autant plus que cette situation est source de conflits ! Le deuxième, c'est le temps nécessaire pour faire diminuer une population d'un facteur 2 ou 3. Ce ne serait pas trop long par rapport à l'urgence ?

— Tu as fait un calcul ? demande José

— Oui, j'ai fait des calculs. C'est sûr, ce n'est pas immédiat, parce qu'il y a une inertie énorme. Ainsi, pendant les trente ou quarante premières années, il ne se passerait presque rien. Mais ensuite la population commencerait à diminuer. Et c'est justement parce qu'il y a cette inertie, qu'il ne faut pas attendre. Au Canada par exemple, sans prendre en compte le facteur immigration, la population pourrait être divisée par deux en 80 ans, si pendant les quarante prochaines années le taux de fécondité par femme était ramené 1,4, puis maintenu sensiblement à 2 ensuite pour se remettre à l'équilibre. C'est la seule arme que chaque couple peut utiliser pour agir !

— Et pourquoi on n'en parle pas plus ? demande encore José.

— Le sujet est tabou ! Il y a tout de même des articles intéressants, mais en général ils concluent que c'est trop tard pour agir, justement à cause de cette inertie. Or ce n'est jamais trop tard ! Et puis surtout, je pense que cette idée va à l'opposé de gros intérêts, parce que qui dit moins de monde, dit économie en contraction. Et ça, les financiers n'aiment pas ! Mais bon sang, c'est justement ce que l'on veut, consommer moins ! Et s'il y a un secteur qui ne veut pas de cette contraction, c'est bien celui de l'immobilier ! Vous imaginez, les prix des maisons et des appartements, si un jour il y avait deux fois trop de logements ?

— Et tu sais ce qu'en pensent les religions, comme le catholicisme ou l'islam ? demandé-je.

— Eh bien en général, les religions ne sont pas pour un contrôle des naissances. La loi islamique par exemple encourage à avoir de nombreux enfants. *« Mariez-vous et augmentez votre nombre, car en vérité je rivaliserai avec les autres nations par vous tous, le Jour de la Résurrection. »* Elle interdit même aux couples de s'empêcher d'avoir des enfants pour raison de pauvreté. L'Église catholique, de son côté, est contre les méthodes artificielles de contrôle des naissances, comme la pilule contraceptive. Mais je me dis que les choses vont peut-être bouger un peu… Récemment, en inaugurant des états généraux de la natalité en Italie, le pape François a déclaré « U*ne société qui n'accueille pas la vie cesse de vivre !* ». Bien sûr ! Tout le monde ne peut être que d'accord là-dessus. Il faut accueillir la vie ! Il ne faut pas être égoïste. Il faut savoir donner. Mais pour moi, accueillir la vie doit être réfléchi. Ce n'est pas banal. C'est tout le contraire de faire n'importe quoi. D'ailleurs, tout le monde n'est pas doué pour avoir une famille nombreuse… Mais il faut au moins que l'enfant, ou les enfants à venir soient accueillis avec amour et dans un environnement qui permette leur épanouissement. C'est le minimum, je pense, pour essayer de leur garantir un avenir heureux et une vie digne et harmonieuse.

— Cela me fait penser à ce que nous avait dit le prêtre missionnaire italien que nous avions rencontré au tout début du Chemin. Tu te souviens ? demandé-je à José. Il marchait avec deux jeunes qui venaient d'Éthiopie. C'était au sujet du nombre d'enfants.

— Ah oui c'est vrai, il avait dit quelque chose comme « Dieu a dit multipliez-vous, mais il n'a pas dit soyez inconséquents ». Ça m'avait frappé. Il semblait pragmatique !

— Il avait dit aussi « Quand un homme et une femme décident d'avoir un enfant, c'est pour lui donner le meilleur, c'est pour qu'il soit heureux plus tard. Ce n'est pas pour eux ! »

— Eh bien, chapeau, parce que c'est tout à fait ça. J'aurais bien aimé le rencontrer ce missionnaire !

— Ah ça va être dur de le rattraper parce qu'il marchait vite et faisait de grosses étapes de 40 ou 50 kilomètres !

À discuter comme cela, nous ne voyons pas le temps passer. Nous avons fini le dessert depuis longtemps et il nous faut regagner nos chambres, si on ne veut pas être crevé demain matin. Éric fera étape demain lui aussi à Lugo et on le retrouvera peut-être ainsi que John. Ce serait intéressant de les écouter tous les deux parler de démographie.

Je repense en me couchant à cette phrase de la Bible dans laquelle Dieu promet à Abraham : « Ta descendance sera aussi nombreuse que les étoiles du ciel ». Je fais partie des croyants et je me dis comme Gabrielle que nous ne devons pas être inconséquents. Au contraire, pour arriver à une telle descendance, ne devons-nous pas être réalistes et pragmatiques ? Il faut à l'évidence que la présence de l'homme sur terre soit la plus longue possible. C'est-à-dire que nous atteignions le plus grand nombre possible de générations. Nous ne devons donc prendre aucun risque : celui évident d'une extinction de l'espèce humaine parce que nous n'aurions plus assez d'enfants, mais aussi à l'inverse, celui de dépasser le nombre maximum d'humains que peut supporter notre Terre. Car dans ce dernier cas, notre Terre connaîtrait le destin tragique de ces îles du Pacifique retrouvées totalement désolées et vides de vie, après avoir été envahies par des lapins abandonnés par des marins. En l'absence de tout prédateur, ces lapins se sont en effet multipliés quasi exponentiellement jusqu'à ce que toute végétation disparaisse et que les maladies et la famine les éradiquent de manière définitive.

Nous aussi, nous ne connaissons aucun prédateur. Si nous ne faisons rien, si nous ne prenons pas à bras-le-corps cette question de démographie, nous risquons d'arriver à un point de non-retour, à partir duquel la vie de l'homme sur terre deviendra de plus en plus problématique, puis impossible. Déjà, il y a des signes avant-coureurs qui devraient nous alerter, parmi lesquels la disparition de plus en plus rapide de nombreuses espèces végétales et animales, le dérèglement climatique, et l'épuisement de nos ressources non renouvelables. Plus grave encore, il y a la malnutrition et la faim qui guettent dans de nombreuses parties du monde et l'accroissement des inégalités totalement injustes entre riches et pauvres.

Mon esprit vagabonde et je pars à l'époque romaine, lors de la construction des fortifications de la ville de Lugo. Elles sont, paraît-il, impressionnantes et il me tarde de les découvrir. J'imagine leurs bâtisseurs. D'où venaient-ils ? À quoi pensaient-ils ? Nos préoccupations et les leurs sont-elles très différentes ? Avons-nous changé à ce point ? C'est en ressassant ces idées que je finis par m'endormir.

## Jour 28 : de O Cadavo à Lugo (31 km). Alerte ! Punaises de lit

Surprise ! Je remarque en me levant que mes draps sont constellés de taches de sang et j'appelle José. Il saute hors du lit. Pour lui c'est encore pire ! Quelques insectes se sauvent entre les draps… Après vérification sur Internet, il s'agit de punaises de lit ! On regarde de plus près : la chambre en est infestée. Ce sont surtout nos jambes qui ont pris. Nous sommes vexés d'avoir attrapé ces bestioles dans un hôtel. Pas contents, nous descendons prendre notre petit-déjeuner et nous signalons notre mésaventure de la nuit à l'hôtelier. Évidemment, celui-ci nous jure que jamais personne ne lui a signalé de telles bestioles dans son établissement… Tout juste s'il ne nous accuse pas de les avoir amenées avec nous. À titre commercial, il ne nous fait cependant pas payer le petit-déjeuner… Arrive Éric quand nous nous apprêtons à partir. Nous lui demandons tout excités si lui aussi n'a pas été piqué par des punaises de lit pendant la nuit. Il débarque. Non rien de spécial pour lui, tout était normal. Nous sommes doublement vexés d'être tombés sur la mauvaise chambre !

Nous lui disons à ce soir et nous partons. Dehors, il bruine encore. Le chemin est détrempé, avec de très nombreuses flaques d'eau, certaines immenses qui le barrent parfois et qu'il contourne. Heureusement la pluie cesse un peu plus tard, puis le ciel se dégage timidement en restant incertain. Nous rencontrons plus loin un pèlerin français pas comme les autres : il remet à jour un topoguide sur le Camino de Norte. Il voyage en camping-car et parcourt l'essentiel des étapes avec son vélo tout-terrain. Pas mal comme job ! À midi, nous nous arrêtons pour pique-niquer à l'abri dans une halte aménagée sur le bord de la route. Il y a là un groupe d'une dizaine de jeunes marcheurs que nous n'avons encore jamais rencontrés. Ils parlent allemand et essayent de griller quelques saucisses sur un barbecue fumant, tout en riant et en toussant. Pas étonnant, tout le bois qu'ils ont trouvé alentour est trempé…

Nous arrivons à Lugo vers la fin de l'après-midi, accompagnés par un timide rayon de soleil. La vieille ville est construite sur une hauteur et nous admirons les murailles romaines massives qui l'enserrent sur deux kilomètres ! Notre pension pour pèlerins a une vue imprenable sur l'une des portes d'entrée dans la vieille ville. Nous sommes encore obnubilés par les punaises de lit de la nuit passée. Nous ouvrons nos lits et vérifions que les draps n'ont pas de traces suspectes. Par la même occasion, nous vérifions aussi que nos duvets que nous n'avions pas utilisés la veille sont impeccables. Tout est parfait de ce côté-là, heureusement. Mais nous ne serons tranquillisés que lorsque tout notre linge aura été lavé. Donc, aussitôt la douche prise, nous partons à la recherche d'une laverie automatique avec nos sacs à dos pleins de tout notre linge. C'est amusant de voir comme nous avons le chic pour demander où se trouve une laverie à des gens qui ne sont pas d'ici ou qui ne connaissent pas le quartier ! Nous finissons tout de même par en trouver une à dix minutes de marche de la pension. Là, nous hésitons : programme à 30 °C ou programme à 60 °C comme recommandé sur Internet pour se débarrasser de ces bestioles ? Nous optons pour le programme à 30 °C, car nous avons essentiellement du synthétique qui résisterait mal à une température plus élevée. Une fois le linge sec, nous partons visiter la vieille ville et la cathédrale. Elle est magnifique. De retour à la pension, nous rencontrons un jeune et sympathique pèlerin qui parle français et que nous n'avions encore jamais vu. Il s'appelle Claude. Il nous précise aussitôt en riant à belles dents :

— Je suis originaire du Cameroun, mais je vis en France depuis l'âge de cinq ans et vous ?

— Ben nous, c'est moins original, nous sommes nés en France tous les deux. Cahors pour moi, précise José

— Les Pyrénées, ajouté-je.

— Et tu es parti d'où, demande José. On ne t'a jamais vu.

— Vous allez dire que je suis vraiment original. J'ai fait le « Camino Francès » depuis Saint-Jean-Pied-de-Port jusqu'à Saint-Jacques et maintenant je reviens à la maison, toujours à pied, par le « Camino Primitivo », puis le « Camino del Norte ».

— Ouah ! Pas mal ! m'exclamé-je avec José. Tu as la super forme alors ! ajouté-je.

Claude reste modeste. Mais c'est vrai, son allure élancée lui donne une impression de force et de souplesse. Il porte une tignasse noire bien fournie et assortie à sa barbe épaisse, mais bien taillée. Ses yeux sont vifs et pétillants. Il nous surprend, en nous apprenant qu'il va avoir quarante-cinq ans ! On le pensait plus jeune !

Nous allons manger avec lui dans un restaurant proche de la place de la cathédrale, sans avoir retrouvé nos connaissances des jours passés.

— Et tu marches tout seul ? lui demande José.

— Dans ce sens-ci, oui ! nous dit-il en éclatant de rire.

— Oui, bien sûr ! répond José en riant lui aussi… Je voulais dire à l'aller, sur le « Camino Frances ».

— Oh, ça dépendait, mais en général, il y avait toujours quelqu'un avec qui je pouvais marcher et discuter, nous explique-t-il les yeux rieurs. Quoiqu'un matin, c'était vers Burgos, je rattrape un marcheur devant moi, histoire de ne pas marcher seul. Alors j'entame la discussion avec lui en disant que c'est bien agréable de marcher avec ce beau temps. Vous ne savez pas ce qu'il me répond après trois ou quatre secondes de réflexion ? « Moi, ce que je préfère c'est le silence et le calme du matin quand je marche ». Et puis il s'est tu, il n'a plus rien dit… Du coup, je me suis arrêté et j'ai attendu un groupe qui marchait un peu moins vite. Mais lui au moins, était plus drôle !

— Oui c'est triste des gens comme ça. Qu'est-ce qu'ils partagent ? Pourtant là, sur le Chemin, si ce n'est pas le lieu idéal pour partager ce que l'on vit, où faut-il aller alors ? demandé-je.

— Il y a toujours des personnes comme ça, répond José, mais elles se trompent. Elles croient peut-être trouver leur bonheur dans la pure contemplation, mais elles en oublient l'essentiel : les autres.

Claude nous apprend qu'il est ingénieur économiste et plus précisément statisticien. Il travaille pour une société d'assurance et de prévoyance et fait pas mal de déplacements. Décidément, c'est un sacré bonhomme.

Et comment en es-tu venu à faire le chemin de Saint-Jacques ? lui demande José.

J'ai eu envie de faire une pause dans ma vie, de voir d'autres horizons, de prendre le temps de vivre. J'avais l'impression de ne vivre que pour mon travail, alors que ce devrait être l'inverse, travailler pour vivre. Et puis je me pose beaucoup de questions dans ce monde financier où je travaille.

— C'est sûr c'est un monde particulier, intervient José. Je l'ai un peu fréquenté… Il y a des codes…

— Oui c'est vrai, reprend-il, mais pour moi la problématique fondamentale c'est que le système monétaire émet des signes de richesse alors qu'il n'y a plus forcément de preuve tangible de richesse. Par exemple, jusqu'à présent, l'économie était directement couplée à la production de pétrole, ou d'énergie si vous préférez. Il n'y a qu'à voir comment le PIB[39] mondial a augmenté en phase avec le nombre de barils de pétrole produits. Il suffisait d'ouvrir de nouveaux puits de pétrole pour avoir un PIB qui augmente. Aujourd'hui, ce n'est plus possible, puisque les énergies fossiles doivent être bannies à terme. On ne peut donc plus continuer selon le même modèle !

Intéressant ! Qu'est-ce que tu proposes alors ?

— Je pense qu'une approche moderne serait de connecter la croissance de l'économie à l'efficacité énergétique de la production et à la disponibilité des énergies renouvelables. Par exemple, avant de prendre des décisions économiques importantes, il faudrait intégrer la raréfaction de la plupart des ressources, l'effondrement de la biodiversité, les changements climatiques, et d'autres enjeux physiques comme la montée des océans, ainsi que les conséquences sociétales qui en découlent !

Et tout ça n'est pas pris en compte ? demandé-je.

— Non malheureusement ou très imparfaitement ! Ce qui ne veut pas dire que je suis le seul à me poser des questions. Certains,

[39] *PIB : Produit intérieur brut.*

comme Esther Duflo, prix Nobel d'économie, vont même jusqu'à dire que l'économie devrait prendre en compte le bonheur des gens. Ça, c'est nouveau ! Car le PIB ne mesure que les richesses créées au cours d'une période donnée. Il a beaucoup augmenté au cours des soixante dernières années, mais est-on plus heureux dans les mêmes proportions ? Non, bien sûr. Certains pensent même que nous sommes moins heureux ! Et on peut aller jusqu'à dire que le PIB est d'autant plus déconnecté de la notion de bonheur, qu'il y a de grosses inégalités sociales !

— Il y a quand même l'indice de développement humain qui est recalculé tous les ans ? demande José.

— Oui c'est vrai, mais je pense que c'est nettement insuffisant.

— Qu'est-ce que c'est ? demandé-je.

— Eh bien c'est un indice qui se situe entre 0 et 1. Il est calculé tous les ans par l'ONU pour chaque pays. Il tient compte de trois paramètres : l'espérance de vie, la durée de scolarisation et le logarithme du PIB. Le taux est proche de 0,97 pour les pays les plus développés, dont la Norvège ou la Suisse et voisin de 0,5 ou même autour de 0,38 pour les pays les plus pauvres. Cet indice, oui c'est mieux que rien, mais il ne répond pas au problème que je me pose.

— En tout cas, il paraît que ce coefficient, qui normalement devrait toujours croître vers 1, baisse depuis quelques années pour pas mal de pays. Qu'est-ce que ça veut dire ? demande José.

— Eh bien ça veut dire que pour ces pays, au moins l'un des trois paramètres entrant dans le calcul de l'indice a diminué, par exemple l'espérance de vie. Il peut y avoir plusieurs raisons potentielles pour cette diminution, mais en tout cas, ça signifie qu'il y a un problème.

— Intéressant, mais pour prendre en compte le bonheur des gens que faudrait-il faire ?

— Eh bien, il faudrait créer un autre indicateur économique qui renseigne sur le bonheur des gens. Ce n'est pas facile évidemment ! Il faudrait aussi introduire dans cet indice le fait qu'il va devenir impossible de produire plus et de continuer avec le même rythme de développement, tout simplement parce que les ressources s'épuisent !

— Il y a quatre ou cinq jours, on a rencontré un jeune qui prônait la décroissance. C'est ce que tu veux dire aussi ? demandé-je.

— Ah bon ? C'est intéressant ! J'aurais bien aimé discuter avec lui pour savoir ce qu'il entendait pas décroissance… Moi, je ne suis pas partisan d'utiliser ce terme de décroissance, car il donne une image négative de ce qu'il faudrait faire. À moins que l'on cherche à donner un électrochoc, mais la preuve est faite que ça ne marche pas. Non, je pense qu'il faut qu'il y ait croissance, mais pas la croissance en termes de richesse financière que l'on connaît. Ça non, je crois qu'il faudrait la laisser de côté, ou l'oublier. Donc, je parlerais plutôt de progrès, pour ne pas utiliser le terme équivoque de croissance. Il faut rester en progrès. Progresser en termes de santé, d'éducation, de biodiversité, d'espaces préservés, de réserves en eau douce, de propreté de l'air, de temps libre… En fait, progresser sur tout ce qui peut avoir une réelle importance pour être plus heureux !

— Oui ça me plaît et au moins là, cela changerait vraiment notre façon de voir la vie, déclaré-je.

— Moi aussi ça me plaît, continue José. Mais comment peut-on connecter ce concept de progrès, au travail ou plutôt au salaire que l'on retire de son travail, parce qu'il y a de nombreuses richesses que tu cites, mais elles ne sont pas monnayables aujourd'hui en argent.

— Tu mets le doigt sur un problème non résolu. Mais il y a tout de même des prémisses de solutions. Par exemple une entreprise peut proposer un travail dans un cadre agréable, ou mettre en œuvre des actions pour préserver ou améliorer la santé de ses salariés. Elle peut également proposer des postes à mi-temps ou trois quarts de temps, des jours en télétravail, ou des jours de congé supplémentaires. Certaines sociétés assurent même la garde des jeunes enfants dans leurs locaux avec des puéricultrices diplômées. Elles peuvent aussi faciliter des solutions de covoiturage ou être situées à proximité d'une gare. On peut imaginer aussi qu'une société propose des facilités de logement à proximité de ses locaux ou assure le versement d'une assurance vie. Ou encore, propose des postes moins pénibles en fin de carrière. Donc, on le voit bien… il y a des solutions. Il faudrait les pérenniser et quantifier ce qu'elles peuvent représenter en équivalent salaire, et bien sûr en trouver d'autres, de façon à élargir la palette des possibilités.

— Oui, ce n'est pas la simple décroissance que tu proposes ! Il ne s'agit pas non plus d'aller se réfugier dans un coin perdu, loin du monde, et de vivre en autarcie !

— Ah, mais non, et il y a bien longtemps que ce n'est plus possible de vivre comme des ermites ou des Robinson Crusoé.

Comme tous les soirs, la fatigue commence sérieusement à se faire sentir. Nous échangeons nos adresses avec Claude et nous revenons vers notre chambre en marchant en silence dans les rues calmes et humides de Lugo.

Je me couche en me disant que les paroles de Claude m'ont fait entrevoir un autre monde possible, sans la toute-puissante mainmise de la finance. Oui, mais cette finance ne préfère-t-elle pas, et tous les milliardaires avec elle, prendre le risque de faire courir notre humanité à sa perte, plutôt que de se remettre en question et de partager équitablement entre tous les hommes les richesses de la Terre ?

**Jour 29 : de Lugo à Ponte Romano Ferreira (27 km). « J'ai tout vu ! »**

Zut ! Le réveil n'a pas sonné ce matin. On a oublié de le programmer hier au soir et il est déjà huit heures vingt-cinq ! Du coup, déception, on a manqué Claude qui est déjà parti. On lui envoie un petit message pour lui souhaiter un « buen camino » retour et on se console en constatant par la fenêtre, qu'il tombe encore quelques gouttes de pluie. Ce n'était donc pas la peine de partir plus tôt…

À la sortie de Lugo, en passant devant un ancien hôpital, José s'arrête ému. Il me parle pour la première fois d'un de ses ancêtres :

— Il s'appelait Étienne Boussole de La Grève. C'était un soldat français. Il est mort à Lugo en 1823. Peut-être dans cet hôpital… C'était lors de la guerre menée par la France pour rétablir sur son trône le roi Ferdinand VII d'Espagne…

À presque deux cents ans de distance, nous pensons devant cet hôpital de Lugo, à tous ces Français et ces Espagnols entraînés malgré eux dans la guerre. Cet épisode tragique de l'histoire n'aurait-il pas pu être évité, si les protagonistes avaient été plus humains, plus bienveillants et plus respectueux de la vie ?

Pensifs, nous reprenons notre marche et sortons de la ville en empruntant une route encore tout humide de pluie et heureusement peu passante. Puis le chemin oblique à droite à l'entrée d'un bois. Quel régal de marcher sur le sol souple de ce sentier recouvert de feuilles mortes qui exhale une forte odeur de champignon. Nous traversons de vieux villages dont les belles maisons en granit paraissent pour la plupart abandonnées. Quel dommage ! Tout d'un coup, un bruit de pas rapide derrière nous… Nous nous retournons et avons la surprise de découvrir Éric ! Il marche un moment de concert avec nous en nous racontant sa soirée d'hier au soir à Lugo, dans un restaurant non loin du nôtre. Puis, il nous dit sans préambule « à ce soir », et part en courant avec son sac sur le dos qui saute en tous sens ! Nous n'en revenons pas et le voyons disparaître dans le virage au bout de notre beau chemin creux encadré de pierres sèches, de buissons ras et de fougères.

Quelques minutes plus tard, nous apercevons au loin un objet insolite par terre. En approchant, l'objet prend forme : c'est la casquette d'Éric. Il avait dû l'accrocher sur son sac à dos, mais les secousses l'ont détachée. Je l'accroche à mon tour sur mon sac pour la lui rendre dès que nous le retrouverons. Il doit y tenir, car c'est un modèle de belle qualité en tissu respirant, léger et imperméable.

À l'approche de l'arrivée, le Chemin emprunte une ancienne voie romaine, passe par de petites routes bien agréables et traverse le Rio de Ferreira sur un pont romain. Nous trouvons l'albergue privée recommandée par notre topoguide. Elle est aménagée dans une ancienne ferme restaurée. Dès l'entrée, nous sommes accueillis par une délicieuse odeur de paella. Une belle promesse pour ce soir ! Nous avons la surprise et le plaisir de croiser le couple d'Espagnols que nous avions rencontré la dernière fois à Orio ! Ils s'appellent Paco et Cristina. John et Éric sont là aussi !

Après la traditionnelle douche et lessive, nous rejoignons les autres pèlerins dans la grande salle du rez-de-chaussée. Certains lisent, d'autres boivent un thé chaud et discutent en attendant le repas. Éric est ravi de retrouver la casquette qu'il avait perdue.

— Mais pourquoi es-tu parti comme ça en courant ? lui demande, amusé, José, tandis que j'explique à Paco, Cristina et John notre surprise en voyant Éric détaler comme un lapin avec son sac sur le dos.

— Ben, j'ai voulu faire un petit footing ! déclare Éric, comme si c'était la chose la plus naturelle qui soit, avec un sac d'au moins dix kilogrammes sur le dos.

Rires de nous tous. C'est beau d'être jeune…

Paco et Cristina nous expliquent aussi leur parcours. Ils se sont arrêtés quelques jours chez leur fils et leur belle-fille qui vivent à côté de Bilbao et qui ont deux jeunes enfants. Ils ont profité d'eux une semaine, avant de reprendre la marche, tout en sautant quelques étapes en bus ou en train du côté de la Cantabrie et des Asturies.

La délicieuse paella et le vin aident à créer une atmosphère détendue et joviale où chacun raconte les péripéties les plus marquantes ou croustillantes de son pèlerinage. C'est ainsi que Paco et Cristina nous racontent ce qu'ils ont vu un matin en se réveillant. C'était à l'étape de Fonsagrada. Ils étaient quatre dans le gîte, eux deux sur les lits du bas et deux jeunes pèlerines allemandes sur les lits du haut. Le matin elles se sont levées les premières pour aller à la douche.

— Oui, c'est vrai, s'exclame Paco en postillonnant, la lumière était faible dans la pièce, mais je crois bien que j'ai tout vu !

— Mais bien sûr ! Comme moi ! reprend Cristina, tout enjouée, en ajoutant à notre intention : quand la première a allumé la lumière de la salle d'eau, j'ai bien vu leurs fesses, car elles n'avaient pas de slip sous leur toute petite nuisette !

— Bah, c'est la nature ! conclut Paco en riant.

Puis Éric nous parle de son travail au Québec. Il est cadre dans une entreprise d'enregistrement et d'édition musicale. Il rencontre et conseille de nombreux artistes et a aidé au lancement de plusieurs d'entre eux. On perçoit sans peine à travers ses propos, qu'il doit être difficile de percer dans ce métier de chanteur. La voix ne fait pas tout. Et ensuite il faut continuer de travailler dur pour se maintenir dans le peloton des meilleurs.

Avant de nous coucher, nous nous donnons rendez-vous demain soir à Castaneda. On sent que le pèlerinage tire à sa fin et que nous voulons préserver l'atmosphère qui s'est créée entre nous. La nuit n'est pas la meilleure pour moi, à cause des nombreux ronfleurs qui, dopés par la paella bien arrosée, se relaient sans arrêt dans le dortoir.

**Jour 30 : de Ponte Romano à Castaneda (29 km). Nuit dans des lits à baldaquin**

Le petit-déjeuner à l'albergue est animé ce matin. John demande en plaisantant à Paco si ce matin encore il a eu la même vision que l'autre jour à Fonsagrada. Rires de toute la tablée. Notre linge, lui, n'est pas sec et nous devons retarder un peu notre départ pour le passer rapidement au sèche-linge qui est libre à cette heure-ci. Dehors, le temps est brumeux et venteux, mais il ne pleut pas. C'est l'essentiel.

Nous avalons les kilomètres. Le chemin passe à côté d'éoliennes dont nous ne voyons que la base. Mais nous entendons le sifflement des pales qui restent invisibles dans la brume… Plus loin, alors que nous discutons, nous ne voyons pas la bifurcation… et prenons une mauvaise direction. On finit par s'en apercevoir… mais un peu tard. Où sont passées les marques de balisage ? Il n'y a plus rien… Consultation du topoguide… Apparemment, le bon chemin doit être un peu plus haut dans la pente sur notre droite. Nous pesons le pour et le contre, et comme nous n'avons pas envie de revenir sur nos pas, nous décidons de tenter la jonction en coupant à travers landes, ronces et bois. Au bout de dix longues minutes en suivant un cap approximatif, nous débouchons sur un sentier sur lequel nous retrouvons les marques peintes en jaune du Chemin. Ouf ! Nous sommes contents, mais ce n'est pas à essayer tous les jours, car nos chaussures et nos bas de pantalons sont trempés.

Sur le coup de midi, en plein milieu d'un bois épais, nous tombons sur une curieuse cabane en bois d'où s'échappe par la cheminée une fumée qui monte droit vers le ciel. Un panonceau gravé invite les marcheurs à s'arrêter et à entrer. Nous ouvrons la porte sur une petite boutique et un atelier aux poutres noircies par la fumée. Une artiste, à qui il est impossible de donner un âge, vit là avec un chien et une foule de chats. Elle fabrique des bracelets en cuir et de petits bijoux qu'elle espère vendre aux pèlerins de passage. Nous en achetons chacun un. Dans la cheminée de sa pièce de vie, une bouilloire chante doucement sur une maigre flamme.

On arrive en début d'après-midi à Melide où le « Camino Primitivo » rejoint le « Camino Frances ». Changement d'ambiance immédiat et incroyable. Il y a des « peregrinos » partout ! Des files quasi ininterrompues ! Parmi les pèlerins, beaucoup d'Asiatiques, des Coréens sans doute. Nous poussons comme prévu jusqu'à Castagneda, mais là, par rapport aux autres soirs, nous avons du mal à trouver deux places dans une auberge pour pèlerins. Nous nous rabattons donc sur une chambre d'hôtes proposée par un particulier. Celle-ci est très « cosy » avec deux lits à baldaquin ! Tandis que José est sous la douche, j'entends un pèlerin qui débarque dans la chambre d'à côté. Nous le croisons un peu plus tard dans la courette au pied des chambres. Il s'appelle Bill et a 66 ans. Cheveux grisonnants, yeux pailletés de vert, il a une allure plutôt sportive. Comme c'est l'heure du repas, il nous accompagne.

Nous espérons bien retrouver ceux du groupe d'hier au soir en nous dirigeant vers la place centrale du village. Mais nous ne croisons que Franck. Comme nous, il a eu du mal à se loger à petit prix et n'a rencontré aucune connaissance de la journée ! Il nous accompagne avec grand plaisir pour le repas.

Une fois attablés, Bill nous apprend qu'il est parti depuis Saint-Jean-Pied-de-Port. Puis il nous livre tout à trac qu'il est veuf et qu'il a perdu sa femme d'un cancer pendant l'épidémie de Covid :

— Nous avions décidé de faire ce pèlerinage, juste avant d'apprendre sa maladie. Ça a été un coup de massue, mais cet objectif de partir à Compostelle l'a aidée à lutter et à accepter son traitement. Elle a étudié les étapes… On a même failli acheter les billets d'avion. Et puis il y a eu la crise du Covid. Impossible pour nous de voyager en Europe. Un jour, son état a brusquement empiré et lorsqu'elle a compris que la maladie serait la plus forte, elle m'a fait promettre de partir sans elle à Saint-Jacques et de réaliser notre vœu à tous les deux.

Nous l'écoutons en silence. Puis il ajoute :

— Donc je ne suis jamais seul sur le Chemin. Je la sens à côté de moi.

Après un silence, il reprend :

— Il y a parfois des choses curieuses ! Par exemple l'autre jour, alors que je marchais, une cigogne s'est posée à quelques mètres de moi et m'a regardé passer ! À cinq mètres, pas plus ! Elle s'est ensuite envolée de nouveau pour se reposer cinquante mètres plus loin, toujours au bord du chemin. Elle m'a ainsi précédé et m'a regardé passer trois fois de suite. Elle n'avait pas peur ! Je me suis dit « on dirait qu'elle veut communiquer avec moi » et c'est alors que j'ai compris qu'à travers elle, ma femme me disait « je suis avec toi, je t'accompagne » !

— C'est incroyable, c'est beau et émouvant, reprenons-nous José, Franck et moi.

Bill en est encore tout retourné et nous communique son émotion. Il nous apprend aussi qu'il a travaillé dans un bureau d'études pour le chemin de fer à grande vitesse aux USA et qu'il a beaucoup voyagé dans le monde.

— Je croyais que le rail était en complète perte de vitesse aux États-Unis, lui avoué-je.

— C'est sûr que nous ne sommes pas aussi avancés que vous en Europe, mais nous avons quand même deux projets majeurs : un dans le nord-est des États-Unis entre Washington DC et Boston et l'autre en Californie pour relier à terme San Diego, San Francisco et Sacramento.

— Mais ils ont vu le jour ?

— Eh bien, l'Acela Express entre Washington et Boston est en fonctionnement, mais il n'atteint pas les 320 km/h requis pour faire partie des trains à grande vitesse. Quant au projet californien, une première tranche est en cours de construction après de nombreux épisodes…

— Je crois qu'il y a eu de nombreuses oppositions, intervient José.

— Oui, et de tout bord. Des gens disaient que c'était jeter de l'argent par les fenêtres, ou que la ligne n'allait pas passer aux bons endroits et qu'il n'y aurait pas assez de clients. D'autres, comme Elon Musk, disaient que le projet n'était pas assez novateur. Le président Trump, enfin, a critiqué le projet en parlant de gouffre financier et de saignée des contribuables. Pourtant, si on compare avec ce qui a été investi depuis 1956 dans les autres moyens de transport, il n'y a pas photo ! 1300 milliards de dollars l'ont été dans la route, 473 milliards dans l'aérien et… seulement 37 milliards dans le ferroviaire. Cherchez l'erreur…

— Et l'aspect plus écologique du rail par rapport à la voiture ou l'avion n'a pas été mis en avant ?

— Au départ, non, pas vraiment. C'était davantage dans un esprit de compétition des moyens de transport et aussi pour trouver une solution pour réduire les bouchons sur les routes et les retards dans les aéroports surchargés. Et puis l'aspect écologique était plutôt mal vu sous l'ère Trump… Mais maintenant, oui, cet aspect est clairement mis en avant.

— Tout à l'heure, tu parlais d'Elon Musk. Ce n'est pas lui qui voulait lancer le projet hyperloop ? demande José. Il en est où ce projet ?

— Ah, c'est peut-être le projet du futur !

En constatant notre étonnement à Franck et moi, Bill explique :

— L'hyperloop ce sont des capsules qui pourraient se déplacer en lévitation et à grande vitesse, jusqu'à 1200 km/h dans un tube sous vide. L'énergie de déplacement serait assurée par des électroaimants eux-mêmes alimentés, c'est ça, surtout, l'originalité pour moi, par des panneaux solaires.

— Et c'est un projet qui a des chances d'aboutir ? demande Franck.

— La technologie de base des trains sur coussin d'air et propulsés grâce à la force électromagnétique existe. Ce qui va être plus difficile par contre c'est d'atteindre des vitesses aussi élevées que 1200 km/h. Je ne sais pas non plus si l'énergie solaire, produite par des panneaux placés le long des tubes, sera suffisante… Je ne le pense pas. En tout cas, j'ai l'impression que ça coince pour les prototypes…[40]

— Ça me fait penser au tourisme spatial développé par Elon Musk, Richard Branson ou Jeff Bezos, intervient Franck. Dire qu'il y a des gens qui sont prêts à se payer quelques tours en orbite en dévorant des ressources en énergie énormes et en produisant autant de CO2 que s'ils faisaient 300 vols allers-retours entre Paris et New York ! Cette pollution et ce gaspillage devraient être interdits.

— C'est sûr ! Ce n'est pas normal que certains puissent se permettre ce qui porte tort à l'humanité entière, renchérit José.

— Beaucoup de personnes sont d'accord là-dessus, même aux États-Unis, parce que l'énormité de la dépense et de la pollution est grotesque, intervient Bill.

— Oui, mais, combien d'entre nous prenons conscience, qu'à cause de notre façon de vivre, nous portons tort également, à notre niveau bien sûr, à l'ensemble de l'humanité, ajoute Franck. Les experts nous disent par exemple que chaque être humain ne devrait pas émettre plus de deux tonnes de $CO_2$ par an, pour que ses émissions soient juste compensées par les puits naturels de carbone, que sont les forêts, la mer et les sols. Or, on en est terriblement loin : aux USA la production moyenne de $CO_2$ par personne et par an est de l'ordre de quinze tonnes. En Europe, elle est de onze tonnes. Ça veut dire que nous devons réduire cinq à huit fois notre production de $CO_2$ ! C'est un effort énorme ! Et ce qui augmente la difficulté, c'est qu'une grande partie de ce $CO_2$ est produite, non pas individuellement, mais collectivement.

— Je ne suis pas sûr de comprendre, glissé-je.

— Eh bien, je veux dire que même si on fait des efforts individuellement, attention, je ne veux pas dire que ce n'est pas bien,

[40] *On sait maintenant que le projet a été arrêté.*

comme prendre son vélo au lieu de prendre sa voiture, changer ses ampoules à incandescence par des ampoules LED, eh bien ça ne suffit pas ! Parce qu'il y a toute l'industrie derrière nous, qui émet énormément de $CO_2$ pour répondre à nos différents besoins. C'est le cas des aciéries et des cimenteries, mais aussi le cas de nombreuses industries agroalimentaires, comme l'industrie de transformation du maïs. Il y a aussi tous les transports : avions, bateaux, camions et voitures !

— Même Internet consomme énormément d'énergie et produit donc beaucoup de $CO_2$, complète Bill.

— Et on a une idée de l'époque à laquelle on tournait autour de deux tonnes de $CO_2$ émis par personne ? demandé-je. Il faut remonter aux Romains ?

— Non certainement pas aux Romains ! s'esclaffe gentiment Franck. Mais on pense qu'autour de l'an 1800 on était proche des deux tonnes de $CO_2$ par personne. Mais attention, il n'y avait qu'un milliard de personnes, ce qui veut dire que par rapport à cette époque, nous avons multiplié grosso modo par quarante notre production d'énergie et de $CO_2$ émis !

— Incroyable. Pas étonnant qu'il y ait un problème ! En même temps, ça veut dire que si on revenait à l'époque 1800, on pourrait quand même vivre, d'autant plus qu'ils n'étaient sûrement pas plus malheureux que nous !

— Mais ils avaient d'autres priorités, ajoute José sentencieusement.

— Ce qui est sûr, c'est que pour résoudre le problème complexe du changement climatique, continue Bill, il faut s'attaquer en priorité aux plus gros émetteurs de $CO_2$ : arrêter les centrales à charbon, gaz et fioul bien sûr, et décarboner autant que possible l'industrie. Mais comme vous le dites, il faut aussi changer notre façon de vivre. Alors je ne dis pas forcément de revenir en l'an 1800, mais changer suffisamment, pour avoir moins besoin d'acier, de ciment, d'industries qui consomment beaucoup d'énergie, et de produits qui viennent de loin. Sinon, le problème perdurera et empirera.

— Je n'attendais pas cette réflexion d'un américain ! m'exclamé-je.

— Le problème est mondial ! Il y a donc forcément d'autres personnes dans le monde qui sont confrontées à ce problème, qui ont des lectures similaires, et qui arrivent aux mêmes conclusions, vous savez. Vous n'êtes pas d'accord ?

— Si, si bien sûr, bredouillé-je un peu confus.

— Alors comment se fait-il, enchaîne José, que l'on n'arrive pas à régler ce problème. Les conférences internationales se suivent et il n'en sort rien du tout !

— C'est parce que nous avons pris de très mauvaises habitudes, intervient Franck. Nous sommes devenus des enfants gâtés et jamais rien n'a réussi à limiter notre soif de consommer toujours plus. Nous n'avons jamais voulu nous limiter. Et comme les enfants gâtés, nous nous entêtons. Nous repoussons le moment où il faudra changer. En plus, nous ne croyons pas ce que nous disent la logique et les faits. Mais nous allons nous en mordre les doigts et il sera trop tard !

Après un bref silence, il enfonce le clou en nous regardant tous les trois :

— Oui, nous avons connu l'énergie facile et pas chère avec le charbon, puis le pétrole et l'uranium. Mais les choses sont en train de changer par notre faute. Nous sommes en train de faire couler la dernière goutte qui va faire déborder le vase ! Le pic de production de pétrole est probablement derrière nous. Et si nous n'entamons pas une phase de décroissance économique, l'uranium aussi sera épuisé d'ici cent à deux cents ans. L'énergie va donc devenir de plus en plus chère, les ressources minérales de la terre seront en grande partie consommées, et les engrais chimiques pour l'agriculture vont devenir des produits de luxe. Alors, si l'on rajoute le dérèglement climatique et la diminution de nos réserves d'eau douce, tout ce qui est essentiel à notre vie viendra à manquer… Le GIEC, vous savez, le Groupe d'Experts Intergouvernemental sur l'Évolution du Climat, parle d'insécurité alimentaire généralisée si on n'agit pas à temps ! Il est temps de passer à la décroissance !

— Le terme de décroissance me fait penser à ce que nous disait l'autre soir Claude que nous avons croisé dans notre auberge à Lugo.

Tu te souviens ? demandé-je à José.

— Ah oui, Claude ! Un gars extraordinaire qui travaille dans la finance, qui vient de faire le « Camino Frances » jusqu'à Saint-Jacques et qui revient maintenant à pied chez lui en France par le « Camino Primitivo » !

— Oui, un type étonnant, qui parlait un peu comme toi, en disant que l'on ne pouvait plus continuer avec la même croissance et qu'il faudrait introduire la notion de bonheur dans un nouvel indice économique qui remplacerait le PIB. Je me souviens aussi qu'au lieu de parler de décroissance, qui a une connotation négative, il préférait parler de progrès qui, lui, doit toujours continuer d'augmenter. Mais pas de n'importe quel progrès. Il parlait de tous les progrès dans le domaine médical, l'éducation, le logement et tout ce qui peut augmenter notre bonheur…

— Oui, pourquoi pas… Mais on n'est est plus à la querelle des mots. Parce que là pour moi, il y a urgence ! Car, qui dit insécurité alimentaire, continue Franck sans vouloir démordre apparemment de son idée, dit déplacements massifs de populations affamées et assoiffées. Et cela va conduire à une forte instabilité politique généralisée, avec l'installation de régimes autoritaires et hélas, des conflits meurtriers pour la survie.

— Tu n'es pas optimiste ! intervient José en laissant tomber ses bras ballants. Tu ne penses pas que l'on réagira avant ?

— Eh attends ! Tu disais à l'instant qu'il ne sort rien des conférences internationales ! Il y a donc fort à parier que toute cette gabegie continuera et qu'une majorité de politiques trouvera toujours des raisons pour temporiser et reculer les échéances. Non, hélas, je crains que mon scénario soit juste réaliste.

— Oui, confessé-je, c'est, hélas, possible. Mais il faut reconnaître que ce serait tragicomique ! Que l'Homme en arrive à ça ? Lui, qui s'estime réfléchi, intelligent, supérieur à tous les autres êtres de la création ! Qu'il en arrive à une lutte fratricide pour sa survie, un bain de sang, après avoir épuisé toutes les ressources de sa planète… alors que beaucoup d'entre nous croyons qu'il a été créé par Dieu ? Non, ce serait encore pire que tragicomique !

— Je suis bien d'accord avec toi ! Bienvenue au club ! achève Franck en me tapotant le dos.

Nous mangeons notre dessert et sommes pensifs. C'est une sorte de flan à la vanille dans un petit ramequin. Je le mange à petites bouchées en essayant de dessiner une fleur avec ma petite cuillère. Mais la fleur s'avachit lamentablement, comme mes pensées ce soir… Le patron, comme s'il avait deviné ou senti notre coup de blues, vient nous offrir un petit verre de gnôle. Ma foi, ce n'est pas de refus ! Je crois que nous avons tous besoin d'un remontant après l'intervention de Franck.

Avant de m'endormir, je recherche sur Internet des informations sur le GIEC. Il a été créé en 1988 ! Je me dis que j'ai dû louper une grosse étape, car j'ai l'impression que cela ne fait que quelques années que j'en entends parler… Je trouve de nombreux rapports. Ce que je lis sur la crise alimentaire n'est pas de nature à me rassurer, mais je vois qu'il y a tout de même des solutions, comme la gestion des terres d'une manière plus durable, ou la protection de la qualité des terres utilisées pour produire de la nourriture. Il faut aussi arrêter la déforestation, protéger les tourbières, réduire le gaspillage et diminuer notre consommation de viande.

Je me dis que toutes ces préconisations sont le minimum, et pourtant, même ça, ce n'est pas fait, ou si rarement. Il n'y a qu'à voir la déforestation… Du coup, je me tourne et me retourne dans mon lit, en attendant que le sommeil se décide à venir…

## Jour 31 : de Castaneda à Arca/O Pedrouzo (27 km). Ils étaient heureux d'être là…

J'ai l'impression que la nuit a été courte et la discussion d'hier au soir me revient à l'esprit. Mais je n'ai pas le temps de réfléchir, il faut se lever…

Heureusement, dehors le temps est idéal, ni trop froid, ni trop chaud. Le démarrage s'effectue facilement en compagnie de Bob. Étonnement renouvelé cependant, de devoir à présent partager le chemin avec une foule de marcheurs. Bob lui, qui arrive par le Camino Francès, trouve cela normal. En tout cas, José qui était passé par là il y a cinq ans ne reconnaît plus les lieux. Cela lui fait une curieuse impression. Toujours est-il que nous nous sentons en forme. Nous avalons facilement les kilomètres et nous nous arrêtons en fin d'après-midi à l'albergue située au centre du village d'Arca.

Cette auberge pour pèlerins est bien agencée. Elle possède à l'étage une grande terrasse ensoleillée, idéale pour faire sécher notre linge. On retrouve John l'Irlandais qui dort déjà dans le dortoir malgré le bruit de ceux qui entrent ou sortent de la pièce. Il doit être fatigué. Ce n'est pas étonnant, car apparemment il ne connaît pas autre chose que la marche à toute allure. Souvent parti après nous, il nous dépasse en effet comme une fusée toutes les fins de matinée. Évidemment, après il doit récupérer… Plus tard, c'est Paco et sa femme Cristina qui arrivent. Ils s'installent dans des lits superposés non loin de nous. Arrive presque au même moment un couple qui parle français et qui nous paraît dès le premier abord original. Lui, grand et élancé, la soixantaine à peine, visage bronzé et encadré par de longs cheveux blancs noués en bandana. Elle, plus jeune, svelte, avec une jolie figure parsemée de taches de rousseur et rehaussée par des cheveux foncés. Ils ont un genre artiste bobo qui détonne dans cette auberge pour pèlerins. Ils s'installent près de nous. Évidemment nous entamons la conversation. Hervé et Giorgia arrivent par le « Camino Francès ». Elle est d'origine italienne, viennent tous les deux du sud de la France et, bingo, ce sont des artistes : elle, céramiste, et lui, peintre. Ils sont partis de Saint-Jean-Pied-de-Port, il y a un mois environ. Comme nous, ils ont eu plutôt beau temps, avec des journées très chaudes les premiers jours. Ils sont heureux d'avoir trouvé plein de nouvelles idées pour leurs futures œuvres d'art. Hervé nous montre même quelques-uns des croquis qu'il a dessinés ces jours derniers et quelques photos des meilleurs endroits qu'ils ont traversés. Oui, il a un sacré coup de crayon !

Nous partons ensemble pour le repas du soir et entraînons John, Paco et Cristina. Les restaurants ne manquent pas dans ce village. La discussion s'engage tout naturellement sur les meilleurs moments que nous avons vécus au cours du pèlerinage.

Paco et Cristina ont préféré la traversée des Asturies, particulièrement belle et sauvage en cette saison :

— On avait trouvé notre rythme de croisière et on a pu vraiment apprécier les paysages. Le Pays basque aussi était très beau, mais on se fatiguait vite, parce qu'on manquait d'entraînement.

José précise que c'est le passage du Port de Palo Alto qu'il a le plus apprécié.

Pour moi, l'une des plus belles étapes est celle où nous nous sommes baignés dans l'océan, juste avant d'arriver à Celorio.

Pour Hervé et Giorgia, c'est la première étape jusqu'à Roncevalles qui a été la plus marquante. Ils ont beaucoup aimé aussi la traversée de la Meseta.

John, lui, hésite. Il a tout aimé depuis Oviedo, mais il finit par reconnaître qu'il a particulièrement apprécié un moment magique :

— C'était le matin très tôt sur la lande rase du plateau qui surplombe le barrage de Salime. Le jour n'était pas vraiment levé. J'étais comme dans une boule de coton, enveloppé dans un brouillard et un silence épais. Je marchais à tâtons, attentif à chaque brin d'herbe que j'allais fouler et à chaque rocher sur le bord du sentier à peine marqué, guettant l'apparition de la prochaine balise jaune.

— Et le moment où vous avez ressenti quelque chose de particulier, d'un peu extraordinaire ? demande José.

— Ah ça c'est facile ! éclate Paco d'un éclat de rire sonore et communicatif qui déclenche aussitôt d'autres rires autour de la table.

Et voilà Paco et Cristina qui nous racontent de nouveau l'épisode croustillant des deux pèlerines qui descendent de leur lit sans slip et en simple nuisette. Il nous semble à José et moi qu'ils rajoutent encore des détails par rapport à leur version de l'autre jour et nous rions tous aux larmes, autant de les voir, que d'imaginer la scène.

— Difficile de trouver plus amusant, continue John après le retour du calme. Et en plus, moi c'est moins rigolo. C'était il y a trois jours. Un groupe de cinq cyclistes en VTT m'avait dépassé et je les ai retrouvés un peu plus loin en bas d'une descente très glissante. L'un d'eux venait de chuter lourdement. Il s'était bien amoché l'épaule et le genou et avait sans doute quelque chose de cassé, car il semblait avoir très mal. Heureusement il avait le casque, sinon il se serait peut-être tué ! Ils étaient en train d'appeler des secours. Je les ai aidés en leur donnant ma couverture de survie et on l'a installé du mieux possible. Il délirait et disait à ses compagnons qu'ils devaient partir et qu'il les rejoindrait à Compostelle. J'ai fini par repartir, car je ne pouvais rien faire de plus. Ils m'ont dépassé un peu plus tard. Ils n'étaient plus que trois, car le quatrième était resté pour accompagner le blessé avec les secours. Ils allaient les retrouver à l'hôpital de Lugo.

— Et tu les as revus ? demande Cristina.

— Non, mais j'ai reçu un message rassurant le lendemain matin : il s'était cassé la clavicule et commençait à récupérer.

— Ah, il s'en passe des choses sur ce Chemin ! conclus-je.

Sentant tous les regards tournés vers moi, je reprends :

— Alors pour moi, c'était d'avoir été invité à entrer dans un magnifique jardin ensoleillé, par une femme qui nous a proposé un café. Elle avait son fils, handicapé mental, à ses côtés. Elle nous a raconté qu'elle était veuve depuis un an, et qu'elle allait aménager leur maison pour accueillir les pèlerins de passage. Il y avait une telle communion entre cette mère et son fils ! Je me souviens de ses mots : « Que sommes-nous sur cette terre ? L'important c'est l'amour que l'on peut donner autour de soi ».

— Moi, continue José, après un instant de silence, c'était le soir à la Casa de l'abuelo Peuto. Il y avait une ambiance et un partage incroyable, avec des gens venus de tous les horizons : des Allemands, des Polonais, des Suisses, un Coréen, un Israélien et un couple de Nouvelle-Zélande ! Ce fut un moment magique.

Après un petit moment de silence, c'est Hervé qui prend la parole après avoir échangé un regard avec sa compagne. Le ton de sa voix est grave :

— Pour Giorgia et moi, c'était le soir, dans la cathédrale de Burgos. Nous avions eu une longue étape… Nous étions fatigués et nous ne pensions au départ qu'à manger et puis à dormir. Et puis, comme notre pension était proche de la cathédrale, nous avons décidé d'aller y faire un tour pour voir. Et là, dans une chapelle latérale, il y avait un groupe de handicapés. Ils priaient et chantaient. Certains étaient en fauteuil roulant. Je me souviens plus particulièrement de l'un d'entre eux qui marchait avec une béquille et d'un autre qui paraissait aveugle, mais qui suivait le groupe comme si de rien n'était.

— Et ils étaient tout sourire, heureux d'être là. Cela se voyait sur leurs visages et dans leurs gestes, poursuit Giorgia, les yeux humides.

— Un des accompagnants nous a confirmé qu'ils allaient comme nous à Saint-Jacques. Ils comptaient mettre quatre à cinq semaines ! En faisant des étapes plus courtes que nous bien sûr, mais tout de même ! Je vous garantis que soudain, nous avons eu honte avec notre fatigue et nos petits soucis !

Que dire après ça ? Nous nous taisons, comme pour mieux nous imprégner des histoires vécues par nos compagnons de marche. Puis la conversation reprend doucement, puis de plus en plus fort et maintenant ponctuée de nombreux rires. Sans être délicieux, le repas est correct et suffisamment copieux pour combler notre faim. Nous revenons au gîte comme de vieux militaires qui ont fait leurs classes et plusieurs campagnes ensemble.

Je suis couché maintenant et les dernières paroles d'Hervé me reviennent en tête. Oui, quel exemple nous donnent ces jeunes qu'ils ont rencontrés, nous qui avons la chance d'être en pleine forme ! Demain nous arriverons au terme de notre pèlerinage. Je perçois vaguement chez mes compagnons de route et chez moi, le mélange curieux de deux désirs contradictoires : celui d'arriver enfin à Saint-Jacques et celui de prolonger encore les bons moments, comme ce soir. C'est peut-être pour cela que beaucoup de pèlerins continuent leur route jusqu'au cap Finisterre : pour reculer de quelques jours encore, le moment du retour, du retour à la vie « normale ».

## Chapitre VII
## Saint-Jacques-de-Compostelle

*Vivre simplement pour que d'autres puissent tout simplement vivre.*
Gandhi

Je suis réveillé. Il fait encore nuit. Je me tourne dans mon lit. Je me sens excité à l'idée d'arriver dans quelques heures à Saint-Jacques. Va-t-il faire beau temps ? Va-t-il pleuvoir ? La météo hier au soir était incertaine… Va-t-on réussir à retrouver d'autres pèlerins déjà rencontrés, savoir ce qu'ils sont devenus ? J'ai l'impression que tout s'est passé très vite, trop vite.

Je ressens encore plus fort qu'hier au soir, que l'aventure se termine. Je suis à la fois heureux d'arriver, de découvrir Saint-Jacques-de-Compostelle et l'atmosphère qui doit y régner, et nostalgique de sentir qu'une page va se tourner, qu'il va falloir passer à une nouvelle chose que je n'ai pas encore identifiée.

Ce Chemin a été riche en aventures, en rencontres et discussions. Je ne m'y attendais pas à ce point et José non plus, lui qui pourtant a déjà vécu un « Camino » il y a quelques années. Peut-être l'épidémie de Covid y est-elle pour quelque chose ? L'envie de rattraper le temps perdu ? De partager ? En tout cas, nous avons ressenti une envie de communiquer sur des sujets de société et quelquefois même, sur des sujets plus personnels. Je me dis aussi que j'ai bien fait d'enregistrer les conversations échangées çà et là et de prendre des notes au fur et à mesure. Sinon, je commencerais probablement à mélanger les dates et les lieux ! Alors que dire, d'ici quelque temps !

Je me suis rendormi… Mon téléphone posé sous mon oreiller sonne l'heure de se lever. Je prends conscience que d'autres pèlerins s'agitent autour de nous, et puis je réalise tout d'un coup que c'est aujourd'hui la dernière étape. Comme les autres matins, inutile d'essayer de prolonger l'instant, je saute du lit.

## Jour 32 : de O Pedrouzo à Santiago de Compostella (20 km). L'apothéose de l'arrivée

Nos sacs sont vite bouclés et le petit déjeuner rapidement avalé. La dernière étape ! Je réalise à peine. Nous sommes tous fébriles…

Le jour n'est pas encore levé quand nous partons. Les premiers kilomètres sont parcourus en suivant des groupes de marcheurs éclairés avec des lampes frontales. Heureusement, le ciel est clair et le soleil ne tarde pas à faire son apparition pour nous réchauffer. Un peu plus loin, nous arrivons à la hauteur d'une petite femme à l'allure étrange. Ses vêtements sont fluorescents et très voyants et elle porte un sac à dos énorme pour sa taille. Elle s'appuie à chaque pas sur un grand bâton rappelant un peu la maquilla des basques. Sur sa tête, un bandana enserre ses cheveux noirs piqués de nombreuses fleurs ramassées sur le bord du Chemin. J'engage la discussion en espagnol. Pas de réponse. J'essaye en anglais :

— Where do you come from ?

Elle tourne la tête pour me regarder et je devine alors à ses yeux qu'elle est asiatique. Elle nous apprend qu'elle vient du Japon, qu'elle est bouddhiste et qu'elle est partie seule de Moissac, il y a près d'un mois et demi ! Il est difficile de lui donner un âge : cinquante, soixante ans, plus ? Comme nous nous étonnons de trouver une Japonaise sur le chemin de Compostelle, elle nous explique qu'elle a déjà fait à pied le pèlerinage bouddhiste de Shikoku au Japon, et qu'elle a eu envie de faire celui de Saint-Jacques.

— Et lequel préférez-vous ? demande José.

— Ils sont à la fois très différents et semblables. Ce sont des chemins spirituels. Le chemin de Shikoku a 1200 ans. Il est donc très ancien, comme celui de Saint-Jacques. On l'appelle aussi le chemin de la sagesse. Les pèlerins, on dit les « henro », sont habillés en blanc. C'est un signe de deuil, mais aussi de pureté et d'innocence. Ils utilisent aussi une sorte de crédentiale tamponnée tous les jours par des moines.

Nous marchons de front quelques minutes en silence, puis :

— Buen camino ! nous dit-elle. On se retrouvera à Saint-Jacques, vous marchez plus vite que moi !

On sent José et moi qu'elle souhaite vivre intérieurement l'arrivée de son pèlerinage. Nous lui souhaitons « buen camino » à notre tour et accélérons légèrement le pas.

Nous passons ensuite à Lavacolla, où autrefois les pèlerins s'arrêtaient pour se laver et changer de vêtements avant d'arriver à Saint-Jacques. Puis nous arrivons au mont « Gozo » où était venu le pape Jean Paul II en 1989. Nous y croisons de nombreux groupes de jeunes. Certains font une prière, d'autres se restaurent. Quelques kilomètres plus loin, nous entrons enfin dans Saint-Jacques-de-Compostelle avec le flot des pèlerins, par la « Porto de Camino ».

Les deux derniers kilomètres dans les rues pavées de la vieille ville de Santiago me paraissent interminables. Nous sommes obligés de marcher plus lentement, car nous suivons et croisons de nombreux pèlerins dont le nombre me semble croître encore. Nous débouchons enfin sur le grand parvis de la cathédrale. Il est juste midi et les cloches nous accueillent en sonnant à la volée. Nous prenons des photos pour immortaliser l'instant et envoyons des messages à la famille et aux amis pour dire notre joie. Le spectacle de cette foule de pèlerins sur la place est inouï. Les gens s'embrassent, se tapent dans le dos en se félicitant, puis se photographient. Certains tombent sur le dos, les bras en croix pour signifier je suppose, leur épuisement et leur satisfaction d'avoir atteint le but. D'autres, dans une deuxième phase après leur arrivée, assis dans un coin, mangent pour reprendre des forces ou écrivent une carte postale.

Nous mangeons à notre tour un « bocadillo de jamon serrano » dans un petit café tout près de là. Le patron a travaillé en Suisse du côté de

Neuchâtel ! Il a aimé la vie de cette époque, mais se préfère ici. Puis on trouve une chambre dans une pension pour pèlerins à deux pas de la cathédrale. Les places sont chères : c'est la dernière chambre et il faut discuter pour que la logeuse accepte finalement de nous prendre pour deux nuits. Nous allons ensuite à la gare pour prendre nos billets de train pour revenir à Irun après-demain. Manque de chance, le préposé de la RENFE nous place José et moi dans des wagons différents ! Heureusement, nous nous en apercevons avant de quitter la gare et il faut revenir parlementer avec le préposé, pas commode, qui accepte finalement de nous trouver deux places côte à côte. Décidément les guichetiers de la RENFE nous en veulent…

Nous pouvons aller chercher maintenant notre « Compostella ». Quelle queue, au moins une heure ! L'avantage est que nous retrouvons là Éric le Québécois, John l'Irlandais, Franck le Français et les trois Américaines Sandra, Patricia et Sarah que nous n'avions pas revues depuis Cornellana. Tous paraissent heureux et en pleine forme. Nous nous donnons rendez-vous ce soir dans un bar restaurant à côté de la Porte du Camino. C'est John qui va réserver. Il nous fait un clin d'œil à José et moi, et nous dit en partant :

— Je vais inviter aussi un pèlerin très intéressant que j'ai rencontré hier et qui loge dans le même hôtel que moi. Vous allez aimer… Il est parti de Roncevaux. C'est un astrophysicien espagnol ! Il est intarissable sur les questions d'énergie, vous verrez !

— Super ! Ça promet !

En revenant vers notre pension, nous allons visiter la cathédrale et la crypte, où sont déposées les reliques de saint Jacques. Nous montons aussi le petit escalier qui conduit à la statue dorée de saint Jacques dans la chapelle Majeure. Les pèlerins se pressent dans ce couloir exigu et mal aéré et touchent pieusement la statue.

En partant pour le restaurant, nous passons de nouveau sur la grande place de la cathédrale. Ce soir, il y a de l'animation dans la ville. Lorsque nous arrivons au restaurant, John est déjà là. Il nous accueille tout sourire dès notre entrée et nous présente Roland qu'il a rencontré la veille et qui est parti de Roncevaux.

— Ah vous êtes Roland de Roncevalles ! commence José en espagnol, le sourire aux lèvres !

Voyant la surprise de Roland, José explique en riant pourquoi il a fait le lien avec le vaillant guerrier Franc, neveu de Charlemagne, qui selon la légende périt à Roncevaux. Roland rit aussi de bon cœur. Il a dans les cinquante ans, et a pris près d'un mois de congé pour faire le pèlerinage. Nous apprenons qu'il a fait ses débuts au CERN à Genève puis qu'il a travaillé dans différents instituts d'astrophysique et qu'il a beaucoup voyagé au cours de sa carrière. Nous commençons à nous installer autour de la table en attendant Franck et les trois pèlerines américaines qui ne tardent pas à arriver. Notre tablée, tout comme les voisines, est animée et joyeuse.

Je ne résiste pas longtemps au plaisir de dire à Roland :

— John nous a dit que vous aimiez parler des questions d'énergie et que vous êtes passionnant…

— Ah ! Je vois qu'il a aimé notre discussion hier au soir. C'est vrai que tout ce qui touche à la production d'énergie est à la mode aujourd'hui, ajoute-t-il avec un large sourire. On dirait que l'on commence à se rendre compte, maintenant que l'énergie devient plus chère, qu'elle conditionne le prix de tout ce que nous consommons pour vivre : les produits agricoles, tous les produits frais, tous les produits issus d'une transformation, comme le sucre ou le pain, et ceux qui viennent de loin et doivent être transportés.

— Il était temps ! m'exclamé-je.

— Oui ce n'était pas trop tôt ! Mais attention, ce n'est qu'une prise de conscience qui peut être volatile en fonction des circonstances ! Ce n'est donc pas le moment de baisser les bras. Il faut que tout le monde comprenne que toute notre économie de pays développés repose essentiellement sur deux choses : la possibilité de produire de l'énergie à profusion et la possibilité de disposer de matières premières. J'entends par là toutes sortes de matières premières. D'abord les matières premières agricoles, ce qui veut dire : climat propice, et bien sûr terres fertiles et eau douce à disposition. Et puis, tout ce que l'on pourrait appeler ressources minérales et que l'on extrait de la terre comme le fer, le magnésium ou le sable. Or cette double dépendance vis-à-vis de l'énergie et de la disponibilité des matières premières nous place en fâcheuse posture, devant trois problèmes majeurs. Le premier c'est que les ressources minérales sont présentes sur Terre en quantités finies : elles vont donc être un jour épuisées. Heureusement, tout de même, elles peuvent être en partie recyclées au prix d'une plus ou moins grosse dépense d'énergie. Le deuxième problème, c'est la quantité énorme d'énergie dont nous avons besoin. Elle est produite aujourd'hui à 80 % à partir de réserves de carbone fossile. Or nous savons que ces réserves, qui ont mis des millions d'années à se constituer, seront à plus ou moins long terme complètement épuisées, sans aucun espoir de pouvoir les reconstituer aussi vite que nous le voudrions. Cette production d'énergie à partir de carbone fossile ne peut donc être qualifiée de pérenne. Soit dit au passage qu'il en est de même avec l'énergie nucléaire basée sur les réserves d'uranium. Et troisième problème, cette consommation effrénée de carbone fossile est en très grande partie responsable du changement climatique actuel !

— Il faut donc changer et passer au 100 % renouvelable !

— Oui, d'accord, mais c'est plus facile à dire qu'à faire, reprend Roland en souriant à belles dents, d'autant plus que nous ne voulons pas nous priver de cette énergie relativement peu chère jusqu'à présent.

— Eh oui, l'énergie c'est comme une drogue ! Un besoin dont nous ne voulons plus nous passer, ajoute John de l'autre côté de la table.

— Oui, c'est tout à fait ça ! reprend Roland en riant. Je vois que John a bien retenu notre discussion d'hier au soir. Mais bien sûr, nous sommes nombreux à penser que la technologie nous sauvera une fois de plus ! Or cette fois, ce n'est pas si sûr que cela.

— Vous ne seriez pas un peu pessimiste ? intervient José qui se raccroche à la dernière phrase.

— Non, je pense que je suis réaliste. Ce serait d'ailleurs contre-productif d'être pessimiste. On espère tous bien sûr des progrès technologiques, comme l'augmentation du rendement des panneaux solaires ou la mise au point de la fusion nucléaire. Mais cela ne résoudra pas pour autant le problème de toutes les ressources minérales, dont les stocks limités s'épuisent maintenant à grande vitesse. D'autant plus que les technologies du futur nécessiteront de plus en plus de nouveaux matériaux. Il faudra donc composer avec cette raréfaction des ressources minérales, quitte à détruire d'anciennes constructions ou d'anciens produits, pour pouvoir en recycler les différents composants.

— Plus question alors de faire la collection de vieux objets !

— Sauf s'ils ont de la valeur. Mais de toute façon, ça deviendra une obligation à un moment donné dans notre développement de recycler tout ce qui est recyclable. Je ne vois pas comment on pourra faire autrement, dans la mesure où notre monde, la Terre, n'est pas extensible. Et puis, ce que je voulais ajouter, c'est que même si la fusion nucléaire voyait le jour dans les cinquante prochaines années par exemple, elle nécessitera énormément de moyens pour sa mise en œuvre et il n'est pas sûr que son prix soit compétitif avec le prix actuel de l'énergie.

— Mais supposons que le prix devienne compétitif, insiste José.

— Oui, bien sûr ! C'est tout à fait possible, mais plus tard, lorsque la technologie deviendra mature. Mais alors il faudra se méfier de l'effet rebond.

— Ah oui, intervient Franck. C'est l'effet provoqué lorsqu'une limite imposée à la disponibilité d'un produit est brusquement réduite. Ici ce serait le prix de l'énergie qui serait brusquement réduit avec la fusion nucléaire. Donc, selon la loi de l'effet rebond, cela provoquerait un accroissement de la consommation d'énergie.

— C'est tout à fait ça ! acquiesce Roland.

— Il y a des exemples ? demandé-je.

— Ah oui, très nombreux. L'un des plus connus est celui de la machine à vapeur conçue par James Watt vers la moitié du 18e siècle. Sa machine avait un bien meilleur rendement que les autres machines et utilisait donc moins de charbon. Mais en fait, cette invention a permis l'essor de la machine à vapeur, ce qui a conduit à consommer au total beaucoup plus de charbon.

— Cela revient-il à dire que le progrès technologique est dangereux ou contestable ? demande José sentencieusement.

Rires de Roland, qui reprend :

— Vous savez comme moi que ce n'est pas le progrès en soi qui est potentiellement dangereux. C'est l'utilisation que l'on en fait. Il y a des domaines où c'est très vrai. On connaît tous l'atome, et le génie génétique. Ces domaines sont très encadrés et il n'est normalement pas possible de faire « n'importe quoi ». Mais il y a de nombreux autres domaines où le risque est heureusement moins grand. Toutefois, attention, parce que cela ne veut pas dire absence de risque. Si par exemple on considère que la voiture individuelle représente un progrès par rapport au déplacement à cheval, le fait qu'il y ait maintenant des milliards de voitures devient problématique à de nombreux points de vue.

Roland cherche notre assentiment du regard puis résume sa pensée :

— Donc vous voyez, je suis convaincu que nous devons, en tant qu'humanité, faire face à deux évidences. La première, c'est que nos ressources minérales sont limitées et que pour élaborer un nouveau produit, il faudra un jour le faire aux dépens d'un ancien qui devra être détruit pour en récupérer la matière. La deuxième, c'est que la disponibilité de l'énergie sera limitée, même si la fusion nucléaire voit le jour et que cette limitation demandera des arbitrages.

— Mais les pays qui ont du pétrole, du charbon ou du gaz vont tout faire pour continuer de les produire ! intervient Franck.

— Oui c'est tout à fait possible, hélas ! Heureusement, dans le meilleur des scénarios, on peut toutefois imaginer que de nouvelles méthodes beaucoup plus efficaces et moins chères pour capter et stocker le CO2 verront le jour, afin de limiter le réchauffement climatique. Mais comme je le disais, toutes ces ressources de carbone fossile qui ont mis des millions d'années à se constituer, seront de toute façon complètement épuisées un jour.

— Et à côté de ça, il y a de l'énergie à revendre dans le cosmos ! m'écrié-je.

— Oui, vous avez raison, une énergie inimaginable, mais à la fois tellement dispersée et concentrée dans des milliards et des milliards d'étoiles… L'étoile Proxima du Centaure, notre première voisine, est à un peu plus de quatre années-lumière. Même avec elle, nous n'avons aucune chance de profiter de l'énergie qu'elle dissipe. Pour nous sur terre, nous sommes obligés de faire confiance à notre soleil qui permet de faire vivre directement ou indirectement la quasi-totalité des organismes vivants connus.

Après un court instant de silence, Roland reprend :

— Avez-vous vu les premières images prises par le télescope spatial James Webb ?

Nous acquiesçons d'un signe de tête.

— Magnifiques, non ! C'est vrai qu'elles nous plongent dans l'immensité. Une immensité splendide et inconcevable, qui nous montre combien nous sommes isolés et probablement sans espoir de rencontrer physiquement un être vivant venant d'une autre planète. Je ne peux pas affirmer que cela ait été fait exprès, mais en tout cas c'est un fait, nous sommes terriblement isolés du reste de l'univers. Et pourtant la Vie est arrivée sur notre Terre. Comment et à quel moment ? Difficile à dire… Cela s'est peut-être produit seulement lorsque la température est devenue compatible avec la Vie. En tout cas, elle s'y est développée et a même explosé sous les différentes formes que nous connaissons aujourd'hui. Mais la Vie fait peut-être partie intrinsèque de l'univers. Elle pourrait être l'une des composantes de cet univers. C'est peut-être le lien invisible qui nous relie à d'autres planètes habitées ailleurs dans l'univers et qui ferait que nous ne serions pas au fond si isolés que cela… Il y a une question qui me taraude et sans doute aussi de nombreux autres scientifiques. C'est de savoir si toutes ces vies que l'on suppose ailleurs sur d'autres planètes obéissent, elles aussi, au seul et unique code génétique que nous connaissons sur la Terre ? Ce n'est pas demain que nous aurons la réponse ! En tout cas, une communication radio ou similaire avec d'autres êtres ou civilisations possédant notre niveau d'évolution technologique sur une planète « vivable » ne serait pas impossible. Dans un rayon de cent années-lumière autour de nous, il y a deux ou trois planètes « vivables ». Si on agrandit le rayon autour de nous à 1000 années-lumière, il y en aurait beaucoup plus. Cependant, comme nous n'avons pas encore reçu à ce jour de signe de vie intelligente en provenance de l'une de ces planètes, on peut en déduire sans trop se tromper, qu'il n'y avait pas ou qu'il n'y avait plus, il y a mille ans sur l'une de ces planètes, de civilisation qui avait atteint ou dépassé notre développement technologique actuel. En d'autres termes, si l'on admet comme fortement probable le développement d'autres civilisations sur d'autres planètes dans un rayon de 1000 années-lumière, ce qui est assez peu à l'échelle du cosmos, notre civilisation serait soit la plus avancée, soit sensiblement au même niveau technologique qu'une ou plusieurs autres, auquel cas nous devrions bientôt recevoir des signaux ! Mais de toute façon, parler de communication dans ce cas-là, oui sans doute, mais une communication avec un délai de réponse énorme, qui hormis le gros impact psychologique, bon ou mauvais d'ailleurs, que cela pourrait avoir, ne serait pas d'une grande aide à court et moyen terme pour juguler les problèmes que nous rencontrons aujourd'hui.

Roland est intarissable. S'il s'est montré aussi loquace les autres soirs, il a dû passionner nombre de pèlerins.

— Penses-tu que l'homme puisse disparaître à plus ou moins brève échéance, demande José, visiblement passionné lui aussi.

— Rien n'est impossible ! Les dinosaures et d'autres espèces ayant vécu à la même époque ont bien disparu ! À la différence que dans leur cas, cette disparition a été provoquée par un phénomène extérieur : l'écrasement d'une mégamétéorite sur la Terre. Dans le cas de l'homme, je craindrais davantage qu'il soit lui-même l'artisan de sa propre perte. Nous avons développé tous les outils pour cela ! Mais si après une guerre atomique généralisée, il ne disparaît pas complètement, ce qui serait tout de même assez réaliste, notre civilisation humaine serait alors confrontée à un recul inédit de probablement plusieurs siècles en arrière. Alors bien sûr, notre avenir dépendrait en grande partie de notre attitude pendant cette période de recul. Soit nous continuons des luttes meurtrières entre factions rivales, ce qui serait catastrophique, soit nous unissons nos moyens, pour nous en sortir plus rapidement. Mais, même dans cette seconde option, il ne faudrait pas exclure un accident incontrôlable comme une attaque virale majeure, du type Covid, qui pourrait s'avérer fatale pour l'humanité si nous n'avons plus les moyens technologiques d'y faire face…

— Vous n'êtes pas très optimiste !

— C'est vous qui me posez la question ! J'essaye d'y répondre de manière pragmatique en examinant les divers cas possibles. Cela ne veut pas dire qu'ils se produiront. À nous d'être suffisamment intelligents !

— Oui, là est la question ! répond José. Je ne suis pas sûr que l'Homme ait toujours su faire preuve d'intelligence. Il n'y a qu'à voir toutes ces guerres qui ont jalonné notre histoire. Pourquoi ? Pour quel résultat ? Un bilan effroyable ! Et chaque nouvelle guerre est la preuve de notre incapacité à imaginer quelque chose de plus positif et de plus noble.

Notre soirée se termine de façon plus désinvolte en parlant de nos aventures sur le Chemin et les histoires ne manquent pas.

Il y a encore du monde dans les rues lorsque nous rentrons à notre pension. Mais rien à voir avec l'effervescence de la journée. Nous rejoignons notre chambre et je contemple rêveur, les toits de la ville par la petite fenêtre à côté de nos lits. Ça y est, nous sommes vraiment à Saint-Jacques ! J'écris encore trois ou quatre cartes postales qui partiront demain et je complète mon carnet de notes. Les cloches de la cathédrale sonnent vingt-deux heures. Je ne tarde pas à m'endormir.

## Jour 33 : Journée à Santiago

La nuit a été calme, ponctuée sur le matin cependant, d'un rêve qui aurait pu être fantastique, mais revenait constamment en boucle et qui n'avait bien sûr, ni queue ni tête. Était-ce la conséquence de notre très intéressante discussion hier au soir avec Roland et du repas quelque peu arrosé ? Sans doute !

Mais pas le temps de rêvasser ce matin, car José qui vient de se lever, découvre quelques taches rouge sombre sur ses draps. Je saute aussitôt du lit. C'est pas vrai ! Ça recommence ! Nous sommes bel et bien face à une nouvelle attaque de punaises ! Retour sur Internet pour étudier la biologie de ces bestioles et relire comment s'en débarrasser. Leurs œufs éclosent après cinq à dix jours d'incubation, ce qui correspondrait à l'attaque que nous avons subie juste avant Lugo. La solution préconisée pour les éradiquer est de mettre toutes les affaires contaminées (sac à dos compris) pendant au moins huit jours dans un congélateur ! Et où trouve-t-on un tel congélateur ? Internet ne précise pas… Pas chez moi en tout cas !

On ausculte donc toutes nos affaires, sans rien trouver de suspect. On les secoue une à une par la fenêtre de notre chambre qui donne sur les toits, sans oublier notre sac à dos. Puis on les range à nouveau en les roulant à chaque fois que possible dans des sacs en plastique. On suspend enfin notre sac à dos pour éviter qu'il ne traîne au sol… Puis on prend notre douche. On ne peut rien faire de mieux pour l'instant.

À midi, nous allons à la messe des pèlerins. La cathédrale est remplie ! Nous assistons un peu inquiets au spectacle de l'encensoir « botafumeiro »[41] propulsé à toute vitesse au bout d'une corde juste au-dessus de l'assemblée. Il ne faudrait pas que l'engin se décroche !

Pour le repas, nous retournons dans le café-restaurant où nous sommes allés hier midi et dont le patron parle le français. Il est intarissable et a un avis sur tout. José en profite pour s'amuser à lui poser des questions qui seraient improbables avec d'autres personnes. C'est ainsi que nous apprenons pêle-mêle comment il a pu gérer la crise Covid sans trop y perdre de plumes, là où il se rend pour les vacances depuis une dizaine d'années, et tout sur le prix du gaz qui augmente en Espagne.

L'après-midi, nous prenons le temps de retourner à la cathédrale pour visiter le musée et le cloître. En ressortant, nous avons l'impression d'avoir traversé plusieurs siècles d'histoire !

Puis nous retournons à la pension en déambulant dans les rues autour de la cathédrale à la recherche de petits souvenirs. C'est alors que nous avons la surprise de tomber, sur Ingrid et sa mère Christa, suivies par

[41] *L'encensoir pèse 53 kg et mesure 1,50 m de haut. Il est suspendu à la couple centrale de la cathédrale et peut atteindre 68 km/h.*

Judith, Julia et Andrea à quelques mètres derrière elles ! Ils se sont tous rencontrés il y a deux jours et viennent d'arriver. Judith, que nous n'avions pas revue depuis Santander, est très heureuse. Elle semble en forme et n'en revient pas de fouler les rues de la ville de Compostelle, après avoir dû surmonter tant d'embûches et de difficultés !

Nous nous donnons rendez-vous bien entendu pour le repas du soir dans un restaurant repéré à deux pas de là.

Lorsque nous y arrivons. Il faut nous serrer autour d'une table ronde. La salle est pleine et bruyante ! Nous racontons à tour de rôle les meilleurs moments de notre pèlerinage depuis notre dernière rencontre.

Julia et Andrea ont tellement aimé le Chemin qui passe le long de la côte, qu'ils ont décidé de reprendre, dès demain matin, leur marche jusqu'au cap Finisterre. Un petit répit de quelques jours avant de retrouver leurs grands enfants et leur travail dans la région de Brême.

Judith, elle, rentre demain par un vol direct jusqu'en Allemagne. Elle est heureuse de retrouver son travail de préparatrice en pharmacie et toutes ses amies qui l'ont suivie sur son blog.

Ingrid et Christa vont profiter d'être en Espagne pour rejoindre Barcelone en avion et y passer deux jours, avant de retourner chez elles en Allemagne. Ingrid va continuer ses études de droit.

Pour José et moi, demain sera une journée de train jusqu'à Hendaye où nous retrouverons nos femmes. Puis, après une nuit sur place, nous rentrerons chez nous. Pour la suite, nous n'avons pas de projet particulier, si ce n'est de nous retrouver à Toulouse d'ici un mois avec d'autres amis d'études, histoire de parler de cette fantastique aventure que nous venons de vivre, et de partager nos photos.

Nous qui étions jusqu'à maintenant dans le présent immédiat, voilà que déjà nous évoquons nos souvenirs à l'imparfait ! Nous sentons tous qu'une page se tourne, que le Chemin s'éloigne inexorablement. Même si nous essayons de le retenir de toutes nos forces par nos rires, les toasts, les promesses de s'écrire, rien n'y fait ! Oui, chacun repart vers sa vie d'avant…

Il est tard. Nous rentrons silencieux et le cœur serré jusqu'à notre pension. Une petite pluie fine tombe sur Saint-Jacques. Tous les sons semblent atténués. Les autres pèlerins semblent aussi raser les murs pour rejoindre en silence leur gîte pour la nuit. Les tours de la cathédrale se cachent dans la brume. Cette atmosphère triste qui détonne avec l'animation d'hier est à l'unisson avec mon âme.

Je me demande si j'ai changé au cours de ce pèlerinage. L'impression est confuse. Je ne sais pas… Je m'en ouvre à José :

— On change toujours après une telle expérience, m'assure-t-il. On ne s'en rend pas forcément compte soi-même. Mais tu verras ! Patricia ne manquera pas de te dire si certains changements, liés par exemple à notre vie de tous les jours, ont un peu tendance à l'agacer… Bon, ces changements-là devraient disparaître, mais d'autres pourraient subsister plus longtemps et l'important, ce sera ce que tu en feras !

## Jour 34 : Le retour en France. Une nouvelle vie va commencer

Nous sommes dans le train qui nous ramène en France. Il y a de nombreux pèlerins comme nous, reconnaissables à leur sac à dos et à leurs chaussures de marche plus ou moins crottées. De l'autre côté de la travée, une femme dans nos âges voyage avec une jeune fille. Elles parlent français entre elles ! Nous engageons la conversation. La plus âgée, toute fière, nous explique qu'elle revient de son deuxième pèlerinage à Saint-Jacques, et qu'elle l'a fait avec sa dernière petite-fille, seize ans et demi, ici présente ! Elle ajoute aussitôt :

— Nous sommes parties toutes les deux de Saint-Jean-Pied-de-Port il ya trente-cinq jours. Et mon premier pèlerinage, je l'ai fait il y a trois ans avec sa sœur aînée !

Elle nous explique qu'elle a, sans le vouloir, instauré une sorte de tradition dans sa famille : celle de partir en pèlerinage à Saint-Jacques avec chacun de ses petits-enfants. Déjà le troisième pèlerinage est en cours de préparation avec un petit-fils qui a aujourd'hui à peine quinze ans ! C'est formidable cette connivence entre générations.

Le voyage est long. Notre esprit vagabonde et quelquefois s'endort alors que nous admirons les paysages, souvent sauvages, qui défilent par la fenêtre du train… Lorsque nous approchons de Leon, puis de Burgos, José reconnaît, enthousiaste, certains passages qu'il avait empruntés lors de son premier Saint-Jacques.

Il fait presque nuit lorsque nous arrivons à Irun. C'est drôle de se retrouver en France, là, sur le quai d'où nous étions partis il y a un peu plus d'un mois ! Il fait frais dehors et nos femmes nous attendent au chaud dans la gare. Nous sourions en apercevant leurs regards étonnés qui découvrent nos visages barbus, nos tignasses et nos tenues de marcheurs. Embrassades, rires et soulagements de nous savoir de retour…

Nous allons manger dans un restaurant à côté de l'endroit où nous allons passer notre première nuit sur le sol français. L'appétit est bon, les questions fusent et nous répondons aux nombreuses questions de nos compagnes. Notre nouvelle vie commence…

## Chapitre VIII
## Épilogue

*Le monde, votre monde, n'est pas le même que celui de votre voisin. Vous devez prendre conscience que chacun perçoit le monde de son point de vue.*

Raphaëlle Giordano,
*Le jour où les lions mangeront de la salade*

Plusieurs mois sont passés maintenant depuis la fin de mon pèlerinage à Saint-Jacques-de-Compostelle. Le retour à la vie « normale » s'est déroulé de manière typique, je pense. Dans un premier temps, je me suis beaucoup cherché, je ne savais plus trop quoi faire de mes journées, hormis tenter de recréer du lien avec mon ami José et les pèlerins que nous avions rencontrés sur le Chemin. Cette période m'a permis, fort heureusement, de mettre au propre mes notes et de les clarifier, tant que la mémoire des faits était encore fraîche.

Puis une deuxième période est arrivée, celle où la vie reprend ses droits, où les activités routinières se remettent en place, où les échanges avec les rencontres faites sur le Chemin s'espacent et finalement se tarissent, à l'exception bien sûr de la correspondance régulière que j'entretiens toujours avec José.

Trois mois environ après mon retour, je me suis décidé à encadrer ma crédentiale dûment tamponnée ainsi que le parchemin qui m'avait été remis à Compostelle. Et assez fier, je les ai aussitôt accrochés au mur de mon petit bureau. C'est à ce moment-là que j'ai senti que mon pèlerinage à Saint-Jacques venait vraiment de se terminer.

Que faire cependant de toutes les notes prises et mises au propre et de tous les dialogues enregistrés au cours du pèlerinage ? Les laisser dans un carton ? Puis les oublier ? Autant les jeter tout de suite à la poubelle… Non, je ne voulais pas que les impressions que j'avais ressenties ni que les témoignages que j'avais recueillis soient définitivement perdus. Je percevais de manière diffuse le besoin de délivrer ce que m'avait donné le Chemin, ce qu'il m'avait fait comprendre petit à petit. Je voulais aussi relayer les inquiétudes et les questionnements sur l'avenir du monde, de tous les pèlerins anonymes que j'avais rencontrés. Notre condition de marcheur en quête d'un idéal avait sans doute favorisé nos échanges et j'avais été le témoin étonné de toutes ces personnes prêtes à faire quelque chose pour sauver ce qui leur paraissait essentiel. Alors je me suis dit qu'il fallait que j'écrive un livre, ce livre…

Mais cela m'a pris du temps ! Je voulais tout d'abord que les questions et les propositions recueillies sur le chemin de Saint-Jacques soient présentées de la façon la plus simple et la plus claire possible. J'ai été ensuite assailli et submergé par les nouvelles liées à la reprise économique après la pandémie de Covid, et puis surtout par la guerre horrible en Ukraine. En écoutant les actualités, j'avais l'impression que tous les beaux sentiments que j'avais perçus pendant mon pèlerinage étaient remis en cause. Que les résolutions pour tenter de sauver notre planète du mal qui la ronge, étaient oubliées par nos dirigeants et de nombreux citoyens, ou remises à plus tard, quand l'inflation sur les prix, notamment ceux de l'énergie et de l'alimentation, serait terminée…

Ainsi, réclamons-nous du pétrole, du gaz et de l'électricité moins chers pour nous déplacer, pour nous chauffer, pour aller travailler, pour produire ce dont nous avons besoin… pour vivre, tout simplement ! C'est humain… D'autant plus que d'autres pays riches comme les États-Unis semblent profiter de l'aubaine.

Du coup, la plupart des gens qui ne savaient déjà plus trop quoi penser semblent agir de plus en plus en fonction de leurs seuls intérêts immédiats… Je me demande si nous n'avons pas complètement perdu la tête ! Ou, comme on dirait dans ma Gascogne natale « si nous ne sommes pas tombés sur la tête ! ». La phrase que Jacques Chirac avait proclamée dans son discours au sommet de la Terre en 2002 à Johannesburg « Notre maison prend feu et nous regardons ailleurs » me paraît encore plus vraie aujourd'hui. Il suffit en effet d'observer les hommes et les femmes dans nos pays dits riches. La plupart font comme si de rien n'était. Ils utilisent par exemple leur voiture pour un oui ou pour un non, s'insurgent contre les limitations de vitesse et prennent des libertés avec elles. Évidemment, insouciants de la consommation de leur véhicule, ils font des accélérations inutiles et laissent tourner leur moteur pour profiter du chauffage ou de la climatisation lorsqu'ils sont à l'arrêt. Et curieusement, très souvent les mêmes, se plaignent de l'augmentation du prix des carburants à la pompe. Nous ne sommes pas à une contradiction près…

De même, l'exemple de la production d'énergie est édifiant, avec des experts ou supposés experts qui ont des idées diamétralement opposées ! Pour les uns, les émissions de CO2 liées à l'utilisation du carbone fossile, houille ou pétrole ne sont pas un problème, alors qu'elles sont responsables du dérèglement climatique pour les autres. Les avis divergent aussi pour les nouvelles énergies : éoliennes ou panneaux solaires ? Elles sont la solution pour les uns, alors que pour les autres, elles sont encore pires que les énergies fossiles. Qui croire ? Pour ajouter à la confusion, certaines personnes critiquent les positions opposées aux leurs en devenant agressives, en prônant des solutions extrêmes ou en diffusant des infox.

Pourtant, je suis persuadé qu'au fond de nous, nous connaissons tous le chemin qu'il faudrait suivre. Comme l'écrit Paulo Coelho dans « Le Pèlerin de Compostelle », « nous voyons toujours le meilleur chemin à suivre, mais nous ne prenons que le chemin auquel nous sommes accoutumés ». Je dirais aussi le chemin le plus facile ou celui susceptible de nous apporter plus de plaisir à court terme.

Et même si nous n'avions pas une idée précise du chemin qu'il faudrait prendre, nous devrions avoir naturellement une opinion commune sur tout ce qui touche à notre planète Terre et pour estimer ce qui peut être bon ou mauvais pour elle, puisque nous y vivons et que nous partageons tous le même destin. La difficulté, cependant, est que les perceptions sont différentes d'une personne à une autre, d'une région à une autre, d'un pays à un autre et pire encore d'un continent à un autre. « Votre monde n'est pas le même que celui de votre voisin », nous rappelle Raphaëlle Giordano dans « Le jour où les lions mangeront de la salade ».

Mais les plus grandes différences de perception ont sans doute lieu entre les personnes des pays riches et celles des pays pauvres. Les premières, celles qui sont en grande partie responsables du pillage des richesses de la planète, de la pollution et de l'émission des gaz à effet de serre, n'imaginent pas vivre sans un « minimum » de confort et n'envisagent pas de diminuer leur train de vie. Elles pensent en général que la science et la technologie viendront toujours au secours de l'humanité dans sa quête d'un niveau de vie encore meilleur. À l'opposé, les habitants des pays pauvres sont, hélas, ceux qui sont les plus impactés par les conséquences du pillage des richesses de la planète, par la pollution et par l'émission des GES. Je dis « hélas » pour deux raisons. La première, parce que cette situation est profondément injuste, puisque ceux qui sont les moins responsables sont les plus pénalisés en prenant de plein fouet la pollution et le changement climatique avec son cortège de conséquences : pénurie d'eau potable, appauvrissement des ressources agricoles et risque de famine. La deuxième raison, parce que si les pays riches étaient les premiers impactés, ils réagiraient peut-être plus positivement et plus rapidement. Enfin, peut-être…

En tout cas, il y a des choses essentielles que chaque individu pourrait reconnaître et admettre s'il est honnête et sur lesquelles nous pourrions tous nous mettre d'accord. Je prends quatre faits simples :

• Fait n° 1 : Toutes les ressources naturelles de la terre sont limitées et s'épuisent donc du fait de l'activité humaine. On commence ainsi à voir la fin de plusieurs de nos gisements. C'est en particulier vrai pour le pétrole, le gaz (même s'il reste encore d'importants gisements dans certains pays), plusieurs métaux et même le sable de construction ! Il ne peut pas en être autrement, puisque l'homme utilise ces matières premières, les transforme et ne peut en recycler que certaines et encore imparfaitement ! Ainsi, le pétrole, le charbon et le gaz disparaissent en produisant de la chaleur et du CO2. L'uranium des centrales nucléaires produit lui aussi de la chaleur et laisse à sa place de nombreuses autres matières radioactives dangereuses et de longue durée de vie, que l'on ne sait pas valoriser. D'autres matières enfin, comme les métaux, sont bien théoriquement recyclables indéfiniment. Mais ce recyclage requiert beaucoup d'énergie. Il devient même extrêmement complexe, coûteux et incomplet, lorsque, comme c'est de plus en plus le cas, plusieurs métaux sont mélangés entre eux ou à d'autres matières.

• Fait n° 2 : L'eau douce, source de toute vie terrestre et indispensable pour l'agriculture, devient de plus en plus rare et chère du fait de son utilisation de plus en plus importante par l'homme et du fait du changement climatique (et je ne parle pas de l'eau potable dont la situation est encore plus critique !). Ce phénomène de manque d'eau devient de plus en plus préoccupant dans les régions tempérées, mais il est bien plus alarmant dans de nombreux pays tropicaux et subtropicaux.

• Fait n° 3 : La pollution de l'air, des sols et des eaux devient critique et pose un problème majeur pour la santé et la vie de tous les êtres vivants terrestres et marins. Cette pollution est provoquée par de très nombreuses substances chimiques (pesticides, herbicides, antibiotiques…) et particules (matières plastiques et déchets de toute sorte…) issues de toutes nos activités humaines, que ce soit des activités industrielles, agricoles, de construction ou des activités plus basiques comme l'alimentation, l'habillement ou les loisirs. La situation est particulièrement critique là où l'activité humaine est la plus intense (régions minières, sites industriels, grandes villes…), mais peut aussi être déportée, loin de ces zones, en fonction des vents, des fleuves, ou des courants marins.

• Fait n° 4 : L'expansion actuelle de l'homme ne peut se faire qu'aux dépens des autres espèces animales et végétales et en premier lieu, des espèces les plus fragiles. En effet, toutes ces espèces doivent partager le même espace avec l'homme alors qu'elles n'ont pas forcément les mêmes besoins ou exigences que lui. C'est donc la loi imparable du « plus fort » qui s'applique et dans le cas présent, c'est la loi de l'homme. Cette sélection qui n'est plus vraiment naturelle, puisque décidée par l'homme seul, est particulièrement perverse, puisqu'elle agit également envers les plus fragiles de l'espèce humaine : les plus pauvres, les moins chanceux et ceux qui n'arrivent plus à s'adapter aux changements.

Je pense que si nous sommes tous convaincus que les quatre faits que je viens d'énoncer ci-dessus sont réels et très graves, il sera plus facile de nous mettre tous d'accord sur leurs causes profondes et sur la mise en œuvre de solutions efficaces. Cela a bien été fait par le passé pour résoudre le problème du trou dans la couche d'ozone, alors pourquoi pas pour ces nouveaux problèmes ? Même s'il faut reconnaître que ces nouveaux problèmes sont multifactoriels et donc beaucoup plus complexes que celui du trou dans la couche d'ozone. Et qu'il ne suffit pas de changer une matière première, mais des comportements ! Nos comportements !

Et l'un des premiers comportements que nous devrions changer concerne notre rapport à l'énergie et de manière générale, à tout ce que nous consommons. En effet, les quantités énormes d'énergie et de matières premières que nous consommons expliquent en grande partie la situation actuelle. Notre consommation d'énergie a explosé depuis le début de l'ère industrielle, puisqu'elle a été multipliée par 40 environ depuis l'an 1800 ! Persister à faire semblant de l'ignorer, à temporiser, à trouver de simples parades, ou pire, à trouver le moyen de produire encore plus d'énergie, serait une grosse erreur. C'est vrai que dans nos pays riches, chacun dépend de la disponibilité de l'énergie et de son prix pour tous les domaines de la vie. Il faut de l'énergie pour nous éclairer, nous chauffer l'hiver et nous rafraîchir l'été. Besoin aussi pour tous nos déplacements, pour les transports. Besoin croissant pour l'agriculture, pour extraire, produire et acheminer toutes les matières premières dont nous avons besoin. Besoin pour élaborer aussi tout ce que nous consommons, puis pour recycler et retraiter nos déchets. Besoin aussi pour communiquer[42], pour tous les services que nous utilisons et même pour nos loisirs…

S'il suffisait à chacun de faire de petites économies comme éteindre la lumière ou le chauffage dans les pièces non occupées, ce serait simple. Mais nous devons hélas aller beaucoup plus loin, réduire énormément nos prétentions, tailler dans le vif ! C'est bien pour cela que nous ne faisons rien ou si peu. Ou que nous attendons, tout comme la grenouille dans sa casserole d'eau qui chauffe, qu'une sorte de miracle se produise. Mais ce miracle ne se produira pas. Réveillons-nous !

Et même si nous nous réveillons, que faire, car toutes nos actions sont plus ou moins imposées ? Imposées d'abord par notre mode de vie et l'organisation de notre société. Par exemple, peut-on vivre aujourd'hui sans voiture si on habite loin d'une grande ville ou d'un centre commercial ? Peut-on vivre sans téléphone, sans ordinateur et sans connexion à Internet ? Pourtant, cela était possible autrefois et les gens n'en étaient pas plus malheureux ! Beaucoup de nos actions ensuite, sont le résultat de besoins créés et entretenus, grâce notamment à la publicité, par de très nombreuses sociétés et organisations qui vivent de ces besoins. Dans bien des cas encore, nous n'avons pas

---

[42] *Internet représentait en 2019, 3,8 % des émissions de GES dans le monde. Ce chiffre devrait doubler en 2025.*

un réel choix. Pour reprendre l'exemple de la voiture, on ne peut trouver que des véhicules qui nécessitent au minimum l'émission d'une dizaine de tonnes de CO2 pour les fabriquer et les recycler. En dehors de ces modèles, il est interdit de rouler sur la plupart des grands axes. On ne nous donne pas le choix ! Et puis, il faut bien manger, varié si possible, ce qui suppose des produits qui viennent souvent de loin, s'habiller, sortir… Toutes ces actions consomment de l'énergie sans même que nous nous en rendions compte et produisent donc des GES. Ainsi Internet représente-t-il autant d'émission de GES que le transport aérien ! Alors, comme si cela ne suffisait pas, on met en place la 5G qui sera encore plus consommatrice d'énergie et émettrice de CO2, sans compter que cela va nous inciter fortement à de changer de téléphone pour pouvoir profiter des nouvelles fonctionnalités du système.

On voit ainsi que rien n'est fait pour nous permettre de faire vraiment des économies d'énergie et de réduire notre fringale de matières premières. Comment faire alors ?

En France, les propositions de l'ADEME (Agence de l'Environnement et de la Maîtrise de l'Énergie) pour atteindre la neutralité carbone en 2050 me paraissent intéressantes[43]. Elles constituent un excellent début. Si ce n'est pas encore fait, lisez-les ! Elles conduisent, de toute évidence, à des choix de société. Mais pourquoi ces propositions restent-elles à l'état de rapport ? Il faut réagir ! Nous devrions nous en emparer, comparer les quatre scénarios proposés, les discuter, puis finalement décider tous ensemble, par le biais d'un référendum par exemple, quel scénario nous paraît le plus pertinent et quelles mesures pratiques nous paraissent les plus réalistes, faisables et efficaces. Les scénarios proposés nécessitent en effet leur acceptation par une majorité la plus large possible de citoyens ! Car les conséquences qui en découlent sont loin d'être anodines. Elles peuvent impacter notre façon de vivre, ou conduire à revoir notre modèle économique de société de consommation. Cette

---

[43] Rapport de l'ADEME : *Transition 2050 – Les scénarios envisageables selon l'Agence de la Transition écologique : https://www.ademe.fr/les-futurs-en-transition/les-scenarios/*

façon de procéder aurait en plus l'énorme avantage de nous rendre maîtres de notre destin.

Il me revient en mémoire ce que nous avait dit Claude, le pèlerin qui revenait chez lui à pied depuis Saint-Jacques, au sujet de l'économie : « Il faudrait remplacer le PIB par un autre indicateur économique qui renseignerait sur le bonheur des gens ». Car il faut bien reconnaître que, même si nous étions prêts à faire individuellement des efforts pour consommer moins, le système économique mondial dans lequel nous vivons n'est pas du tout programmé pour cela. Non, il est programmé au contraire pour que nous dépensions plus. Plus, de tout et de n'importe quoi d'ailleurs, du moment que ceux qui vendent s'enrichissent et que ceux qui achètent soient satisfaits et aient envie de recommencer à acheter. Sinon, le système ne marche pas, ne peut pas marcher ! Nous sommes plus que jamais, qu'on le veuille ou non, dans le règne de l'argent roi. On le voit bien, sans argent on est perdu, on ne peut rien faire… Avec de l'argent, au contraire, tout est permis : on peut même polluer, gaspiller, saccager la planète, tout cela sans même s'en rendre compte… Ou en se persuadant que l'on agit bien (toujours moyennant finance bien sûr), en faisant par exemple planter des arbres censés absorber une partie du gaz carbonique émis lors de ses déplacements en avion, en s'offrant une voiture électrique flambant neuve et de plusieurs centaines de chevaux, ou en installant des panneaux solaires sur le toit de sa maison[44]…

Faut-il baisser les bras devant l'ampleur de la tâche ? Je ne le crois pas. Mais comment parvenir à lutter contre nos penchants naturels si le seul système économique qui s'est imposé et développé depuis le début de l'ère historique flatte au contraire nos envies de posséder, de faire tout ce que l'on veut, d'être riche, de voyager, d'avoir chaud l'hiver et de vivre au frais l'été, de devenir le plus vieux possible tout en restant en bonne santé et à l'abri de tout besoin ? La lutte est inégale, voire impossible…

---

[44] *Je ne veux pas discuter là du bien-fondé de ces actions, mais dire simplement qu'il ne faut pas en tirer argument pour se justifier ou pour ne rien faire d'autre en faveur de la planète.*

J'en viens à me dire quelquefois : « Au fond, l'Homme fait partie de la Nature. Ne faut-il pas alors laisser faire cette Nature selon ses lois ? Advienne que pourra… De la mort de l'Homme naîtra peut-être une nouvelle créature plus intelligente ? »

Oui, mais la réaction face à une situation donnée est aussi l'une des facultés que la Nature a accordées à l'Homme. Alors, prouvons que nous en sommes capables, réagissons, et rapidement, en prenant le contre-pied de nos penchants « naturels ». Il le faut et il faut que l'on s'y mette tous ! Cette situation, où l'Homme se trouve face à un tel choix, illustre à mon avis parfaitement la lutte entre le Bien et le Mal décrite par exemple dans la Bible. Saurons-nous faire le bon choix ?

En tout cas, loin de moi l'idée de prôner la révolution qui ne ferait qu'ajouter des désastres aux désastres. Mais il faut que des économistes et des philosophes qui ne soient pas à la solde des puissances financières, des grandes banques ou des milliardaires nous proposent un autre système qui favorise enfin notre terre et tous les êtres vivants qui y habitent et favorise aussi l'égalité entre les hommes.

Une des pistes serait de revoir le rôle et l'importance de l'argent dans nos vies, puisque la vision actuelle que nous en avons explique en très grande partie les dérèglements que nous causons à notre planète. Oui, la richesse ne devrait plus être faite d'argent, mais de bonheur… Mais c'est quoi le bonheur ? Des générations d'élèves ont planché sur le sujet. Qu'en est-il ressorti ? Avons-nous tous oublié nos désirs les plus profonds et nos bonnes résolutions de jeunesse ? Ne serait-il pas plus judicieux par exemple qu'une partie de notre salaire puisse être constituée par de bonnes conditions de travail, un logement agréable et proche de son emploi, la garantie d'une bonne éducation dispensée à ses enfants, un beau cadre de vie, une alimentation saine, une nature préservée, un accès à des soins médicaux à la pointe du progrès, des déplacements faciles, rapides et peu chers avec des transports en commun, des jours de congé, ou une bonne assurance retraite ? Toutes ces récompenses potentielles ne nuisent pas à l'avenir de notre planète et me paraissent plus importantes que de posséder plus d'argent pour se payer une grande maison, une nouvelle voiture, une piscine, le dernier smartphone ou un tour du monde en avion.

Un autre point que nous devrions tous regarder en face est celui de notre démographie. Avec huit milliards d'habitants, nous sentons plus ou moins consciemment que nous approchons des limites acceptables pour notre planète. Des scientifiques expliquent ainsi que six des neuf limites planétaires sont déjà atteintes et que pour deux autres, les limites sont en vue[45]. Je crains aussi que les limites acceptables pour les humains eux-mêmes soient proches, quand on sait qu'en 2050, 70 % de la population vivra dans les villes. Est-ce cela que nous voulons pour nos jeunes ? Une terre bétonnée ? Un environnement artificiel ? Lorsque j'étais jeune, j'habitais une petite ville de province. Il me suffisait alors de marcher un peu ou de prendre mon vélo pour me retrouver aussitôt dans la nature. Je pouvais alors m'imaginer tel un aventurier ou Robinson Crusoé sur son île perdue.

Cela est bien terminé pour la grande majorité de nos jeunes aujourd'hui ! De nombreuses villes sont devenues tentaculaires avec des zones commerciales qui n'en finissent plus. Il est devenu trop dangereux de prendre son vélo, tellement la circulation est dense. Reste la voiture, pour espérer se retrouver après plusieurs dizaines de kilomètres dans un endroit un peu plus calme… Sans trop exagérer, il n'y a plus guère que les navigateurs solitaires et quelques rares explorateurs qui peuvent expérimenter aujourd'hui le face-à-face avec la nature et la solitude ! Alors évidemment, de nombreux jeunes se réfugient dans leur smartphone et s'inventent une vie sur les réseaux sociaux. Ils côtoient la violence et une proportion grandissante d'entre eux connaît des problèmes psychologiques ou plonge dans la drogue.

Et dans les pays pauvres ? La situation est encore pire ! Dans les villes surpeuplées, les jeunes sont confrontés au désœuvrement, à la pollution souvent effroyable, à la malnutrition, à la délinquance et à la violence.

[45] *Les scientifiques définissent neuf limites planétaires pour les grands processus impliqués dans le fonctionnement du « système Terre » : le climat, la biodiversité, les forêts, l'eau douce, l'acidification des océans, les cycles de l'azote et du phosphate, les pollutions chimiques, les aérosols émis dans l'atmosphère, la couche d'ozone.*

Avec huit milliards d'habitants, nous percevons aussi que de nombreux problèmes prennent des proportions plus graves que si nous étions moins nombreux. Je pense par exemple aux problèmes liés à la pollution, à la dégradation de la nature, à la disparition de la biodiversité. Il est encore plus difficile aussi de diminuer la pauvreté et de supprimer les inégalités sociales. Même dans le domaine de l'alimentation, nous commençons à nous sentir vulnérables dans nos pays riches ! Pourtant, les experts nous disent que la terre pourrait potentiellement nourrir onze à douze milliards d'habitants. Oui, mais il y a plusieurs conditions à cela : il faudrait notamment revoir en profondeur notre régime alimentaire pour consommer beaucoup moins de viande, et éviter tous les gaspillages. Et à supposer que nous y parvenions, la marge de sécurité ne serait tout de même pas énorme. D'autant plus que des guerres et des caprices de la météo de plus en plus fréquents peuvent toujours survenir et ruiner les progrès que nous pourrions faire. La preuve est faite, hélas, que la guerre en Ukraine a fait monter considérablement le cours de plusieurs matières premières, notamment celui du blé, rendant l'accès à de nombreuses denrées plus difficile pour des millions de familles modestes. Il suffirait que dans le même temps la météo soit désastreuse sur d'autres parties du globe, pour que la faim revienne, même dans nos régions !

Alors, on va me dire qu'agir sur la démographie a des répercussions très lentes. Je le sais ! Mais justement, c'est une raison de plus pour ne pas attendre et commencer dès aujourd'hui ! C'est vrai aussi que c'est mal perçu et ressenti comme une ingérence dans la vie privée. Mais il ne s'agit pas d'interdire aux jeunes d'avoir des enfants ! Il s'agit simplement de les inciter à réfléchir et à limiter autant que possible leur nombre à un ou deux par couple, et non de les inciter comme on le fait encore, à en avoir trois ou quatre, en soutenant simplement que ce sont ces enfants qui paieront nos retraites. D'abord cette incitation est égoïste : pourquoi ne pas envisager de commencer à payer pour nos propres retraites au lieu de compter uniquement sur nos enfants ? Et puis, cette incitation est suicidaire, car elle suppose que nous n'avons pas d'autre issue que d'augmenter indéfiniment notre population pour que les plus jeunes puissent toujours parvenir à assurer les jours des plus vieux !

Non, il faut penser différemment. On ne doit plus chercher à tout prix à maintenir la population en croissance, même légère. Il faut admettre au contraire que la population mondiale puisse diminuer de façon maîtrisée et réfléchir aux mesures à mettre en place pour éviter que nous nous retrouvions, au moins temporairement dans une situation économique difficile. Évidemment, l'effondrement du taux de fécondité comme dans certains pays d'Asie du Sud-Est représente une situation à risque. Mais devant cette situation, crier « au loup ! » en promettant des primes aux parents qui auraient une famille nombreuse me paraît dangereux pour deux raisons. La première parce que la mesure risque d'être insuffisante pour rassurer les parents devant l'avenir. La seconde, parce que si la mesure s'avérait efficace, cela ne ferait que reporter, de manière encore plus aiguë, la difficulté à stabiliser plus tard la population. Car, qu'on le veuille ou non, et tous les experts s'accordent là-dessus, notre population devrait se stabiliser. Il faut donc au contraire anticiper et maîtriser cette situation de déclin de la natalité, en apportant aux futurs parents de vrais éléments de confiance dans l'avenir et en leur donnant si nécessaire un cap pour éviter que la natalité ne baisse trop vite.

De toute façon cette stabilisation de la population est encore loin d'être le cas dans les pays pauvres, où les traditions sont fortes, où le taux de mortalité infantile est élevé, et où avoir des enfants est souvent synonyme de richesse. Pourtant, la pauvreté extrême qui devient impossible à juguler dans la plupart de ces pays va souvent de pair avec une forte natalité. Il faut donc réaliser un très gros effort de discussion et de persuasion, pour que tous ces pays acceptent au moins de stabiliser leur population. Dans le même temps, un effort financier important doit être aussi consenti par les pays les plus riches, pour remettre ces pays pauvres à flot, et faire qu'ils ne se sentent pas perdants sur tous les tableaux.

Si cette étape de stabilisation de la population était réussie, il pourrait être ensuite envisagé de passer progressivement à une phase de diminution de la population en gardant à l'esprit, comme John l'Irlandais nous l'avais dit, deux conditions essentielles : que cela serve à mieux répartir les richesses entre les hommes et que cela permette au final de ne plus consommer globalement qu'une seule terre par an et non plusieurs terres comme aujourd'hui.

Alors, pour avancer tous ensemble vers des solutions pérennes, à tous les problèmes que nous avons créés, pourquoi ne pas organiser dès à présent et au niveau de chaque pays, des discussions, des forums, sur les grands sujets qui conditionnent nos façons de vivre : énergie, économie, démographie, et aussi logement, travail, rémunérations, transports, loisirs ? Puis organiser des référendums pour fixer un cap à suivre pour les années futures qui soit admis par une majorité.

Évidemment, il faut d'abord que chacun de nous, pris individuellement, se sente concerné et agisse de façon concrète du mieux qu'il le peut en appliquant l'adage : des actions plutôt que des vœux pieux ! Ces actions peuvent prendre de nombreuses formes :

• On peut s'inspirer bien sûr de l'exemple de plusieurs pèlerins rencontrés sur le Chemin. Je pense bien sûr à Martin qui vit dans une communauté écolo en Allemagne. À Franck qui prône la décroissance. À Claude l'ingénieur économiste qui est revenu de Saint-Jacques à pied et qui pense qu'il faudrait utiliser un indice économique différent du PIB pour éviter de tomber définitivement dans la spirale infernale du gain financier. À Éric qui se voit avec un seul enfant au maximum.

• Je pense aussi à tous les autres qui essaient plus modestement et sans faire de bruit de limiter leur impact sur l'environnement dans leur vie de tous les jours, en faisant par exemple des économies d'énergie, en utilisant davantage les transports en commun, en consommant moins de viande ou en réduisant leurs déchets ménagers.

• Nombreux peuvent aussi agir dans leur vie professionnelle en favorisant l'évolution de leur entreprise vers plus d'écoresponsabilité.

Il n'est pas forcément obligatoire d'occuper de hautes responsabilités pour cela. Certaines sociétés peuvent proposer à leurs employés de s'impliquer dans un groupe de réflexion pour économiser l'énergie, pour utiliser d'autres matières premières nécessitant moins de transport ou qui soient renouvelables, ou pour fidéliser le personnel par des moyens complémentaires au salaire, qui aillent dans le sens d'un impact réduit sur l'environnement. Et si d'autres sociétés n'ont pas l'idée de créer de tels groupes de réflexion, pourquoi ne pas le leur proposer ?

• D'autres personnes, enfin, peuvent agir aussi dans leur communauté (ville, quartier, association…) en étant un moteur pour changer les comportements en faveur d'une meilleure prise en compte de l'écologie.

Bien sûr, il faut aussi que les politiques actuels et futurs s'emparent du sujet et le fassent avancer en toute vérité et transparence ! Mais il faut reconnaître, hélas, que nos systèmes politiques en place et nos élus ne favorisent pas forcément une telle action. En effet, les candidats aux élections ont trop souvent recours à la démagogie et à la proposition de solutions indolores pour ne pas déplaire à leur électorat. Mais ces solutions, dans le meilleur des cas inefficaces, sont comme le chant des sirènes qui menaient les marins à leur perte !

Alors, comment faire ? Bien sûr, il faut d'abord dépasser nos clivages politiques habituels, car les problèmes auxquels nous faisons face, vont bien au-delà et réclament des solutions « extra-ordinaires » ! Il faut dépasser aussi nos clivages syndicaux, philosophiques, ou religieux et ceux liés à notre origine sociale. Cela me paraît possible puisque nous sommes tous confrontés aux mêmes problèmes, avec toutefois une intensité ou des ressentis différents.

Bien sûr, il faudrait aussi que tous les pays se sentent concernés et agissent dans le même sens, même si les solutions adoptées ne sont pas toutes identiques. Mais, justement la richesse peut naître de la diversité des solutions ! Et dans ce travail de réflexion et de mise en place de solutions, le rôle des conférences internationales serait de servir de guide, de fixer les orientations et les objectifs, et de mesurer les progrès accomplis.

J'imagine que certains pays, régions ou villes pourraient commencer dès à présent à agir comme des pionniers, être à l'avant-garde et être des modèles pour les autres. Telle agglomération pourrait ainsi, à l'issue d'une consultation citoyenne, favoriser la rénovation de l'habitat proche d'un bassin d'emploi pour le rendre plus agréable à vivre, beaucoup moins cher à chauffer l'hiver et pour diminuer les frais liés au transport domicile/travail. Telle autre pourrait faciliter la relocalisation des employés au plus proche de leur travail, soit en facilitant la possibilité de réaliser des échanges de personnel entre différentes sociétés, ou des échanges de logement. Telle région pourrait favoriser le développement d'énergies propres et renouvelables, et telle autre, le développement de transports en commun, pratiques et efficaces, avec pour objectif de supplanter la voiture individuelle.

Voilà, j'espère avoir restitué fidèlement ce que j'ai entendu de manière inattendue sur le chemin de Saint-Jacques et compris quelquefois après coup. Ce chemin de Compostelle m'a ouvert les yeux. J'y ai pris conscience que nous vivons tous dans une même communauté de vie et de destin et qu'en persistant comme si de rien n'était, dans la facilité et dans toutes nos habitudes ou notre inaction, nous allons tous nous fourvoyer dans une impasse douloureuse et mortelle.

Il faut donc que nous réagissions pour sortir de la spirale infernale dans laquelle nous nous sommes enfermés ! Pour cela, il est grand temps de nous impliquer individuellement et de devenir chacun un moteur pour convaincre, persuader et donner envie aux autres, par l'exemple, de changer de vie. Et pour donner envie aux autres, ne soyons pas tristes, restons positifs, montrons les avantages d'une vie plus simple et plus proche de la nature.

Comme le disait sous forme de boutade, Cédric, le premier pèlerin rencontré dans le train vers Irun, « partons tous à pied sur le chemin de Compostelle ! ». Sur « le chemin de Vie », disait aussi le père Ernesto

Bustio rencontré à l'étape de Guermes. Recherchons ce chemin de Vie honnêtement et inlassablement. Il est probablement difficile, peut-être inattendu, mais il ne sera jamais triste ou dangereux. Soyons confiants, c'est le seul qui puisse nous mener vers un monde meilleur, plus juste et en équilibre avec la nature qui nous entoure, qui est belle et qui nous permet de vivre.

# Postface

Ce récit romancé est basé sur une histoire réelle qui s'est déroulée sur le chemin de Saint-Jacques. Ainsi, parmi les personnages décrits par Dominique, nombre d'entre eux ont été réellement rencontrés. Dominique leur a adjoint quelques autres personnages croisés dans des circonstances différentes, mais dont le témoignage s'accordait parfaitement avec le thème du récit. Dans la plupart des cas, les prénoms ont été modifiés. Quelques personnages, enfin, ont été totalement imaginés, de façon à compléter la variété des situations et donner plus de vie au roman.

## Remerciements

À ma femme qui m'a encouragé à partir sur le chemin de Saint-Jacques-de-Compostelle et qui m'a soutenu dans l'écriture de ce livre.

À mon ami José avec qui j'ai vécu ce fabuleux pèlerinage.

À toutes les personnes que nous avons croisées sur le chemin de Saint-Jacques, avec qui nous avons parlé et qui nous ont ouvert leur cœur.

À Martine, Marie Christine et Yves qui ont accepté la tâche ingrate de la relecture.

À Camille, enfin, l'animatrice du club écriture de Chatelaillon-Plage, qui a su réveiller en moi le goût d'écrire et m'a prodigué de nombreux conseils.

Imprimé en Allemagne
Achevé d'imprimer en mars 2024
Dépôt légal : mars 2024

Pour

Le Lys Bleu Éditions
40, rue du Louvre
75001 Paris